广视角·全方位·多品种

权威·前沿·原创

皮书系列为
"十二五"国家重点图书出版规划项目

中国社会科学院创新工程学术出版资助项目

支付清算蓝皮书

BLUE BOOK OF
PAYMENT AND SETTLEMENT SYSTEM

中国支付清算发展报告
（2014）

CHINA PAYMENT AND SETTLEMENT SYSTEM
DEVELOPMENT REPROT (2014)

主　编／杨　涛
副主编／程　炼

社会科学文献出版社
SOCIAL SCIENCES ACADEMIC PRESS (CHINA)

图书在版编目（CIP）数据

中国支付清算发展报告. 2014/杨涛主编. —北京：社会科学文献出版社，2014.5
（支付清算蓝皮书）
ISBN 978-7-5097-5850-2

Ⅰ.①中… Ⅱ.①杨… Ⅲ.①支付方式-研究报告-中国-2014 ②货币结算-研究报告-中国-2014 Ⅳ.①F832.6

中国版本图书馆CIP数据核字（2014）第067202号

支付清算蓝皮书
中国支付清算发展报告（2014）

主　　编／杨　涛
副主编／程　炼

出版人／谢寿光
出版者／社会科学文献出版社
地　　址／北京市西城区北三环中路甲29号院3号楼华龙大厦
邮政编码／100029

责任部门／经济与管理出版中心（010）59367226　　责任编辑／许秀江　刘宇轩
电子信箱／caijingbu@ssap.cn　　责任校对／张伟东
项目统筹／恽　薇　　责任印制／岳　阳
经　　销／社会科学文献出版社市场营销中心（010）59367081　59367089
读者服务／读者服务中心（010）59367028

印　　装／北京季蜂印刷有限公司
开　　本／787mm×1092mm　1/16　印　张／16.25
版　　次／2014年5月第1版　字　数／203千字
印　　次／2014年5月第1次印刷
书　　号／ISBN 978-7-5097-5850-2
定　　价／45.00元

本书如有破损、缺页、装订错误，请与本社读者服务中心联系更换
▲ 版权所有　翻印必究

主要编撰者简介

中国社会科学院金融研究所支付清算研究中心，是由中国社会科学院批准设立的所级非实体性研究单位，由中国社会科学院金融研究所作为主管单位，专门从事支付清算理论、政策、行业、技术等方面的重大问题研究。研究中心的名誉理事长、学术委员会主席为中国社会科学院副院长、学部委员李扬研究员，理事长为中国社会科学院金融研究所所长王国刚研究员，常务副理事长为中国社会科学院金融研究所副所长殷剑峰研究员，主任为杨涛研究员。

研究中心成立于2005年，为适应支付清算理论和实践的发展需要，其在2012年进行了全面重组和完善。研究中心的人员由专职研究人员、特约研究员和博士后等组成。主要宗旨是：跟踪研究国内外支付清算领域的前沿问题和动态、支付清算行业发展新状况、法规政策的变化，围绕支付清算体系的改革与发展开展各类学术研究、政策研究，推动支付清算市场的创新活动，通过举办研讨会、开展课题研究、咨询和培训等形式来促进支付清算系统及监管的改革与发展。研究中心每年组织编写《中国支付清算发展报告》，每月组织编写《支付清算评论》，网站：http://www.rcps.org.cn/。

杨　涛　男，1974年生，山东淄博人，经济学博士，研究员。现任中国社会科学院金融研究所所长助理、产业金融研究基地主任、支付清算研究中心主任。主要研究领域为货币与财政政策、金融市场、产业金融、政策性金融等。

程　炼　男，1976年生，江西德兴人，经济学博士，副研究员。现任中国社会科学院金融研究所国际金融与国际经济研究室主任、《金融评论》编辑部主任、支付清算研究中心副主任。主要研究领域为国际金融、金融地理与金融监管、支付清算等。

费兆奇　男，1980年生，黑龙江哈尔滨人，经济学博士，副研究员。现任中国社会科学院金融研究所货币理论与政策研究室副主任，支付清算研究中心秘书长。主要研究领域为货币理论与政策、国际金融等。

周莉萍　女，1980年生，河南新密人，经济学博士，助理研究员。现在中国社会科学院金融研究所编辑部工作。同时担任支付清算研究中心副秘书长。主要研究领域为货币理论，金融市场。

董　昀　男，1980年生，江西吉安人，经济学博士。现为中国社会科学院金融研究所博士后。支付清算研究中心副秘书长。主要研究领域为发展经济学、经济政策、支付清算等。

李　鑫　男，1983年生，河北石家庄人，中国社会科学院研究生院博士生。主要研究领域为经济发展理论、宏观经济理论、支付清算理论与政策。

徐　超　男，1978年生，河南信阳人，法学博士。现为中国社会科学院亚太与全球战略研究院博士后。主要研究领域为国际金融法、系统重要性金融机构和金融基础设施。

傅　勇　男，中国社会科学院金融研究所，博士后。

王　飞　男，中国社会科学院金融研究所特约研究员。

于品显　男，1984年生，河南淮阳人，法学硕士。现在中国农业银行北京分行工作。主要研究领域为国际贸易、金融法和国际公法。

王　栋　男，1988年生，陕西榆林人，经济学硕士，中国工商银行产品研发中心，主要研究领域为国际金融、国际结算。

王雅洁　女，1986年生，北京人，中国人民大学法学院，主要研究领域为金融监管、风险管理、金融改革等。

郑　弘　女，1985年生，北京人，中央财经大学，主要研究领域为金融监管、金融风险防控、金融改革等。

李　月　男，安徽霍邱人，安徽大学经济学院。主要研究领域为货币经济学、经济增长理论和中国经济改革。

前　言

《中国支付清算发展报告（2014）》系中国社会科学院金融研究所支付清算研究中心推出的系列年度报告的第二期。报告旨在系统分析国内外支付清算行业与市场的发展状况，充分把握国内外支付清算领域的制度、规则和政策演进，并且深入发掘支付清算相关变量与宏观经济、金融及政策变量之间的内在关联。报告将致力于为支付清算行业监管部门、自律组织及其他经济主管部门提供重要的决策参考，为支付清算组织、机构和金融机构的相关决策提供基础材料，为支付清算领域的研究者提供文献素材。

推出本报告的大背景，是全球支付清算体系不断发展和变革的蓬勃趋势。归纳来看，国外支付清算体系呈现如下特点：一是多元化，即在各国产业化思路的推动下，不同类型的组织、机构都参与到支付清算体系建设当中，其中有针对批发支付的，有针对零售支付的，有公共部门背景的，也有私人背景的。二是多层次，即在支付清算体系发展过程中，逐渐形成功能的互补与协调配置，最终面向不同客户需求，构建起多层面的支付服务供给机制。三是一体化，无论是在美国还是欧盟地区，还是其他发达经济体，支付清算机制经过多年的演变和磨合，加上新兴技术的引入，使得整个支付系统的运行更加默契，不同层次间的功能融合更明显。四是电子化，可以看到，全球支付清算体系越来越脱离有形的市场、组织形态，逐渐转向各类无形的网络电子化平台，交易、清算、结算的效率不断提高，并且对传统支付清算组织、市场结构带来很大冲击。五是国际化，如在美国或欧盟，其支付系统的建设不仅考虑国内情况,而且伴随着美元、欧元国际化,更重视支持跨境支付清算的功能,从而服务于全球化的经济活动与交易行为。六是个性化,客户需求成为激发支付工具创新的重要动力源,并且深刻影响着零售支付领域的业态布局。

党的十八届三中全会决议指出,要"加强金融基础设施建设,保障金融市场安全高效运行和整体稳定"。我们看到,支付清算体系正是一国金融基础设施的核心部分。如同道路、桥梁作为经济运行的重要基础一样,不断完善升级的我国支付清算系统,将成为支撑金融现代化、国际化的"主动脉"。我们知道,现代金融的核心功能包括支付清算、资金配置、风险管理、信息管理等,其中支付清算是最为基础的功能,承载着其他功能的实现。随着我国中央银行推动的支付清算体系建设的不断推进,一套高效健全的机制逐渐建立起来,在经济金融运行中发挥着不可替代的重要作用。与此同时,伴随信息技术的发展、国际规则与经验的引入,我国支付清算体系也逐渐从后台走向前台,对宏观经济变量、微观经济主体带来更深远的影响。一方面,零售支付领域令人眼花缭乱的工具和渠道创新,使得人们的消费、交易与生活方式发生了根本性变化;另一方面,在中国金融走向全球化、人民币对外开放持续推进的背景下,支付清算机制建设已经成为核心的载体及决定这些改革能否成功的关键所在,同时深刻影响国家金融战略与信息安全。由此,健全的支付清算体系正是金融与实体经济的连接"桥梁",对于一国来说意味着竞争力与安全性;对于企业来说意味着交易效率与业务空间;对于个人来说意味着生活状态的优化与新的体验。

2008年金融危机之后,支付清算体系的重要性越来越为各国所重视,但就国内外普遍来看,相关的理论研究还未纳入金融学主流之中。其背后的原因是多方面的,然而这一研究领域的巨大前景是毋庸置疑的,并且由于涉及经济、金融、信息技术等跨学科的知识合并，支付清算研究将带来令人兴奋的研究探索。

《中国支付清算发展报告（2014）》继续从中国和全球两个维度，从理论、实践与政策多个视角，对于支付清算领域相关问题，进行"点""面"结合的研究。本报告分为总报告、分报告和专题报告三个组成部分。总报告为"我国支付清算体系的发展状况"，全面分析了我国支付清算体系的发展历程、现状特点、存在问题及趋势，具体包括"我国中央银行支付清算体系的建设与运行""我国第三方支付机构体系的建设与运行""我国证券支付清算体系的建设与运行"三章。分报告为"支付清算体系运行的经济含义"，主要是运用各类量化分析工具，对支付清算运行与宏观经济变量、区域经济金融发展、金融风险、货币政策的内在关联，进行了实证检验和深入剖析，具体包括"支付清算运行的宏观经济效应""支付清算运行、区域经济与金融发展""支付清算运行与金融系统风险的关联""支付清算运行与货币政策"四章。专题报告为"支付清算体系的比较考察与热点分析"，系统整理了各国支付清算体系监管的主要特点，并深入探讨了几方面的热点问题，具体包括"全球及主要国家支付清算体系监管框架""电子支付创新：动力、形式、风险与监管""国际金融视角下的中国支付清算体系发展""我国银行核心业务系统的建设与运行"四章。

《中国支付清算发展报告（2014）》是在中国社会科学院李扬副院长、金融研究所王国刚所长、殷剑峰副所长的指导下完成的。本报告在写作过程中得到了中国人民银行支付结算司、中国支付清算协会、中国银联和VISA公司的大力支持，其中，人民银行支付结算司严芳处长，银监会陈胜处长，支付清算协会的亢林、王素珍副秘书长，中国银联的谢群松、刘源和高鹏飞，以及VISA公司的张兆阳，中央国债登记结算有限责任公司研发部主管宗军，阿里巴巴集团的蔡丽薇、张海晖等，都对本书写作提供了有益的建议和协

助,本书在出版过程中得到了社会科学文献出版社恽薇主任和许秀江博士的大力支持,在此一并表示真挚感谢。本报告由杨涛担任主编,负责本报告的组织编写和审订;程炼担任副主编,负责报告的撰写和统编。各部分执笔人分别为:第1章(傅勇、李月),第2章(王飞、王雅洁、郑弘),第3章(李鑫、董昀),第4章(程炼),第5章(程炼),第6章(程炼),第7章(费兆奇),第8章(徐超、于凯歌),第9章(周莉萍、徐超),第10章(王栋、董昀),第11章(王飞、王雅洁、郑弘)。

与2013年推出的首期报告相比,《中国支付清算发展报告(2014)》保持了研究框架的稳定性和可持续性,在此基础上也有所突破和创新,如增加了证券支付清算体系的分析。当然,由于支付清算同时也是一个实务性较强的领域,拘囿于研究储备的有限,报告可能会出现一些不足或需完善的地方。我们期盼各界同仁的批评和建议,并希望长期坚持这项工作,以此促使学术界更加重视支付清算研究,促进研究者与从业者的深度交流,推动跨学科的交叉研究与探讨,从而共同服务于我国支付清算体系的建设与发展。

目 录

BⅠ 总报告

B.1 我国中央银行支付清算体系的建设与运行 …………… 001
    一 2013年我国中央银行支付清算体系运行的基本
       情况及特点 …………………………………………… 001
    二 2013年我国中央银行支付清算体系的
       子系统运行情况 ……………………………………… 006
    三 2013年我国中央银行支付清算体系的
       重要事件 ……………………………………………… 017
    四 我国中央银行支付清算体系建设面临的
       问题 …………………………………………………… 019
    五 我国中央银行支付清算体系的发展方向与
       改进思路 ……………………………………………… 021

B.2 我国第三方支付机构体系的建设与运行 ……………… 026
    一 2013年我国第三方支付机构体系运行情况 …… 026
    二 2013年我国第三方支付机构体系的监管环境 …… 038
    三 我国第三方支付机构体系面临的问题 ………… 042
    四 未来发展趋势及前景 ……………………………… 044

001

B.3 我国证券支付清算体系的建设与运行 …………………… 049
　　一　我国的证券市场发展与支付清算体系
　　　　建设历程 ………………………………………………… 049
　　二　我国证券支付清算体系的现行制度安排 ……………… 056
　　三　2013年我国证券支付清算体系运行情况 …………… 058
　　四　存在问题与发展方向 …………………………………… 068

BⅡ　分报告

B.4　支付清算运行的宏观经济效应 …………………………… 071
B.5　支付清算运行、区域经济与金融发展 …………………… 097
B.6　支付清算运行与金融系统风险的关联 …………………… 109
B.7　支付清算运行与货币政策 ………………………………… 122

BⅢ　专题报告

B.8　全球及主要国家支付清算体系监管框架 ………………… 144
B.9　电子支付创新：动力、形式、风险与监管 ……………… 181
B.10　国际金融视角下的中国支付清算体系发展 …………… 204
B.11　我国银行核心业务系统的建设与运行 ………………… 227

CONTENTS

B I General Report

B.1 Construction and Operation of China's Central Bank
Payment and Settlement System / 001
    1. Operation of China's Central Bank Payment and Settlement
    System in 2013 / 001
    2. Subsystems of China's Central Bank Payment and Settlement
    System in 2013 / 006
    3. Important Issues Related to China's Central Bank Payment
    and Settlement System in 2013 / 017
    4. Problems in the Construction China's Central Bank Payment
    and Settlement System / 019
    5. Direction for Future Development / 021

B.2 Construction and Operation of China's Third-party
Payment System / 026
    1. Operation of China's Third-party Payment System in 2013 / 026
    2. Regulatory Environment of China's Third-party Payment
    System in 2013 / 038
    3. Challenges to China's Third-party Payment System / 042
    4. Perspective for Future Development / 044

B.3 Construction and Operation of China's Securities Payment and Settlement System / 049

    1. A Retrospect of the Construction of China's Securities Payment and Settlement System / 049

    2. Institutional Arrangement of China's Securities Payment and Settlement System / 056

    3. Operation of China's Securities Payment and Settlement System in 2013 / 058

    4. Problems and Future Development / 068

B II Sub-reports

B.4 Macroeconomic Implication of Payment and Settlement Data / 071

B.5 Regional Economies and Financial Development / 097

B.6 Financial Systemic Risks / 109

B.7 Monetary Policy / 122

B III Special Topics

B.8 Regulation Frameworks for Payment and Settlement Systems Worldwide / 144

B.9 Innovations in E-payment: Drivers, Forms, Risks, and Regulation / 181

B.10 Development of China's Payment and Settlement System from the Perspective of International Finance / 204

B.11 Construction and Operation of China's Bank Core Business System / 227

总报告　我国支付清算体系的发展状况

General Report

B.1 我国中央银行支付清算体系的建设与运行

高效稳定的支付清算体系是经济金融正常运行不可或缺的基础设施。2013年，我国人民银行主导的支付清算体系建设取得明显进展，同时仍然面临着一些问题和挑战，对此，人民银行应该着力从加强流动性管理和监管力度等方面，逐步加以完善。

一　2013年我国中央银行支付清算体系运行的基本情况及特点[1]

从非现金支付工具、支付系统和人民币银行结算账户等方面

---

[1] 本节数据如无特别说明，均来自中国人民银行支付结算司，2013年第一、二、三和四季度支付体系运行总体情况以及2013年支付体系运行总体情况，中国人民银行网站。

看,2013年我国支付体系的业务规模发展迅速,总体运行稳健,同时与往年相比,呈现出一些结构性变化。

(一)2013年我国非现金支付工具的基本情况

2013年,全国共办理非现金支付业务501.58亿笔,同比增长21.92%;办理非现金支付业务金额为1607.56万亿元,同比增长24.97%。从构成上看,票据业务量同比出现下降趋势,但实际结算商业汇票业务量和电子商业汇票业务量保持了增长态势。银行卡交易额及其增速都有较大提升,市场受理环境也有所改善。汇兑和电子支付[①]也保持了较快增长。

(二)2013年我国人民币银行结算账户的基本情况

截至2013年末,全国共有人民币银行结算账户56.43亿户,较上年末增长14.93%。其中单位结算账户3558.06万户,个人银行结算账户56.07亿户,占银行结算账户比例分别为0.63%和99.37%,分别较去年同期增长12.26%和14.95%。

(三)2013年我国支付系统运行情况

我们通常所称的支付系统,是指我国中央银行主导的支付清算系统体系,就其构成来看,可分为人民银行支付系统和其他机构支付系统两大块,共十个子系统,如图1。

2013年,我国支付系统[②]业务量稳步增长:支付系统共处理支

[①] 电子支付是指客户通过网上银行、电话银行和手机银行等电子渠道发起的支付业务,包括网上支付、电话支付和移动支付三种业务类型。
[②] 这里的支付系统包含中国人民银行大额支付系统、中国人民银行小额支付系统、网上支付跨行清算系统、同城票据清算系统、境内外币支付系统、全国支票影像交换系统、银行业金融机构行内支付系统、银行卡跨行支付系统、城市商业银行资金清算系统和农信银支付清算系统。

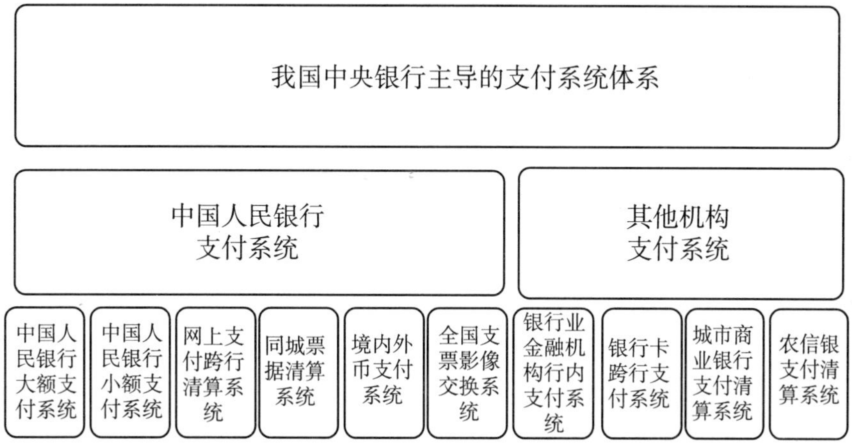

我国中央银行支付清算体系的建设与运行

图1 我国中央银行支付清算体系

（我国中央银行主导的支付系统体系：中国人民银行支付系统、其他机构支付系统。中国人民银行支付系统包括：中国人民银行大额支付系统、中国人民银行小额支付系统、网上支付跨行清算系统、同城票据清算系统、境内外币支付系统、全国支票影像交换系统。其他机构支付系统包括：银行业金融机构行内支付系统、银行卡跨行支付系统、城市商业银行支付清算系统、农信银支付清算系统。）

付业务235.80亿笔，同比增长23.38%；支付业务金额为2159.34万亿元，同比增长17.19%，业务金额是2013年全国GDP总量的51.68倍。其中，从支付系统处理的业务笔数看，四个季度分别为：51.97亿笔、57.72亿笔、60.36亿笔和65.75亿笔。从支付系统处理的业务金额及其与同季度GDP关系看：第一季度，支付系统共处理金额697.50万亿元，业务金额是同季度全国GDP总量的58.68倍；第二季度，支付系统共处理金额732.35万亿元，业务金额是同季度全国GDP总量的56.71倍；第三季度，支付系统共处理金额742.54万亿元，业务金额是同季度全国GDP总量的53.50倍；第四季度，支付系统共处理金额767.18万亿元，业务金额是同季度全国GDP总量的42.13倍。各季度支付系统处理业务笔数和金额比较平均，所占对应季度的GDP总量也大体稳定，如图2。

（四）我国中央银行支付清算体系的运行特点

第一，中央银行主导的支付清算体系运行继续保持平稳增长，为实体经济提供了坚实的服务。2013年中国人民银行支付结算司

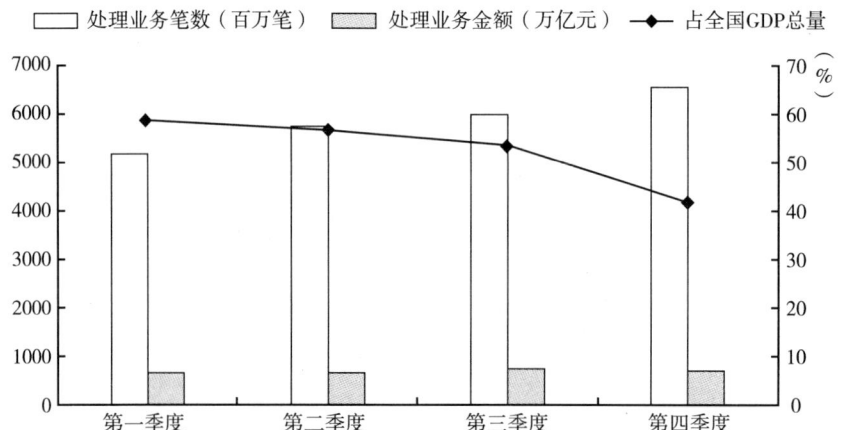

图 2　2013 年各季度支付系统处理的业务笔数、金额及其占全国 GDP 比重

数据来源：中国人民银行支付结算司，2013 年第一、二、三、四季度支付体系运行总体情况，中国人民银行网站。

数据显示，我国非现金支付业务和金额分别同比增长 21.92% 和 24.79%；支付系统笔数和金额则分别增长 23.38% 和 17.19%；人民币结算账户较上年末增长 14.93%。

第二，地区分布延续不平衡格局。从支付系统资金往来情况[①]看，北京、上海和广州的资金处理总量仍居全国前三位，占比分别为 28.62%、14.36% 和 11.14%。从资本流动量占比看，共 14 个省级行政区资金流动量超过本省（市、自治区）资金流动总量的 50%。

其中，从全国资本流动总量中各省级行政区辖内资本流动总量比重看，四个季度分别为：48.19%、49.94%、50.22% 和 49.53%。从占比超过 50% 的省级行政区数量来看，第一季度有 18 个；第二季度有 20 个，第三季度有 21 个；第四季度有 18 个。

---

① 这里的支付系统资金往来包含中国人民银行大额支付系统、中国人民银行小额支付系统和银行业金融机构行内支付系统处理的资金交易。

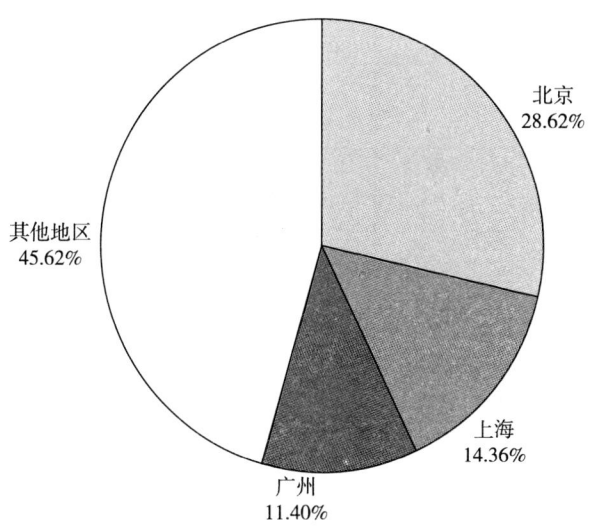

图 3 2013 年我国主要地区资金处理总量占全国比重

数据来源:中国人民银行支付结算司,2013 年支付体系运行总体情况,中国人民银行网站。

第三,在支付系统中,中国人民银行支付系统中的大额支付系统和其他机构支付系统中的银行业金融机构行内支付系统占据了主导地位,业务量金额远高于其他子支付系统。网上支付跨行清算系统的业务规模则在同比增长幅度上领跑其他子支付系统。

表 1 2013 年我国支付系统业务统计表

单位:百万笔,千亿元,%

系统类别	业务量		同比增长	
	笔数	金额	笔数	金额
中国人民银行大额支付系统	595	20607.60	26.33	16.30
中国人民银行小额支付系统	1040	203.20	37.78	9.52
网上支付跨行清算系统	476	64.50	79.02	81.30
同城票据交换系统	419	682.90	7.09	2.660
境内外币支付系统	1.39	31.14	25.57	-5.99
全国支票影像交换系统	11	4.02	-5.99	-2.16

续表

系统类别	业务量		同比增长	
	笔数	金额	笔数	金额
银行业金融机构行内支付系统	10758	7452.30	20.13	19.32
银行卡跨行支付系统	9914	278.10	19.84	40.88
城市商业银行支付清算系统	0.84	2.81	85.16	21.82
农信银支付清算系统	120	23.40	38.10	16.33

注：境内外币支付系统金额由美元折算得；数据采用四舍五入原则录入。

数据来源：中国人民银行支付结算司，2013年支付体系运行总体情况，中国人民银行网站。

二 2013年我国中央银行支付清算体系的子系统运行情况[①]

下面具体分析2013年我国中央银行支付清算体系中十个子系统的基本运行情况。

（一）中国人民银行支付系统

2013年，人民银行支付系统[②]共处理支付业务25.43亿笔，同比增长34.98%，占支付系统业务笔数的10.87%；共处理支付业务金额2159.34万亿元，同比增长15.85%，占支付系统业务金额的73.46%。日均处理业务笔数和金额分别为840.15万笔和85416.95亿元[③]。

---

① 本节数据如无特别说明，均来自中国人民银行支付结算司，2013年第一、二、三和四季度支付体系运行总体情况以及2013年支付体系运行总体情况，中国人民银行网站。

② 包括中国人民银行大额支付系统、中国人民银行小额支付系统、网上支付跨行清算系统、同城票据交换系统、境内外币支付系统、全国支票影像交换系统。

③ 2013年中国人民银行大额支付系统实际运行252个工作日，中国人民银行小额支付系统实际运行352个工作日，网上支付跨行清算系统实际运行249个工作日，境内外币支付系统实际运行250个工作日，全国支票影像交换系统实际运行349个工作日，文章数额皆按实际工作日计算。

1. 中国人民银行大额支付系统

2013年,中国人民银行大额支付系统业务持续增长,共处理业务5.95亿笔,金额2060.76万亿元,同比分别增长26.33%和16.30%。日均处理业务236.30万笔,处理金额81776.26亿元。其中,第一季度,处理业务1.27亿笔,同比增长27.29%,占支付系统业务笔数的2.45%,日均处理业务212.46万笔;处理金额504.31万亿元,同比增长33.25%,占支付系统业务金额的72.30%,日均处理金额8.41万亿元。第二季度,处理业务1.39亿笔,同比增长24.63%,日均处理业务224.73万笔;处理金额517.40万亿元,同比增长15.90%,日均处理金额83451.22亿元。第三季度,处理业务1.58亿笔,同比增长25.72%,日均处理业务239.24万笔;处理金额520.15万亿元,同比增长12.22%,日均处理金额78810.99亿元。第四季度,处理业务1.71亿笔,同比增长28.58%,日均处理业务266.84万笔;处理金额518.90万亿元,同比增长7.29%,日均处理金额81077.60亿元。

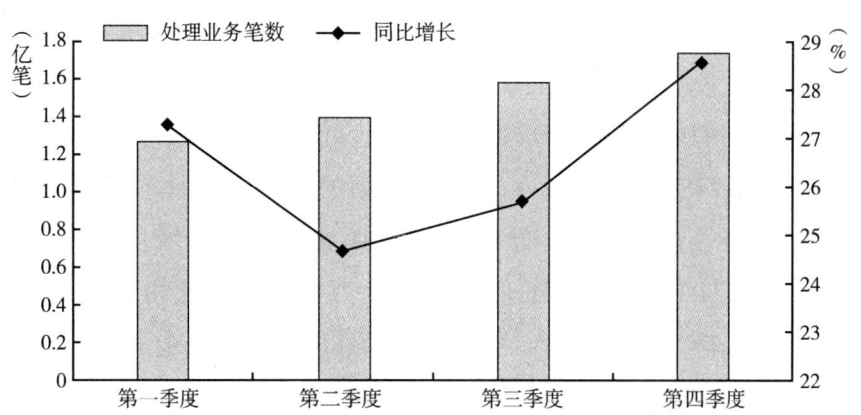

图4 2013年各季度人民银行大额支付系统处理的业务笔数及同比增幅

数据来源:中国人民银行支付结算司,2013年第一、二、三、四季度支付体系运行总体情况,中国人民银行网站。

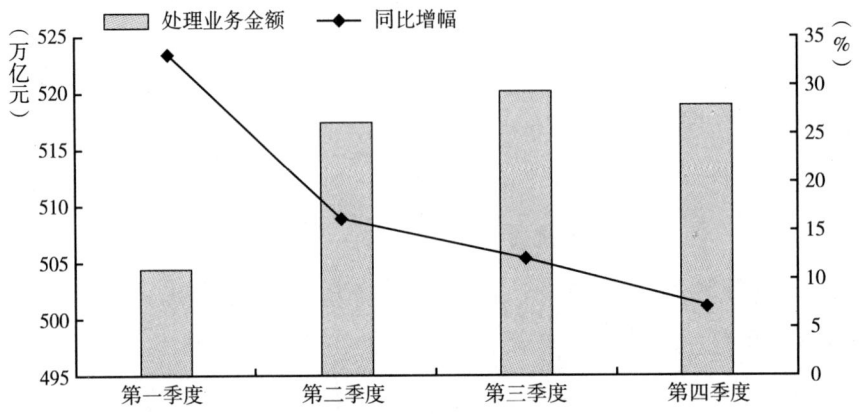

**图 5　2013 年各季度人民银行大额支付系统
处理的业务金额及同比增幅**

数据来源：中国人民银行支付结算司，2013 年第一、二、三、四季度支付体系运行总体情况，中国人民银行网站。

2. 中国人民银行小额支付系统

2013 年，中国人民银行小额支付系统业务稳步上升，共处理业务 10.40 亿笔，处理金额 20.36 万亿元，同比分别增长 37.78% 和 9.52%。日均处理业务 295.53 万笔，处理金额 577.14 亿元。第一季度，处理业务 2.09 亿笔，同比增长 35.43%，占支付系统业务笔数的 4.03%，日均处理业务 240.55 万笔；处理金额 5.78 万亿元，同比增长 16.27%，占支付系统业务金额的 0.83%，日均处理金额 664.66 亿元。第二季度，处理业务 2.41 亿笔，同比增长 37.01%，日均处理 274.03 万笔；处理金额 4.66 万亿元，同比增长 6.47%，日均处理金额 529.65 亿元。第三季度，处理业务 2.81 亿笔，同比增长 39.32%，日均处理业务 312.17 万笔；处理金额 4.79 万亿元，同比增长 6.63%，日均处理金额 532.74 亿元。第四季度，处理业务 3.09 亿笔，同比增长 39.31%，日均处理业务 312.17 万笔；处理金额 5.08 万亿元，同比增长 8.03%，日均处理金额 532.74 亿元。

我国中央银行支付清算体系的建设与运行

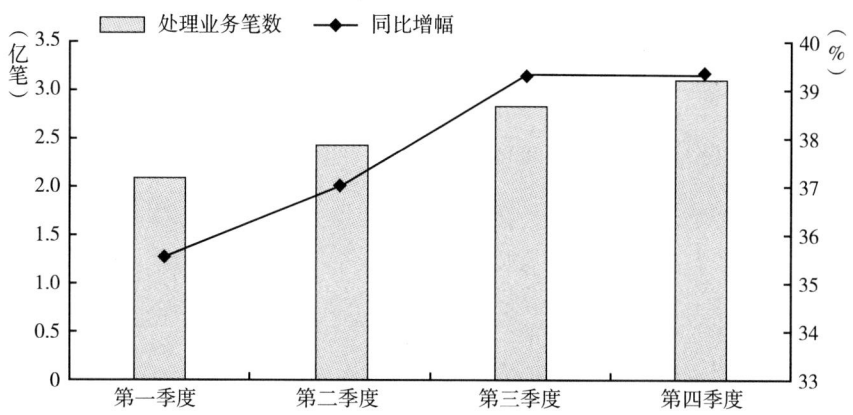

图 6 2013 年各季度人民银行小额支付系统处理的业务笔数及同比增幅

数据来源：中国人民银行支付结算司，2013 年第一、二、三、四季度支付体系运行总体情况，中国人民银行网站。

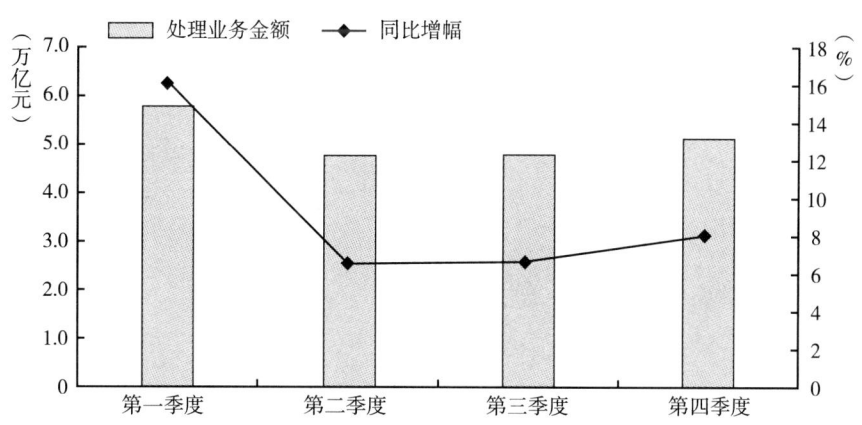

图 7 2013 年各季度人民银行小额支付系统处理的业务金额及同比增幅

数据来源：中国人民银行支付结算司，2013 年第一、二、三、四季度支付体系运行总体情况，中国人民银行网站。

3. 网上支付跨行清算系统

2013年，网上支付跨行清算系统业务量迅速增长，共处理业务4.76亿笔，处理金额6.45万亿元，同比分别增长79.02%和81.30%。日均处理业务136.45万笔，处理金额184.95亿元。截至2013年末，共有132家机构接入网上支付跨行清算系统。各季度情况如下：第一季度，处理业务1.17亿笔，同比增长201.17%，占支付系统业务笔数的2.24%，日均处理业务134.46万笔；处理金额1.61万亿元，同比增长200.05%，占支付系统业务金额0.22%，日均处理金额184.66亿元。第二季度，处理业务1.55亿笔，同比增长172.77%，日均处理业务178.33万笔；处理金额2.09万亿元，同比增长173.84%，日均处理金额240.78亿元。第三季度，处理业务2.04亿笔，同比增长152.28%，日均处理业务284.29万笔；处理金额3.01万亿元，同比增长139.34%，日均处理金额354.60亿元。第四季度，处理业务2.42亿笔，同比

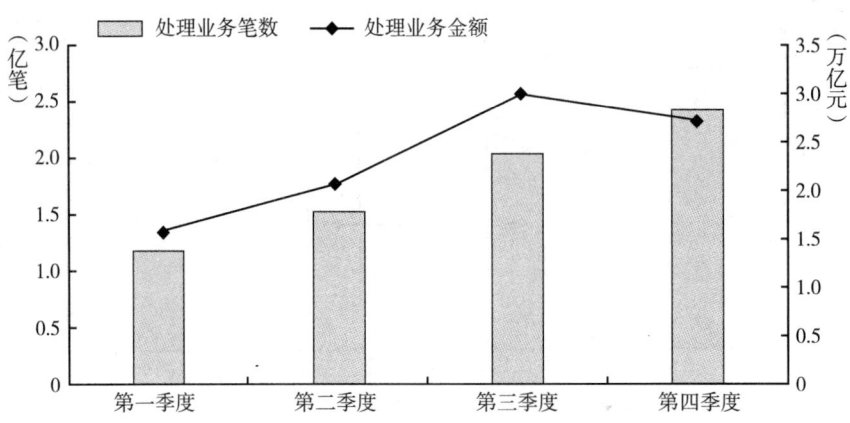

**图8　2013年各季度网上支付跨行清算系统
处理的业务金额及同比增幅**

数据来源：中国人民银行支付结算司，2013年第一、二、三、四季度支付体系运行总体情况，中国人民银行网站。

增长173.30%，日均处理业务227.03万笔；处理金额2.75万亿元，同比增长174.40%，日均处理金额305.89亿元。

4. 同城票据交换系统

2013年，同城票据交换系统业务保持稳定，共处理业务4.19亿笔，处理金额68.29万亿元，同比分别增长7.09%和2.66%。日均处理业务168.16万笔，处理金额2742.54亿元。其中，第一季度，处理业务1.02亿笔，同比增长11.50%，占支付系统业务笔数的1.95%，日均处理业务169.23万笔；处理金额17.34万亿元，同比增长11.34%，占支付系统业务金额的2.49%，日均处理金额2889.62亿元。第二季度，处理业务1.03亿笔，同比增长8.39%，日均处理166.50万笔；处理金额16.52万亿元，同比增长2.77%，日均处理金额2664.63亿元。第三季度，处理业务1.06亿笔，同比增长2.75%；处理金额16.63万亿元，同比下降1.96%；日均处理业务161.25万笔，处理金额2519.94亿元。第四季度，处理业务1.08亿笔，同比增长5.96%；处理金额17.80万亿元，同比下降0.60%；日均处理业务176.28万笔，金额2917.91亿元。

5. 境内外币支付系统

2013年，境内外币支付系统业务笔数持续增长，共处理业务139.44万笔，同比增长25.57%，处理金额31142.81亿元（折合5008.28亿美元），同比下降5.99%；日均处理业务5577.60笔，处理金额124.57亿元（折合20.03亿美元）。其中，第一季度，境内外币支付系统处理业务28.90万笔，同比增长30.64%；处理金额9612.85亿元（1530.17亿美元），同比增长48.35%。第二季度，处理业务33.33万笔，同比增长20.84%；处理金额10400.21亿元（1674.87亿美元），同比增长23.71%。第三季度，处理业务37.49万笔，同比增长21.26%；处理金额1.11万亿元（0.18

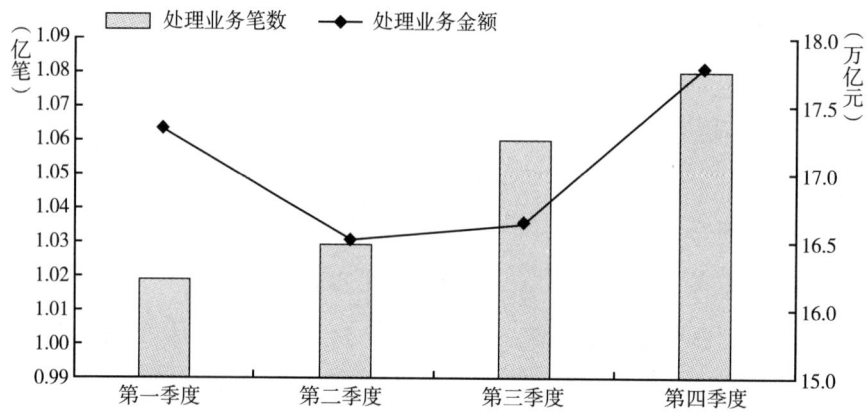

图9 2013年各季度同城票据交换系统处理的业务金额及其较上年同期增长幅度

数据来源：中国人民银行支付结算司，2013年第一、二、三、四季度支付体系运行总体情况，中国人民银行网站。

万亿美元），同比增长19.13%。第四季度，处理业务39.72万笔，同比增长30.52%；处理金额13152.05亿元（2142.86亿美元），同比增长43.84%。

6. 全国支票影像交换系统

2013年，全国支票影像交换系统业务有所下降，共处理业务1099.60万笔，处理金额4015.01亿元，同比分别下降5.59%和2.16%。日均处理业务3.15万笔，处理金额11.50亿元。其中，第一季度，共处理业务488.37万笔，同比增长3.95%；处理金额2502.39亿元，同比增长9.52%。第二季度，共处理业务283.27万笔，同比增长2.24%；处理金额1338.44亿元，同比增长2.75%。第三季度，共处理业务291.14万笔，同比下降9.97%；处理金额1425.38亿元，同比下降5.86%。第四季度，共处理业务281.08万笔，同比下降11.91%；处理金额1377.29亿元，同比下降7.54%。

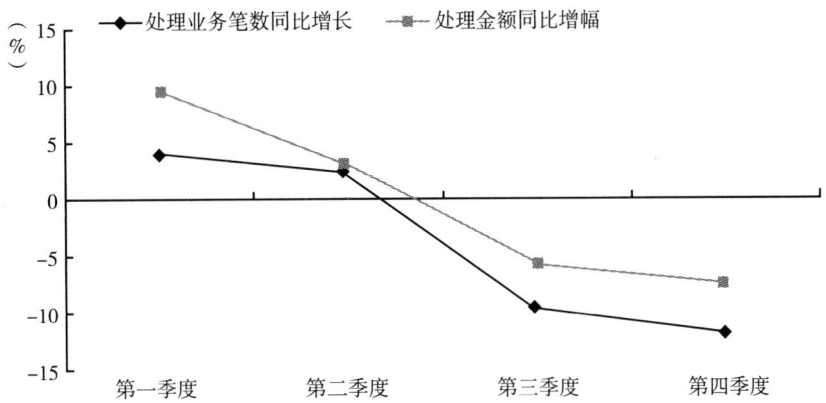

**图 10　2013 年各季度全国支票影像交换系统
处理的业务笔数和金额同比增幅**

数据来源：中国人民银行支付结算司，2013 年第一、二、三、四季度支付体系运行总体情况，中国人民银行网站。

（二）其他机构支付系统

1. 银行业金融机构行内支付系统

2013 年，银行业金融机构行内支付系统业务稳步增长，在支付市场中发挥着基础作用。处理支付业务 107.58 亿笔，同比增长 20.13%，占支付系统业务笔数的 45.62%，日均处理业务 2947.40 万笔，同比增长 20.72%；处理支付业务金额 745.23 万亿元，同比增长 19.32%，占支付系统业务金额的 25.35%。日均处理金额 20417.05 亿元，同比增长 26.92%。

第一季度，处理业务 24.01 亿笔，同比增长 17.45%，占支付系统业务笔数的 46.21%，日均处理支付业务 2668.21 万笔；金额 160.52 万亿元，同比增长 11.48%，占支付系统业务金额的 23.01%，日均处理支付金额 1.78 万亿元。

第二季度，处理业务 26.97 亿笔，同比增长 25.80%，占支付

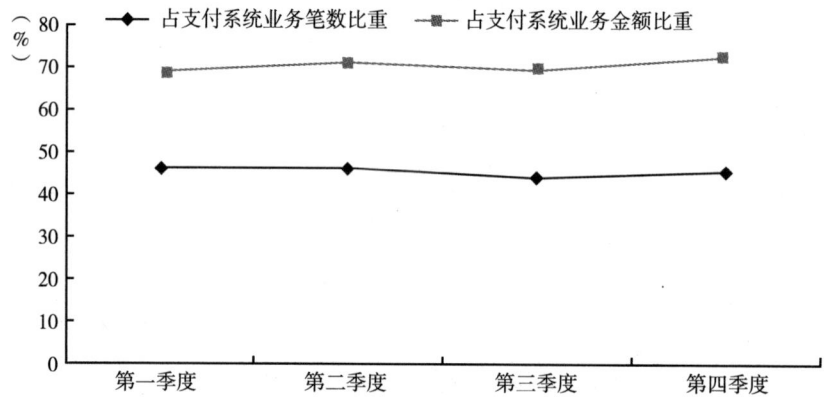

图11 2013年各季度银行业金融机构行内支付系统处理的业务和金额占支付系统比重

数据来源：中国人民银行支付结算司，2013年第一、二、三、四季度支付体系运行总体情况，中国人民银行网站。

系统业务笔数的46.73%，日均处理支付业务2963.90万笔；金额183.33万亿元，同比增长21.46%，占支付系统业务金额的25.03%，日均处理支付金额20145.66亿元。

第三季度，处理业务26.80亿笔，同比增长16.66%，占支付系统业务笔数的44.40%，日均处理支付业务2913.41万笔；金额189.14万亿元，同比增长16.39%，占支付系统业务金额的25.47%，日均处理支付金额2.05万亿元。

第四季度，处理业务29.80亿笔，同比增长16.30%，占支付系统业务笔数的45.32%，日均处理支付业务3239.43万笔；金额212.24万亿元，同比增长26.98%，占支付系统业务金额的27.66%，日均处理支付金额2.31万亿元。

2. 银行卡跨行支付系统

2013年，银行卡跨行支付系统业务继续保持增长，共处理业务99.14亿笔，同比增长19.84%，占支付系统业务笔数的42.04%，日均处理业务2716.16万笔；金额27.81万亿元，同比增长40.88%，占支付系统业务金额的0.95%。日均处理金额761.92亿元。

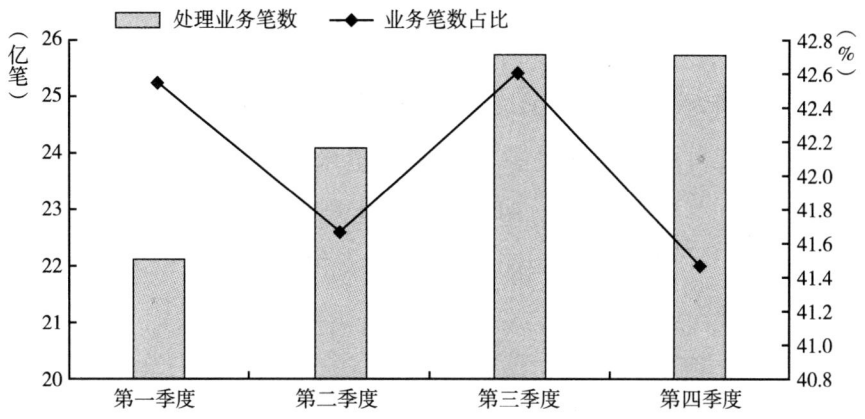

图12　2013年各季度银行卡跨行支付系统处理的业务及其占全年支付系统处理笔数的比重

数据来源：中国人民银行支付结算司，2013年第一、二、三、四季度支付体系运行总体情况，中国人民银行网站。

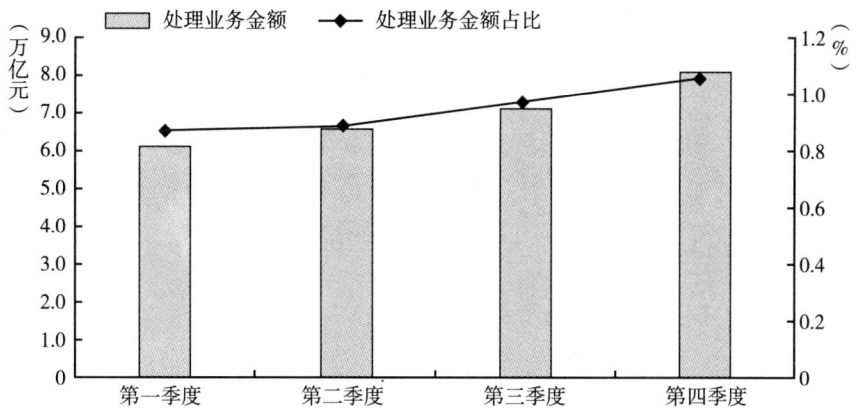

图13　2013年各季度银行卡跨行支付系统处理的金额及其占全年支付系统处理笔数的比重

数据来源：中国人民银行支付结算司，2013年第一、二、三、四季度支付体系运行总体情况，中国人民银行网站。

2013年的四个季度中,银行卡跨行支付系统处理的业务分别为22.11亿笔、24.05亿笔、25.71亿笔和27.27亿笔;笔数同比分别增长20.06%、41.66%、42.60%和41.47%。金额分别为6.07万亿元、6.54万亿元、7.17万亿元和8.03万亿元;金额同比增长分别为48.44%、41.05%、36.70%和38.90%。

从占支付系统业务笔数和金额比重来看,2013年四个季度分别为42.55%和0.87%、41.66%和0.89%、42.60%和0.97%、41.47%和1.05%。反映出银行卡跨行支付系统笔数较多,但金额较小的特征。

3. 城市商业银行支付清算系统

2013年,城市商业银行支付清算系统业务量较快增长,共处理业务83.58万笔,同比增长85.16%;金额2806.58亿元,同比增长21.82%。日均处理业务0.23万笔,金额7.69亿元。第一季度城市商业银行支付清算系统共处理业务12.43万笔,日均处理支付业务0.14万笔、金额572.53亿元,日均处理金额6.36亿元。第二季度共处理业务15.96万笔,环比增加28.44%,日均处理支付业务0.18万笔、金额636.28亿元,环比增加11.13%,日均处理支付金额6.99亿元。第三季度共处理业务26.03万笔,环比增加63.10%,日均处理支付业务0.28万笔;金额730.70亿元,环比增加14.84%,日均处理支付金额7.94亿元。第四季度共处理业务29.16万笔,环比增加12.02%,日均处理支付业务0.32万笔;金额867.07亿元,环比增加18.66%,日均处理支付金额9.42亿元。

4. 农信银支付清算系统

从2013年全年数据来看,农信银支付清算系统业务呈稳健增长态势,共处理业务1.20亿笔,增长38.10%,占支付系统业务笔数的0.51%,日均处理业务32.79万笔。金额2.34万亿元,同比增长16.33%,占支付系统业务金额的0.08%。日均处理业务金额64.13亿元。其中,第一季度农信银支付清算系统共处理业务2406.15万笔,占支付系统业务笔数的0.46%;金额6040.10亿元,占支付系统业务金额的0.09%。第二季度共处理业务2811.06万笔,环比增加16.83%;金额5787.68亿元,环比减少4.18%。第三季度共处理业务3129.89万笔,金额5676.22亿元。笔数环比增长11.34%,金额环比下降1.93%。第四季度共处理业务3621.55万笔,金额5905.22亿元。笔数环比增长15.71,金额环比下降4.03%。从日均处理业务笔数和金额看,2013年的四个季度分别为26.74万笔,67.11亿元;30.89万笔,63.60亿元;34.02万笔,61.70亿元;39.36万笔,64.19亿元。

三 2013年我国中央银行支付清算体系的重要事件

2013年,我国中央银行主导的支付清算体系建设取得了一些积极进展,有效推动了部分子系统的一体化、电子化和国际化,整体系统运行的安全性进一步提升。2013年所取得的进展主要包括:验收评审了移动金融安全可信公共服务平台(MTPS);二代支付系统成功上线;支付清算体系监管进一步加强等。

(一)移动金融安全可信公共服务平台取得新进展

2013年下半年,全国统一的移动金融安全可信公共服务平台(MTPS)正式建成并通过验收评审。中国银联、中国建设银行、中国移动、中信银行等7家机构或企业的移动支付可信服务平台已接入MTPS并成功试运行。[1]

---

[1] 第一财经网:《国家级移动支付平台建成 移动金融步入"标准化时代"》,2014年2月10日。

移动金融安全可信公共服务平台旨在解决跨行、跨机构之间移动支付业务信息和系统分割等问题,实现联网通用、安全可信。构建国家级移动金融安全可信公共服务平台可以实现安全可信、整合资源和统一业务监管等多重目标,解决此前部分商业银行以及国内三大移动运营商各自提供移动支付可信服务平台带来的重复建设、资源浪费和效率低下等问题。移动支付公共服务平台可以联系并服务金融运营提供方(电子现金、借记引用和贷记应运等)和行业应运提供方(预付卡费、公交、电影卡和优惠券等)。[①]

(二)二代支付系统上线

2013年10月上旬,中国人民银行推动第二代支付系统正式上线。经过四年之久的设计研发,人民银行将第一代支付系统升级为第二代支付系统,以更好地适应我国社会经济的发展,满足金融系统服务实体经济的新需要。第二代支付系统与第一代支付系统相比,改进主要体现在以下两个方面:首先,为金融机构提供了灵活多样的接入方式、清算模式和全面的流动性风险管理,能有效提高信息的交互效率,降低商业银行清算账户管理风险和支持商业银行新兴电子支付业务的发展,如采用ISO20022标准,使得参与者在与支付系统连接同时,还可与证券公司、财政、税务等其他机构的业务系统进行对接。此外,第二代系统还具备健全的备份功能和强大的信息管理和数据储存功能。[②]

(三)支付清算基础设施建设加强

一方面,就硬件基础设施来看,2013年支付体系的信息化建设取

---

① 中国人民银行金融信息中心:《构建中国移动支付安全可信公共服务平台》,中国人民银行,2013。
② 中国人民银行西宁中心支行:《第二代支付系统与第一代支付系统的区别是什么?》,中国人民银行西宁中心支行,2013。

得了突出进展。例如，2013年2月5日，中国人民银行正式发布《中国金融集成电路（IC）卡规范（V3.0）》金融行业标准，统一了金融IC卡加载公共服务应用标准，为金融IC卡进一步扩大应用奠定了基础，对推进金融创新和提升金融服务民生的水平有重要意义。此外，人民银行还组织各商业银行按"急用先行"的原则，先易后难、循序渐进的思路开展了电子现金跨行圈存。2013年7月，首先在上海、成都、贵阳、长沙、宁波等5个金融IC卡电子现金使用较普遍的城市开展试点，试点成功后于10月启动全国推广。另外，为加快我国金融IC卡的推广应用，在人民银行的组织推动，发展改革委、工业和信息化部等的支持下，中国银联（依托银行卡检测中心），积极开展金融IC卡芯片安全检测工作。2013年底，国家金融IC卡安全检测中心项目通过了专家组的验收评审。该项目实现了我国金融领域芯片安全检测方面的突破，填补了国内该领域的空白，为金融业提供了专业权威的检测技术服务，为商业银行金融IC卡推广应用提供了良好的技术保障，将有效提升我国芯片在国际市场的竞争力。①

另一方面，支付体系的政策软环境也不断得到完善，例如，2013年7月，为规范银行卡收单业务，有效防范支付风险，促进银行卡业务健康有序发展，人民银行发布实施《银行卡收单业务管理办法》（中国人民银行公告［2013］第9号）。这一规则的实施，为规范收单机构经营行为、培育良好的银行卡市场竞争环境夯实了制度基础，能够进一步促进银行卡市场健康持续发展，充分发挥其拉动消费和促进经济增长的积极作用。

四 我国中央银行支付清算体系建设面临的问题

人民银行的支付清算体系建设工作在取得长足进步的同时，也

---

① 《2013年金融信息化10件大事》，《金融电子化》网站，2014年2月20日。

在推动支付清算国际化、改善农村支付环境、完善相关法律法规等方面存在着一些问题并面临着挑战。

(一) 支付清算体系的国际化程度不足

据环球银行金融电信协会（SWIFT）2014年数据，人民币已超过瑞士法郎，跃居全球最常用支付货币的第七位，这表明人民币国际化又取得了可喜的进展，同时也对我国支付清算系统的国际化程度提出了更高的要求。推动支付清算系统国际化是人民币的国际化必不可少的一步，从国际经验看，美元和欧元在自身国际化进程中，都十分重视为全球经济交易服务。世界的一体化日渐加强，急需发展的我国更面临跨境经济金融活动日益繁荣的挑战。因此，要在防范风险的基础上，不断推动支付清算系统国际化。

人民银行的近年表现也展现了其加快国际化进程的姿态和决心，如参与国际支付结算体系委员会（CPSS）、东亚及太平洋地区中央银行行长会议组织支付结算工作组（EMEAP-WGPSS）和东南亚中央银行组织（SEACEN）等国际组织工作，保持与相关金融管理局、欧洲中央银行的合作机制，积极拓展与周边国家的支付清算合作基础。[①] 但这些努力还处于起步阶段，尚未达到中国在世界的特定经济地位的要求，人民银行还应尝试在国际支付清算中发挥其主导作用，参与更多规则的制订。

(二) 普惠金融领域的支付环境有待改善

近年来，人民银行在支付清算体系建设方面取得了较大进展，但一方面支付清算系统的统一性和覆盖面还有待持续推进，另一方面，人民银行的相关宣传力度还有待加强，公众对支付清算体系及

---

① 中国人民银行支付结算司：《中国支付体系发展报告（2012）》，中国人民银行，2012。

其子系统的认知度不够,制约了人民银行的支付清算体系的拓展和普惠金融的开展。上述问题在农村地区表现得尤为突出:农村地区金融机构依然未能有效接入支付系统,支付渠道也不够通畅,农民对非现金支付工具的了解也存在较多盲点。这不仅妨碍了支付系统的发展和农村支付环境的改善,还制约了支付清算体系在"三农"和城镇化建设中的作用。对此,人民银行应该加快面向普惠金融领域的支付系统服务机制建设,同时还应该加快支付清算系统服务的外部宣传,尤其是积极通过商业银行和其他农村地区金融机构平台向社会大众宣传。

(三)相关法律法规亟待改善

我国支付清算体系近年来得到了快速的发展,然而很多相关规章制度和法律却没能及时发展与完善,缺少法律法规支撑的状况仍未得到有效解决。其中,有的规章制度已经过时,不再适合支付清算系统的发展需要,例如,相关的《票据法》及《支付结算办法》在实施中还存在漏洞,致使操作难度较大,并且距今多年没有修订,已经不适应如电子支付等新技术的挑战。新业务已经飞速开展,如互联网带来的支付体系变革,而规章制度却未能及时完善,由此带来了一系列的问题。同时,相关的一些行业规则,也停留在部门规章的层面上,难以成为市场健康发展的游戏规则。综观国外,有的国家就支付行业进行专门立法,有的则针对电子支付等新兴模式来立法,这些都值得我国借鉴。

五 我国中央银行支付清算体系的发展方向与改进思路

回顾我国中央银行支付清算体系的发展,尤其是 2013 年的情况,结合客观存在的问题,综合看未来有以下发展方向和改进思路。

（一）我国中央银行支付清算体系的发展方向

一是一体化程度进一步提高。经过多年努力，中国人民银行的支付清算体系建设得到了长足改进，特别是2013年底金融安全可信公共服务平台完成验收评审，奠定了移动支付可信服务平台一体化的基础，有效解决了相关领域资源浪费、管理效率低下和难以统一监管的问题。但从目前情况看，进一步提高整体支付清算体系多重系统的一体化势在必行。从发达经济体的经验看，更深入的支付系统一体化是不可避免的趋势，我国支付清算系统有必要加快这一进程，以适应实体经济发展和金融创新的需要。

二是数字化程度不断提高。从"八五"计划时期的全国电子联行系统到现在的现代化支付系统，人民银行一直在努力提升其主导的支付清算系统的电子化程度，然而与美国、欧盟等发达经济体相比，仍有欠缺。可以预见的是，电子化程度不断提高仍是未来的一个发展趋势：一方面，这是经济发展的客观需要，随着国际化程度的提高和我国经济实力的增强，很多本国企业要走出国门与外资竞争，也有很多外资企业走进来，对提高支付清算系统效率提出了更高的要求；另一方面，科技的进步也使数字化程度进一步提高成为可能，从美国、欧盟等经济体看，脱离有形市场，走向数字化平台是支付清算体系的一个趋势。

三是国际化程度不断加强。第二代的支付系统更好地支持了人民币跨境支付业务、外行交易市场结算等，是我国支付系统国际化的重要一步。人民币国际化，金融领域不断开放，这在客观上也要求中央银行主导的支付清算体系建设跟上国际化的步伐。推动支付标准国际化、支付清算系统统一化，这是中央银行不能回避的问题，不断推动支付清算体系国际化，提高交易效率，降低交易成本，仍应是人民银行今后的政策着力点。

四是支付系统监管将日趋强化。支付系统容易产生链条效应，一旦发生危机，后果就会很严重。从国际趋势看，各国对支付系统的监管基本呈现三大特点：其一，发达国家均不断建立健全支付系统的定期评估机制和预警机制，并加强对重要支付系统进行全面风险评估，防患于未然。其二，不断完善支付系统的应急机制和预案，一旦风险发生就可以启动应急机制或预案，将损失和负面影响降至最小。其三，不断加强各个部门间的合作，积极推动建立支付清算系统的合作监督机制，提高监管水平。

（二）中央银行支付清算体系的改进路径

为顺应经济金融发展不断提出的需求，应对对外开放和国际化深入的挑战，人民银行需要充分借鉴国际经验，在支付清算体系建设过程中，着力推进以下几方面工作。

一是促进整个支付清算产业的发展与壮大。长期以来，支付清算体系都被看作整个金融运行的后台部门，尚未提升到更高的层面来看待。党的十八届三中全会决议指出，要"加强金融基础设施建设，保障金融市场安全高效运行和整体稳定"，所谓金融基础设施，其核心正是指支付清算体系。应该说，我国的支付清算系统需要作为一个产业来大力支持，以应对开放竞争的压力，以及多元化支付需求的挑战。因此，需要深入研究现代支付市场结构变化的规律，探讨不同类型支付市场参与主体在其中的作用和发展前景，以及政府和监管部门在其中的职能定位和政策引导等。最终目的都是为了促成一个高效的、服务于不同类型需求的、顺应互联网经济时代特点的支付清算市场体系。

二是加强支付清算体系的政策"顶层设计"。监管部门应该充分利用现代化的科技创新，努力提高支付系统效率与安全；促进支付系统的多元化发展，构建多种功能互补的支付组织；达到支付便利与安全的协调与平衡，尤其体现在零售支付的创新方面。现有支付清算市场上的种种争议和冲突，根源在于"顶层设计"的缺位，在于缺乏有效的游戏规则和产业发展思路。当前，支付领域正面临对外与对内开放的同步挑战，支付产业的发展不仅是为了更好地提高金融交易效率和满足消费者需求，而且还具有服务于国家层面的战略意义。要通过整个支付产业的健康发展和壮大来应对外部挑战，同时还能更好地适应新技术的演变，就需要尽快从监管层面制订更加合理的市场游戏规则，构建政府监管与行业自律相结合的多层次监管机制，实现风险与效率的有效权衡，一方面在构建合理的支付市场基本规则的前提下，要以坚持多元化发展来防止损害市场竞争效率的事件发生；另一方面，应构建多层次支付清算产品与服务的市场化定价机制，既要避免行政性定价的偏颇，又要防止低水平的价格竞争影响消费者长期利益与产业健康发展。①

三是以金融监管部际协调机制为抓手提高监管协作的能力。随着我国金融创新的快速发展，中央银行主导的支付清算体系已经广泛地涉及"大金融"的各个方面，对此，相关监管部门要积极把握支付清算领域的新变化，借鉴国际上的最新经验和成果，及时调整监督管理的重点与方向。2013 年，国务院批准建立金融监管部际协调制度，并将办公室设在人民银行。这对提升支付清算监管的部门协作提供了契机。建议人民银行以金融监管部际协调机制为抓手，推动监管部门间加强交流，积极完善支付清算体系监管的部门协作机制，建立信息共享平台机制，减少信息的不对称性，确保决策的科学性，风险处置的及时性。

四是改善普惠金融领域的支付环境。深入研究支付系统在推动国家城镇化、助农等方面的作用，推动支付系统和非现金支付工具

---

① 杨涛：《支付革命：一场渗透到经济毛孔的变革》，《上海证券报》2013 年 9 月 17 日。

在农村地区的应用。积极推动农村金融机构接入现代支付系统,加大宣传培训力度,让农民熟悉支付系统和支付工具。要进一步提升中小金融机构、小微企业、农村和贫困地区、弱势产业和部门等对于支付清算体系服务的参与程度,改善其享受包容性金融幅度的基础环境。

五是深化支付系统的国际合作。我国应积极参与国际支付清算体系的建设,加强研究国外支付清算体系监管等方面的成功经验,跟踪国际支付清算组织的动态发展,并积极在支付清算体系的国际交流与互动中发挥主导作用。派遣人员参加相关培训,学习前沿知识,提高支付清算体系人员从业素质,推动支付清算标准的国际化。

参考文献

中国人民银行金融信息中心:《构建中国移动支付安全可信公共服务平台》,中国人民银行,2013。

中国人民银行西宁中心支行:《第二代支付系统与第一代支付系统的区别是什么?》,中国人民银行西宁中心支行,2013。

中国人民银行支付结算司:《2013年第一季度支付体系运行总体情况》,中国人民银行,2013。

中国人民银行支付结算司:《2013年第二季度支付体系运行总体情况》,中国人民银行,2013。

中国人民银行支付结算司:《2013年第三季度支付体系运行总体情况》,中国人民银行,2013。

中国人民银行支付结算司:《2013年第四季度支付体系运行总体情况》,中国人民银行,2013。

中国人民银行支付结算司:《2013年支付体系运行总体情况》,中国人民银行,2013。

中国人民银行支付结算司:《中国支付体系发展报告(2012)》,中国人民银行,2012。

章文贡:《国家级移动支付平台建成 移动金融步入"标准化时代"》,一财网,2014年2月10日。

B.2
我国第三方支付机构体系的建设与运行

一 2013年我国第三方支付机构体系运行情况

2013年中国互联网金融创新案例层出不穷,甚至让人感觉有些眼花缭乱。作为互联网金融模式中最主要、也是目前发展最成熟的行业,在移动支付技术不断进步、O2O商业模式①广泛运用的2013年,我国第三方支付行业的发展也出现了全新的变化。例如:腾讯微信5.0推出移动支付,苏宁、京东等电商开始进入第三方支付领域,跨境支付试点启动,支付宝与天弘基金合作开发的余额宝创造了货币市场基金销量的神话,等等。可以说,第三方支付机构所带来的产品与服务创新,已经从各个方面开始改变人们的生活,以及整个支付清算体系。

(一)第三方支付机构牌照获取情况

1. 支付业务牌照获取情况

人民银行分别于2013年1月6日和7月6日发放了第五和第六批牌照,发牌数量分别为26家和27家,使获得《支付业务许可证》的企业数量达到250家。2013年获得牌照的企业多为地方性企业,覆盖业务范围主要为预付卡发行与受理。值得关注的是,艾登瑞德

---

① O2O商业模式,Online To Offline,线上到线下,是将线下商务的机会与互联网结合在一起,让互联网成为线下交易的前台,使得线下服务可用线上来揽客,消费者在线上筛选服务,成交后在线结算。

（中国）有限公司和上海索迪斯万通服务有限公司两家具有外资背景的公司首批获得了支付牌照，这也是第三方支付牌照首次对外资开闸。

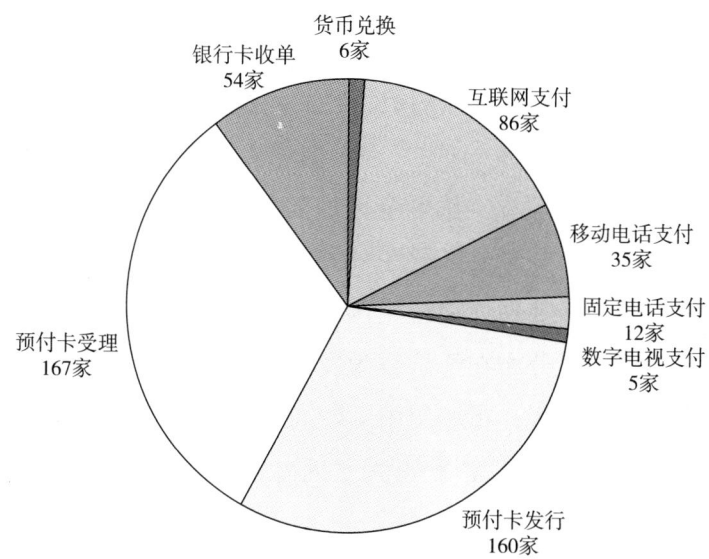

图1　已获支付牌照企业获批业务类型

数据来源：人民银行网站、课题组。

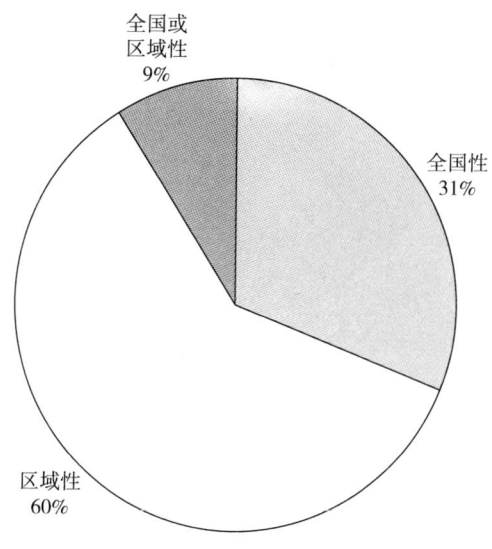

图2　已获支付牌照企业经营范围

从获批机构的业务类型看,250家支付机构中获得互联网支付许可的有86家,获得移动电话支付许可的有35家,获得固定电话支付许可的有12家,获得数字电视支付许可的有5家,获得预付卡发行许可的有160家,获得预付卡受理许可的有167家,获得银行卡收单许可的有54家,获得货币兑换许可的有6家。

从获准经营范围看,从事全国性支付业务的机构有78家、区域性的有151家、全国或区域性①的有21家。

从地区分布情况看,来自全国28个省市的机构获得了支付牌照,这些机构主要分布在经济较为发达的省市,特别是电子商务较为发达的长三角地区,市场集中度较高。其中上海、江苏及浙江共有95家机构获得牌照,占获得牌照机构总数的38%。

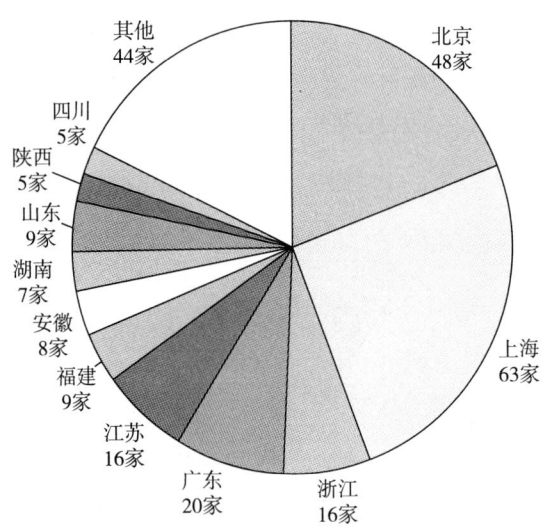

图3 已获支付牌照企业地区分布情况

数据来源:人民银行网站、课题组。

---

① 指该机构所获牌照部分可开展全国性业务,部分限定于区域性业务。

2. 跨境电商支付牌照获取情况

2013年3月，国家外汇管理局发布了《支付机构跨境电子商务外汇支付业务试点指导意见》，允许部分第三方支付机构参加试点，集中为电子商务客户办理跨境收付汇和结售汇业务①。目前，包括支付宝、财付通在内的17家第三方支付机构，都获得这一跨境电子商务外汇支付业务试点资格。

表1 已获跨境支付牌照的第三方支付机构一览表

公司名称	总部所在地	获准业务范围
支付宝	杭州	货物贸易、留学教育、航空机票、酒店住宿
贝付科技	杭州	货物贸易、留学教育
财付通	深圳	货物贸易、留学教育、酒店住宿
钱宝科技	深圳	货物贸易
快钱	上海	货物贸易、留学教育、航空机票、酒店住宿
汇付天下	上海	货物贸易、留学教育、航空机票、酒店住宿
银联电子支付	上海	货物贸易、留学教育、航空机票、酒店住宿
通联	上海	货物贸易、留学教育、航空机票、酒店住宿
环迅支付	上海	货物贸易、留学教育、航空机票、酒店住宿
富友支付	上海	货物贸易、留学教育、航空机票、酒店住宿
盛付通	上海	货物贸易、留学教育、航空机票、酒店住宿
东方电子支付	上海	货物贸易
爱农驿站	北京	货物贸易、留学教育、航空机票、酒店住宿
通融通	北京	货物贸易、留学教育、航空机票、酒店住宿
银盈通	北京	货物贸易、留学教育、酒店住宿
钱袋网	北京	货物贸易
易极付	重庆	货物贸易

---

① 支付机构跨境电子商务外汇支付业务，是指支付机构通过银行为小额电子商务（货物贸易或服务贸易）交易双方提供跨境互联网支付所涉的外汇资金集中收付及相关结售汇服务。

（二）第三方支付市场运行情况

2013年，我国第三方支付机构继续快速发展，支付业务范围不断扩大。各类支付业务总体交易规模达到17.9万亿元，同比增长43.2%[①]。第三方支付行业之所以发展得如此迅速，一方面是因为电子商务市场交易规模不断扩大，尤其是大型电商平台不断推出类似"双十一"的大规模促销活动，间接促进了第三方支付市场的快速发展；另一方面，互联网信息技术应用到传统行业的程度不断加深，使其逐步变成第三方支付企业的应用市场，包括保险、基金、跨境支付等新兴市场领域不断被开拓。

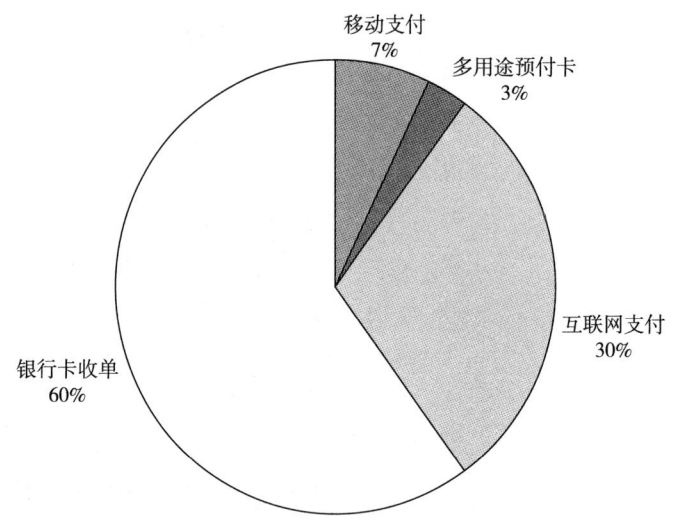

图4　2013年第三方支付市场各类业务占比情况

数据来源：易观智库、课题组。

从业务种类看，随着行业互联网化趋势的加深，业务范围已由原来的互联网支付进一步向银行卡收单和移动支付市场延伸。银行

---

① 数据来源：易观智库。

卡收单业务得到快速增长，市场占比达到59.8%，进一步改善了银行卡受理环境，大量连锁企业、中小线下商户和个体户成为第三方支付企业的客户。移动支付市场方面，由于移动支付技术的快速升级改进，尤其是广大用户对移动支付认可度的加深，以信用卡还款、银行转账为代表的移动支付业务得到迅速增长，移动支付的交易规模呈现爆发式增长，占比达到7%。

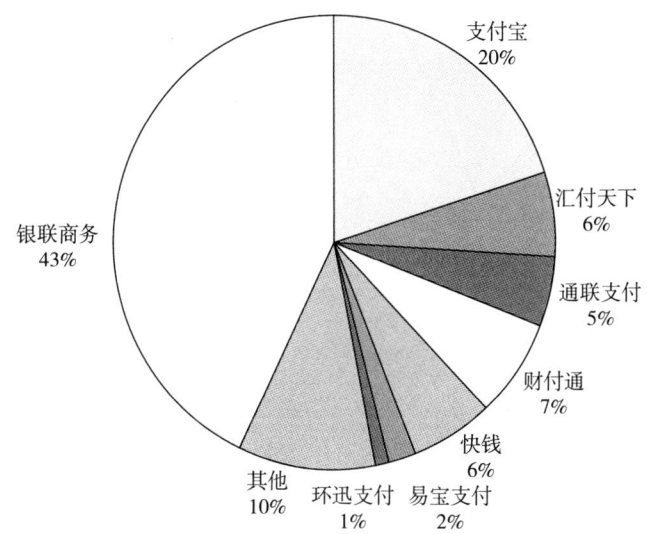

图5　2013年中国第三方支付机构市场份额情况

数据来源：易观智库、课题组。

从支付机构来看看，由于线下收单市场的庞大，以及互联网支付的竞争激烈，为争取更大的市场份额，快钱、汇付天下、易宝等第三方支付机构在2013年都加大了对银行卡收单市场的支持力度，向教育、跨境支付、保险缴费等领域拓展。例如，快钱在线下展业上采用直销和代理商并存的方式，目标客户锁定大中型连锁企业和零售机构；汇付天下通过代理商拓展业务的模式，瞄准中小商户的POS收单市场，在交易规模上迅速取得突破性进展；易宝则坚持走行业支付的路线，深度发掘行业支付的线下解决方案。

1. 互联网支付

根据艾瑞咨询的统计数据，2013年我国第三方互联网支付市场交易规模达53729.8亿元，同比增速为46.8%，市场整体继续高速增长，在整个支付领域的重要性进一步提高。

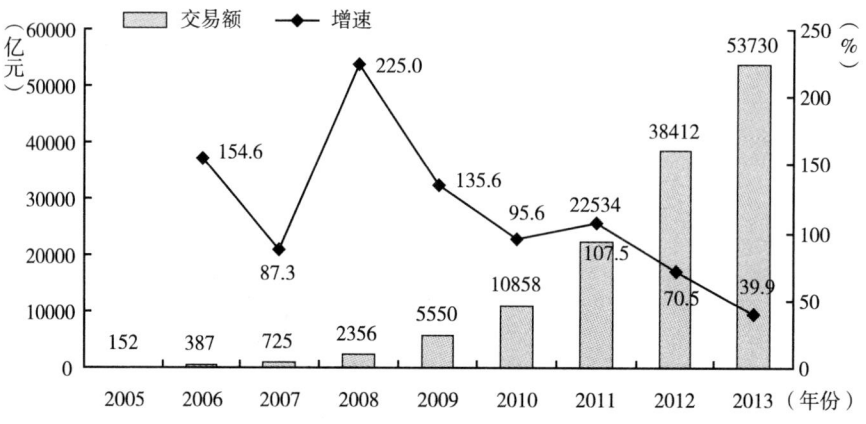

图6　2005～2013年中国互联网支付交易规模情况

数据来源：艾瑞咨询、课题组。

从支付业务种类看，网络购物依然是互联网支付交易规模中份额最大的业务，占比达到35.2%。2013年，O2O商业模式开始广泛应用，包括百货公司、购物中心以及品牌店等传统零售企业均开始涉足电子商务领域，这进一步提高了网络购物的占比。位居市场次席的是航空客票业务，规模占比为13.2%。基金申购市场增长迅猛，一跃成为第三大细分市场，占比达到10.5%，这主要受益于余额理财模式的兴起，2013年支付宝和天弘基金推出"余额宝"产品，很快创造了3个月销售900亿元基金的神话，促使各金融机构纷纷加强了与第三方支付机构的合作，一时间各种货币基金"宝"层出不穷，进一步扩大了基金申购市场份额。电商B2B、电信缴费行业相对稳定，但由于增速不及其他行业，致使市场份额有所下降。

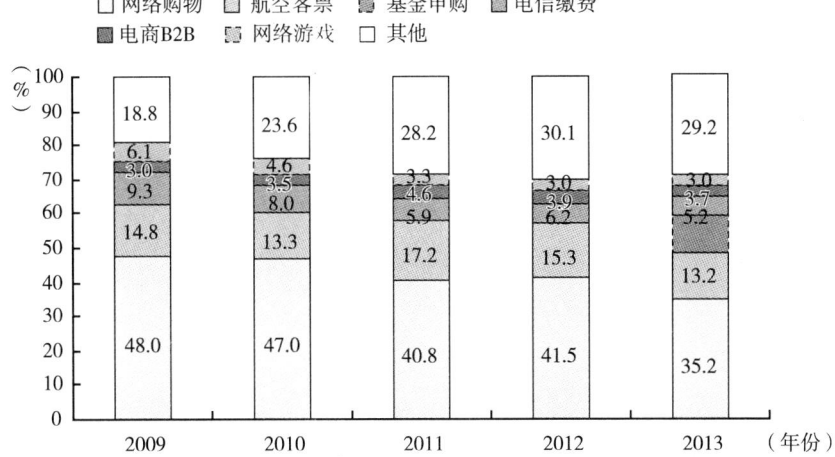

图7 2009~2013年中国互联网支付交易市场份额情况

数据来源：艾瑞咨询、课题组。

2. 银行卡收单

2013年，银行卡收单业务进一步增长，规模达到10.7万亿元。

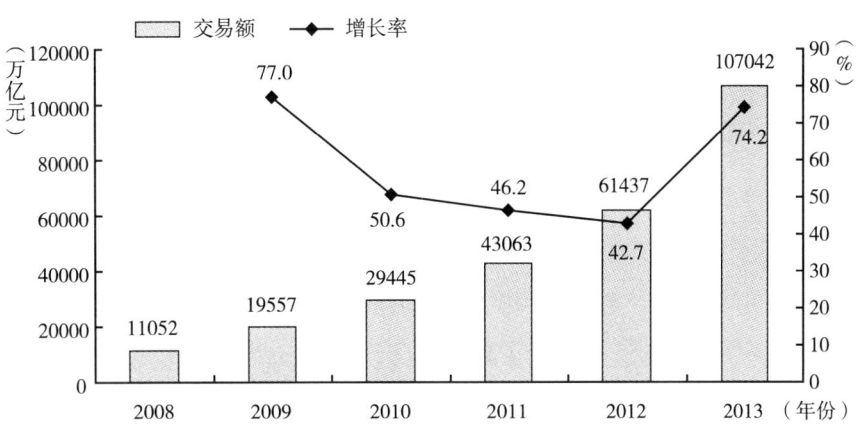

图8 2008~2013年中国银行卡收单业务交易规模情况

数据来源：艾瑞咨询、课题组。

3. 移动支付

2013年是中国移动支付的崛起之年，随着O2O模式的深入探索、手机支付技术的升级，移动支付给整个支付行业带来了从产业形态到商业模式的大变革。根据艾瑞咨询的统计数据，2013年第三方移动支付市场交易规模达12197.4亿元，同比增速达707.0%。

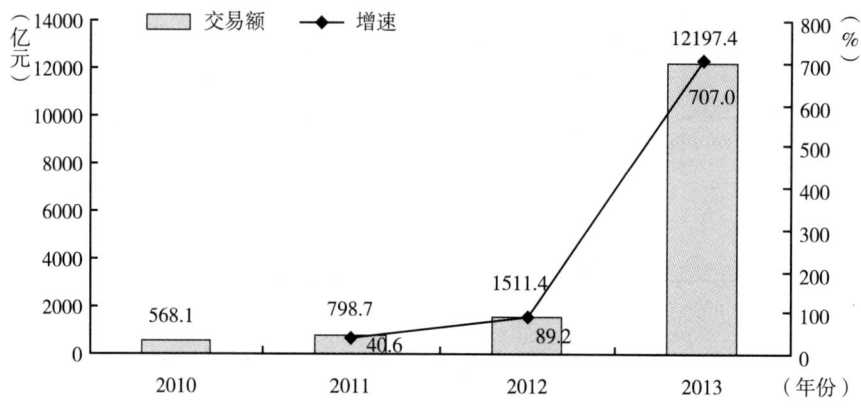

图9　2010～2013年中国移动支付交易规模情况

数据来源：艾瑞咨询、课题组。

从移动市场格局看，一方面，百度、新浪等互联网巨头纷纷推出移动支付业务，带动了移动支付市场的爆发式增长。另一方面，以支付宝和拉卡拉为代表的传统第三方支付厂商通过价格杠杆将客户引向移动端，推动了移动市场的发展。如支付宝取消了PC客户端偿还异名信用卡免费的服务，但该服务在手机客户端依然免费；拉卡拉则利用强大的营销攻势，大规模普及手机刷卡器，据统计目前活跃终端数已经超过430万个，用户向移动端迁移效果显著。除此之外，支付宝钱包和微信支付在移动支付市场上的竞争也日趋激烈，并在2013年底进入白热化阶段，两家不但分别与线下零售商、航空公司、视频网站、打车软件等建立合作关系，以丰富支付场景，而且纷纷推出支付返现活动，以此赢得更多的市场份额。

我国第三方支付机构体系的建设与运行

从移动技术的角度看,2013 年,远程移动互联网支付依然是移动支付的主力军,占整体移动支付中的比例达到 93.1%,而同样被寄予厚望的以 NFC①为核心驱动的近场支付则未能取得大的突破,占整体行业的比例降至 0.8%。

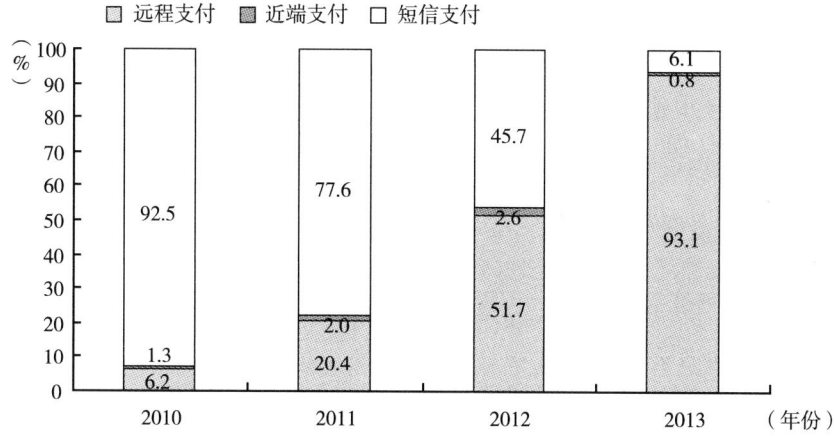

图 10 2010～2013 年中国移动支付交易结构情况

数据来源:艾瑞咨询、课题组。

(三)2013 年第三方支付行业热点事件分析

1. 主要事件

时间	热点事件	事件详情
2013.2	支付宝推出"支付宝钱包"	支付宝正式发布"支付宝钱包",同时提供"声波支付"、转账、扫码、条码等四种支付方式,还有收集和管理优惠券的功能
2013.3	支付宝推出"虚拟信用卡"	支付宝根据交易数据对用户进行授信,允许客户在淘宝购物时用于信用支付

---

① NFC,即近距离无线通信技术,是一种短距高频的无线电技术,能在短距离内与兼容设备进行识别和数据交换。手机用户凭着配置了支付功能的手机就可以用作机场登机验证、大厦的门禁钥匙、交通一卡通、信用卡、支付卡,等等。

续表

时间	热点事件	事件详情
2013.6	中国移动和中国银联联合推出"手机钱包"	中国移动与中国联通共同推出了移动支付联合产品——手机钱包。客户可通过手机短信息等方式,对绑定账户进行操作,实现购物消费、代缴费、转账、账户余额查询并可以通过短信等方式得到交易结果通知
2013.6	微信开通在线支付功能	微信针对部分公众账号开通了在线支付购物功能,并将旗下支付平台财付通引入微信公众账户,用户可以通过在微信公众账号获取产品信息,进行购买并完成整个支付过程
2013.6	"余额宝"正式上线	支付宝联合天弘基金推出"余额宝",成为2013年最成功的互联网金融产品
2013.7	新浪百度获第三方支付牌照	新浪和百度获得央行颁发的支付牌照。百度在原百付宝的基础上推出了"百发""百赚"等金融理财计划,其中百发上线仅4小时就完成了10亿元的销售,三天后推出的"百赚"继续保持了热销势头。新浪推出了"微财富"
2013.8	微信5.0推出微信支付	腾讯在8月9日正式发布微信5.0版,除增添了条码扫描、街景等功能外,微信支付功能成为最大两点
2013.9	微信支付联合人保推出全额赔付服务	微信支付与中国人保财险达成合作,提出"你敢付,我敢赔"的承诺,用户如因使用微信支付导致资金被盗等损失,将可获得人保的全赔保障,用户在申请赔付时,只需提供相应的损失真实性证明和身份证明,即可获得全赔保障
2013.12	运营商推动移动支付	中国银联联合7家银行启动NFC手机支付全国推广活动,中国电信上调NFC-SIM卡采购规模。在银行和运营商的通力合作下,移动支付正式步入快速发展期。

2. 主要支付机构2013年发展情况

(1) 银联商务

作为我国第三方支付市场份额最大的支付机构,银联商务一直凭借其在银行卡收单领域的绝对优势占据第三方支付市场的第一把交椅的位置。2013年,银联商务在继续保持银行卡收单业务优势的基础上，加大了对互联网支付和移动支付的创新和拓展力度，并通过对便民缴费类终端的布放和推广，进一步扩大了个人收单业务的拓展。

（2）支付宝

作为中国最具创新精神的第三方支付机构，支付宝无疑在2013年再一次成为人们关注的焦点。2013年6月推出的"余额宝"，截至2013年底规模已达1853亿元，客户数达4303万个，推动天弘基金成为国内规模最大的货币基金。"余额宝"的成功引发了整个互联网金融的热潮，各大银行、支付机构紧随其后相继推出各种形式的"余额宝"。在此之后，支付宝又开始布控移动支付市场，推出了全新的移动版产品，并成功将其延伸至日常生活中的各个领域，迈出了该公司进军移动支付领域最重要的一步。

（3）财付通

2013年，财付通仍然以线上业务为主，同时开始布局移动支付领域。不断加强对移动支付应用场景的构建力度，微信红包的推出引发了2014年春节期间全民抢红包的热潮，而其适时推出的理财通产品，则开始尝试抗衡支付宝的"余额宝"。

（4）快钱

2013年，快钱继续秉承互联网和银行卡收单两个市场并重的原则，加大了在互联网支付领域的财务管理、营销管理和金融增值的创新力度。同时，逐步扩大代理模式，逐步扩大银行卡收单的市场，特别是区域收单业务，并推出面向企业的理财平台。

（5）汇付天下

汇付天下将推进银行卡收单业务作为自身的业务重点，并基于中小商户POS收单推出了"生利宝"企业理财产品，助其进入企业基金理财领域。在获得跨境支付试点的资质后，率先在重点领域——航空市场进行了跨境业务尝试。

（6）易宝支付

易宝支付在2013年正式发布了自己的互联网金融战略，通过布局保理、小贷、理财等业务，为其进一步发展基于支付的相关金融业务进行探索。与此同时，在银行卡收单领域，易宝支付通过对分公司的技术、产品和人员的配置，为批发市场、物流市场提供基于POS收单的行业解决方案，进一步提升了资金和信息使用效率。

二 2013年我国第三方支付机构体系的监管环境

（一）监管政策出台情况

1. 主要政策

2013年，人民银行、国家外汇管理局、国家发改委等机构相继出台了与第三方支付行业相关或对其有影响的多项管理办法。

表2 2013年第三方支付行业相关政策一览表

时间	文件名称	制定部门	主要内容
2013年1月	《国家发改委关于优化和调整银行卡刷卡手续费的通知》（发改[2013]66号）	国家发改委	适当下调餐饮、百货和超市类等商户发卡行手续费，分别下降35.7%、21.4%和25.5%，对应的清算组织网络服务费分别下降35%、20%和20%
2013年2月	《关于开展第三方支付机构跨境电子商务外汇支付业务试点的通知》（汇综发[2013]5号）	国家外汇管理局	允许参加试点的支付机构集中为电子商务客户办理跨境收付汇和结售汇业务；货物贸易单笔交易金额不得超过等值1万美元，留学教育、航空机票和酒店项下单笔交易金额不得超过等值5万美元

我国第三方支付机构体系的建设与运行

续表

时间	文件名称	制定部门	主 要 内 容
2013年6月	《支付机构客户备付金存管办法》(2013年第6号公告)	人民银行	支付机构接收的客户备付金必须全额缴存至支付机构在备付金银行开立的备付金专用存款账户;支付机构应当且只能选择一家备付金存管银行,可以根据业务需要选择备付金合作银行;支付机构每月在备付金存管银行存放的客户备付金日终余额合计数,不得低于上月所有备付金银行账户日终余额合计数的50%
2013年7月	《银行卡收单业务管理办法》(2013年第9号公告)	人民银行	将网络渠道发起的线上收单业务与传统线下收单业务一并纳入监管,要求从事收单业务的各类市场主体遵循相同的监管标准,履行同等风险管理责任;强调建立与落实特约商户实名制度和收单业务本地化经营与管理原则;针对特约商户风险评级、交易监测、业务检查、受理终端布放、网络支付接口管理、交易信息传输、资金结算、差错处理、业务外包等各环节存在的风险隐患,制定了监管制度

2. 政策影响

影响一:刷卡手续费下调影响只开展线下收单业务的第三方支付机构。

根据《国家发改委关于优化和调整银行卡刷卡手续费的通知》的有关要求,部分刷卡手续费下调后,对从事线下收单业务的中小型第三方支付企业造成了一定的影响。但由于目前包括支付宝、快钱、财付通等在内的第三方支付企业都是综合类的企业,除线下收单业务外,还有手机、预付卡、互联网支付、流动资金管理等业务,因此刷卡费率的调整,对整个第三方支付行业的影响并不大。

影响二：跨境支付为"海淘"带来便利。

第三方支付机构跨境支付业务试点工作的开展，使得客户在境外网站上购物时，无须再通过有 VISA、万事达等标识的双币银行卡才能完成支付，而只要使用单币种的人民币卡，通过试点支付机构便可在境外网站上消费支付，省去了个人结售汇等烦琐的手续。同时，外管局也做出了相应一系列规定，以避免可能出现的风险。例如：为了防止客户利用跨境支付进行洗钱活动，外管局要求第三方支付机构按月向所在地外汇分局书面上报客户通过跨境外汇互联网支付的金额、笔数、交易性质、国别等的报告，对于每月累计交易额超过等值 20 万美元的客户，还需上报累积高频支付报告。经监管部门核查属于异常交易的，支付机构应停止为该客户办理一切业务。外管局还规定，依法合规开展跨境互联网交易的个人结售汇不受年度总额的限制①，但原则上单笔交易金额不得超过等值 1 万美元②。

影响三：备付金管理确保客户资金安全。

《支付机构客户备付金存管办法》严格规范了客户备付金账户开立、变更、撤销以及日常资金收付等行为。明确规定任何单位和个人不得擅自挪用、占用、借用客户备付金以及用客户备付金为他人提供担保，并要求支付机构接受客户备付金后，必须全额缴存至支付机构客户备付金专用存款账户。《支付机构客户备付金存管办法》的出台不仅有力保障了客户资金的安全性，而且对强化支付机构的资金安全保护意识和责任、保护金融消费者权益、促进整个支付行业的健康发展、维护宏观金融稳定等方面具

---

① 根据我国《个人外汇管理办法》的规定，对个人结汇和境内个人购汇实行年度总额管理，年度总额分别为每人每年等值 5 万美元。
② 国家外汇管理局综合司：《支付机构跨境电子商务外汇支付业务试点指导意见》，2013 年 2 月 1 日。

有重要意义。

影响四：清算转接市场可能进一步开放。

《银行卡收单业务管理办法》规定"收单机构将交易信息直接发送发卡行的，应遵守发卡行与相关清算组织的协定，且与发卡行其签订合作协定"，而在此前收单机构被要求必须接入相关清算网络组织，现在央行虽没有正面肯定收单机构是否可以直接联系发卡行，但也未明确禁止，这一条文或将对未来的市场格局产生深远影响，也被市场理解成清算转接市场开放的预兆。除此之外，对私交易合规化被正式认可。《银行卡收单业务管理办法》规定[①]，特约商户为自然人的，收单机构需审核其有效身份证件，可使用其同名个人银行结算账户作为收单银行结算账户。自然人申请成为特约商户后允许进行信用卡收款，使得对私交易不再是"灰色地带"，这一规定将大大提升收单机构今后在市场拓展业务面的广度，也将降低以个体商户为主的特约商户群体的准入门槛。

（二）目前我国第三方支付行业监管格局

我国目前的第三方支付机构体系呈现多头监管的格局，其中，人民银行主要负责第三方支付的规则制定和支付牌照发放；银监会负责对第三方支付机构与银行开展的相关业务的监管；保监会负责第三方支付机构合作推出的保险产品准入的监管；证监会负责第三方支付机构合作推出的互联网基金销售的监管；工信部负责电信运营商手机支付和移动支付的监管；国家发改委负责服务定价的监管；国家外汇管理局负责第三方支付机构跨境支付的监管。

---

① 中国人民银行：《银行卡收单业务管理办法》，2013年7月5日。

表3 第三方支付监管机构职责一览表

机构名称	监管职责
人民银行	主要负责支付结算规则制定,对结算组织的经营资格、资金安全进行监督管理;对第三方支付机构开展支付业务颁发许可证;出台相关第三方支付政策和管理办法;推动成立中国支付清算协会,并指导其工作
银监会	负责对第三方支付机构与银行开展的相关业务的监管
保监会	负责对第三方支付机构合作推出的保险产品准入和经营的监管
证监会	负责对第三方支付机构合作推出的互联网基金销售、支付的监管
工信部	负责对电信运营商的手机支付业务和第三方支付机构的移动互联网支付业务的监管
发改委	指导第三方支付机构的产品和服务定价
外管局	负责管理境内外汇账户,监督经常项目的汇兑行为和资本项目下的交易、汇兑;监督第三方支付机构的跨境支付

三 我国第三方支付机构体系面临的问题

2013年,第三方支付机构在经过了快速发展,取得了很好成绩的同时,也暴露出诸如资金安全性、信息安全性、内控机制等方面的问题。

(一)网络交易带来的支付安全问题

随着第三方支付市场竞争日趋激烈,为抢占市场份额和客户资源,第三方支付机构频频推出更为简单、便捷的支付工具。在简化用户操作界面和支付流程的同时,交易安全控制上的风险漏洞也逐步暴露。第三方支付并不需要通过银行支付网关,也没有银行卡密码验证环节,而是在首次签约时,客户在输入身份证件号、银行卡号和在银行预留的手机号码等信息后,第三方支付公司会向客户办卡时预留的手机号码发送随机验证码,然后由客户填入验证码,就完成了第三方快捷支付账户与银行卡账户的绑定。在之后的交易中，客户只需输入第三方支付账户支付密码和手机验证码即可完成支付。在此种情况下，一旦不法分子掌握了客户的身份证号、银行卡号和预留手机号码信息，就可以通过第三方快捷支付平台窃取客户银行卡资金。除此之外，由于第三方机构掌握大量客户信息，如果内部控制不严，客户信息甚至是核心的账户信息很容易被泄露、倒卖。

在移动互联网交易中，支付安全更令人关注。这一领域存在安全问题的根源之一，就是长期缺乏规范、统一的技术标准和安全标准。现在，这一障碍也有望得到缓解，如2014年5月1日，移动支付的国家标准就会正式实施。此外，手机病毒或木马的侵袭，或者支付软件自身存在的漏洞，很可能造成支付隐患。同时，移动支付所追求的就是便捷的用户体验，甚至比互联网支付更加程序简易，这就降低了支付安全性，因为在支付环节中，便捷与安全往往是此消彼长的关系。还有，由于移动支付的门槛更低，因此也会带来对灰色交易的担心，例如行贿受贿等腐败行为。

（二）混业经营多重角色转换带来的管理问题

目前，第三方支付企业已经在向多元化综合性经营的方向发展，除了支付结算职能，越来越多的支付机构开始拓展电子商务服务商、金融产品交易经纪人、信用评估、担保咨询等方面的职能，并逐步涉足基金、证券等传统金融领域。众多的商业角色容易产生道德风险、关联风险和监管套利风险。目前，很多支付机构都体现出重发展、轻管理的模式，风险防范意识薄弱，风险管控水平较低。客观上讲，除了少数行业领先的支付机构，大多数第三方支付机构无论是在人员配置、资源投入，还是在内控机制建设和风险管理能力上，都与传统的金融机构有着相当大的差距，这也是造成支

支付清算蓝皮书

付机构经常出现诸如套现、洗钱、欺诈等案件的主要原因。如果第三方支付机构通过掌握的信息操纵市场，通过单方改变服务条款来提高服务收费标准，或是企业内部人员勾结作案，都将会给整个第三方支付行业的有序竞争带来严重的负面影响，不利于整个行业的发展。

（三）分业监管带来的监管越位和缺失问题

近年来，监管机构颁发了数部关于第三方支付机构监管的法律法规，以此加强对整个行业的监督管理，并于2011年成立了中国支付清算协会，旨在通过行业自律组织推动市场向规范管理、健康创新的方向发展。可以说，我国目前已经初步形成政府监管、行业监督和企业自律的监督管理格局，监管框架体系的形成无疑对促进这一行业的健康可持续发展起到了重要作用。但是在现实中，现有分业监管模式容易出现监管越位和监管缺位并存的情况。由于第三方支付机构有着广阔的支付平台、大量的数据信息和先进的技术支持，致使其业务规模和服务范围扩张速度迅猛，不断向结算服务、证券基金、保险销售领域延伸，现有的分业监管模式很难跟上行业发展的步伐。如何通过现有的监管机制，建立起跨部门的第三方支付运营、风险等方面的信息共享、沟通和监管协调机制，是提高监管有效性的关键。

四 未来发展趋势及前景

在经历了几年的飞速发展后，我国第三方支付行业逐步形成了自己的经营特点，摆脱了原有单纯为银行提供支付渠道的角色，成为中国多层次金融服务体系的重要组成部分。2013年，凭借与传统金融业的深度合作，第三方支付机构寻找到了众多新的业务增长点，这种合作必将会在未来爆发出更强的潜力。可见，无论是互联网金融还是金融互联网所带来的商业模式创新及金融链条的重构，都将会毫无疑问地推动第三方支付行业迈向新的高度。未来决定第三方支付行业竞争格局的因素，将不仅局限于技术的变革，而且取决于商业模式的创新。因此，如何抓住机遇，推动支付规则、组织、技术与产品的变革，决定着第三方支付行业的发展前景。

（一）趋势一：网络金融产品开始新发展

虽然关于进入大财富管理时代的讨论不绝于耳，但是与国外相对成熟的金融理财市场比较，我国目前仍处于起步阶段，金融理财产品不仅种类较少，而且其销售主要依赖于传统渠道。以基金、保险类产品为例，由于传统渠道的成本较高，并且跨行支付也存在不顺畅性，这就使得第三方支付机构与传统理财产品的结合成为可能，因为后者可以充分利用前者的消费支付、资金集聚与信用中介功能。随着越来越多的消费者习惯于网络交易行为，可以预计，通过融合各类第三方金融理财服务，整个第三方支付行业将迎来增值服务创新模式的迅速增长。证监会在2011年10月颁布实施了《证券投资基金销售管理办法》，允许除了银行、基金等金融机构之外的第三方企业开展基金销售支付结算业务，从而促进基金业的电子化、网络化发展，并且先后颁发了多张第三方基金销售支付牌照。其中，支付宝、汇付天下、银联电子、易宝支付、财付通、快钱等12家公司都获得网上基金支付业务资格。可以看到，这类业务的开展将带来基于互联网的财富管理模式的创新，也为第三方支付机构带来跨越式发展的新机遇。当然，在此过程中也会面临对金融风险是否积累的争议，也有新兴金融产品及模式对传统金融业带来的冲击与影响，但是总的趋势，应该是一方面尽快完善相应规则，合理控制潜在风险；另一方面对于这类适应大众需求的创新，给予一定的探索空间与容忍度。

(二)趋势二：大数据时代开启新业务

第三方支付作为重要的交易支付通道，掌握大量交易数据，是天然的数据集中、整合、挖掘和共享的产业领域，可以看到，未来包括收单在内的各项业务将使第三方支付机构成为数据信息的集中地，在此基础上的数据分析和增值服务，能够为第三方支付机构提供新的赢利点。第三方支付企业可以通过交易数据，对用户的交易行为、交易信用、融资及其他衍生服务需求的规律做出准确的分析和预测，从而提供更直接、更快捷的全方位服务，开展定向精准营销。如可以把收单业务与商户担保结合起来，在有效控制信用风险与保障技术安全性的前提下，提供信用支付和信用贷款等服务，并可结合消费积分、电子优惠券、支付折现等服务，实现业务赢利点的多元化发展。

(三)趋势三：终端争夺划分新格局

终端一直是支付领域创新的永恒话题，谁拥有了终端技术谁就占领了发展的主动权，在未来，必将呈现"无终端不支付、强终端强支付"的格局。长远来看，未来支付终端体系，将是以手机为主、电脑为辅的二元时代，电视、电话只是起到补充作用，ATM和POS机等传统终端可能会在支付领域被逐步边缘化，甚至被淘汰。诚然，目前人们在时间分配上的特点和日常生活上的习惯决定了各类终端并不是绝对替代的关系，但毫无疑问随着智能手机的普及、3G/4G网络的应用，手机这种人们生活中最常用、最便利的个人移动终端将会改变整个终端体系的结构，成为未来最主要的支付工具。

当然，在移动支付发展过程中，由于涉及的产业链环节众多，如银行、支付企业、软件厂商、手机厂商、运营商等，还没有形成可持续的、各方共赢的行业发展格局,业务模式与定位尚不清晰,导致行业主体之间缺乏明确的权责分担机制,也使现有的业务拓展和竞争往往停留在低水平阶段,这是移动支付发展中面临的核心挑战。

(四)趋势四:扮演金融服务提供商的新角色

当前,电子商务对于传统企业带来全方位的冲击,迫使其依托互联网渠道来改善产、供、销的总体效率。除了纯粹的支付技术问题之外,企业更为关心的还有中短期资金周转流动问题。目前,我国制造业和零售行业都已逐渐进入低利润时代,对此,企业财务管理的首要环节就是资金周转率能否顺畅地回收应收账款,这也成为小微企业的生存前提。在此背景趋势下,如何能让资金流转得更快,提高资金的使用效率,不仅是企业面临的挑战,也是第三方支付企业新的市场机遇。可以预见,未来依托电脑为主的PC互联网渠道、依托手机为主的移动互联网渠道,将成为提供网络理财产品与服务的两大基本模式。从2013年第三方支付行业的发展状况来看,行业领先的第三方支付企业已逐渐把业务领域扩展到企业流动资金管理需求上,大幅提升了行业资金效率,如何更好地扮演金融支付服务提供商的角色,将是第三方支付机构未来发展的新方向。

(五)趋势五:行业面临重新整合与提升

一则,我们前面已经提到,在第三方支付行业发展过程中,也面临一些潜在的问题,使整个行业的发展和创新同时伴随一定的风险积累,未来第三方支付企业能否真正在防风险与增效率之间实现平衡,努力提高业务创新的稳健性,决定着整个行业发展的前途。二则,虽然第三方支付领域的工具与渠道创新不断出现,但是整体上看多数支付机构的创新能力还严重不足,市场同质化竞争严重。

应该说，多达250家机构的数量已经在某种程度上超出了当前的市场需求，我们也很少见到发达经济体中有如此数量众多的、缺乏业务活跃性的第三方支付机构存在。因此，未来在经过多年的宽松准入之后，更可能迎来支付机构的重新整合、兼并，甚至退出，从而更有效进行市场供求配置。三则，新技术带来支付组织、工具的迅速创新，同时也影响到原有零售支付市场的利益格局，在此过程中，需要各类主体避免展开恶性竞争，而在共同做大零售支付"蛋糕"的同时，有效获得共赢。四则，未来第三方支付行业的发展前景，同样在很大程度上将受到监管政策的影响。长期以来，监管部门对于第三方支付机构的监管思路一直相对宽松，但随着支付市场格局进一步多元化，在"线上""线下"支付规则急需协调融合的前提下，预计对于支付机构的监管态度将会变为"有松有紧"，防范风险将会提升为更重要的政策目标。

参考文献

马梅、朱晓明、周金黄等：《支付革命：互联网时代的第三方支付》，中信出版社，2014。

杨涛：《移动支付普及还面临几大突出瓶颈》，《上海证券报》，2014年2月14日。

赛迪顾问，城市投融资咨询中心，《2013年度中国第三方支付行业回顾与展望》，2013。

赛迪顾问网，http：//www.ccidconsulting.com。

易观智库网，http：//www.enfodesk.com。

艾瑞资讯网，http：//www.iresearch.cn。

B.3
我国证券支付清算体系的建设与运行

从功能上看,证券支付清算体系由证券支付清算系统以及相关的制度、规则等构成。其中,证券支付清算系统主要处理政府债券、公司债券、股票、衍生产品等各类金融工具的交易结算。根据国际经验,证券支付结算系统是各国金融市场中不可或缺的核心基础设施,Euroclear、Clearstream 等从事证券结算服务的机构也已成为全球支付清算体系中的重要组成部分。对该体系进行深入的观察和研究,具有重要的现实意义。

经过数十年发展,我国的证券市场规模日益壮大,证券支付清算体系也有了长足发展。但学界目前尚缺乏对该体系进行全面描述和分析的文献。本章首先对我国证券支付清算体系的发展历程进行较为详尽的回顾,并简要介绍该体系目前的基本制度安排,然后利用公开数据对 2013 年我国证券支付清算系统的运行态势进行初步描述,最后简要探讨当前该体系中存在的问题及未来发展方向。

一 我国的证券市场发展与支付清算体系建设历程

(一)银行间债券市场

作为一国资本市场的重要组成部分,债券市场的发达程度对本国或地区的资本市场竞争力起到直接的影响作用。自改革开放以来，我国的债券市场不断发展壮大，取得了令人瞩目的成绩，其中银行间债券市场已经构成我国债券市场的主体部分。具体来看，我国的银行间债券市场大致经历了四个发展阶段，而每一阶段的债券支付清算体系也呈现出不同的特点。

1. 1981~1996年，起步阶段

十一届三中全会后，我国大规模经济建设开始起步，那时的国家财政赤字较大，1979和1980年中央财政赤字分别达到135亿元和69亿元。为了缓解当时的财政压力、筹集重点建设资金，1981年7月，中断了22年的国债开始恢复发行，1981年当年即发行国债48.7亿元。随后，上海、深圳、北京等地开始有银行发行金融债券，也有企业通过发行债券筹集资金。那时，并不存在债券的交易市场，而只有债券的保管机构，因此呈现出"有债无市"的特征。

自20世纪80年代中期开始，由于债券发行规模激增，政府开始陆续出台债券交易的相关法规，我国债券交易的场外市场逐渐形成。1988年，国家批准上海、深圳、武汉、广州、重庆、沈阳、哈尔滨7个城市自当年4月开始开展个人持有国债的转让业务；1988年6月，个人持有国债的转让市场延伸到全国54个大中城市；到1988年底，国债转让市场在全国范围内广泛分布。这一时期的债券市场属于柜台市场，贴现、抵押等前台交易主要通过商业银行和证券经营机构的柜台进行，后台的清算结算也同样在相应的商业机构完成。由于这一阶段的债券投资者主要为个人，因此这种支付模式尚能基本满足个人投资者的交易需求，在一定程度上促进了债券市场的发展，但无论是前台的交易，还是后台的清算结算都明显呈现出分散、无序的特点。

20世纪90年代初期，上海、深圳证券交易所和一些城市证券交易中心先后成立，这些集中性市场可为实物券提供托管服务，并可以托管单为依据转为记账式债券进行交易。债券发行市场开始迅速膨胀，表现为三方面：一是品种异常丰富，有地方政府券、地方企业的短期融资券、央票、中外合资企业债券、境内外币债券等各类债券；二是发行方式创新，系统定价发行的方式出现了一些最初的萌芽形式；三是场内和场外交易市场并存的局面初步形成，银行柜台市场成为场外市场的主要形式。1994年，国家开始清理整顿各地分散的证券交易所，至1995年8月，停止了一切场外交易，国债交易只能通过证券交易所进行，场内市场得以快速发展。

这一阶段，全国的国债保管点共有47个，这种分散化的债券托管机制不仅降低了债券的结算效率，更引起了清算结算领域的一系列问题。其中最主要的问题便是假冒发行：投机者利用假质押开具托管单，并进入交易所交易。在此期间，甚至出现交易债券的总量大于发行量的异常情况。

2. 1997~2004年，实现中央证券存管（CSD）

1996年底，为规范国债市场秩序，提高国债市场运行效率，促进债券市场的持续稳定发展，央行和财政部共同商定，并报请国务院同意，在原中国证券交易系统有限公司的基础上组建中央国债登记结算有限责任公司（以下简称"中债登"）。中债登于1996年12月正式登记注册，承担国债和其他各类债券的统一登记、托管和结算职能，实现了中央证券存管（CSD），形成了债券市场相对统一的清算结算体系。同时，中债登的成立也推动了债券市场的融合发展。1997年6月，央行发布了《关于各商业银行停止在证券交易所证券回购及现券交易的通知》，明确要求所有商业银行均必须退出交易所市场，同时规定各商业银行可使用其在中债登托管的国债、中央银行融资券和政策性金融债等自营债券进行回购和现券交易，上述交易将通过全国银行间同业拆借中心提供的交易系统进

行。全国银行间拆借中心于1997年6月16日开始办理银行间债券回购和现券交易,自此,全国银行间债券市场正式形成,中国债券市场发展开始了第一次飞跃。

以中债登的成立为标志,中国的债券清算结算基础设施建设取得了重要成果,大幅提升了债券结算清算的效率、促进债券市场的流通、有效降低了债券结算清算的风险。首先,结算技术与国际先进水平接轨,在CSD内实现了债券的无形化处理,采用簿记方式转账,不但有效降低了实物持有和买卖债券相关的风险,还提高了结算的速度和效率,更大幅降低了托管和结算的成本。无形化处理将托管和结算的成本降到万分之一,相当于过去成本的百分之一(过去印制纸制债券的成本包括宣传、防伪、防破损、防盗等,成本大约占到债券发行规模的1%)。其次,市场的统一有序显著提升了投资者信息的透明度,市场的规模效应开始显现,招标发行等市场化发行方式得以实现,从而大大提高了债券的发行效率。1998年9月,国开行首次采用市场化的公开招标方式,通过银行间债券发行系统,发行金融债券。随后,进出口银行、财政部、人民银行先后进入银行间市场进行公开发债或公开市场操作,由此发端,初步形成了财政部、中国人民银行、各类政策性银行三大债券发行主体并存的格局。此后,银行间市场的债券发行种类不断丰富,相继出现的新品种包括普通金融债、企业债、短期融资券、资产支持证券等。

然而,由于当时人民银行尚未建立支付清算系统,因此债券结算只能采取诸如见券付款或见款付券等一些替代模式,而并非真正意义上的券款对付(DVP)。券款对付体制的缺乏,不利于市场的健康发展,尤其在银行间债券市场的参与者从原来的仅有商业银行变为包括商业银行、证券公司、保险公司、证券投资基金、农村信用联社等多元主体的情况下,市场主体成分的复杂、信用度的差异使得结算风险逐步加大。

3. 2005～2008年，初步实现券款对付（DVP）结算

2005年后，相对完善的人民银行支付清算体系逐步形成，大额实时支付清算系统在全国范围内得到推广和应用，提高了资金周转速度，实现了资金实时到账功能，为债券市场的资金结算提供了强有力的支持，实现了中国债券市场发展的第二次飞跃。中债登与大额实时支付清算系统实现联网，对接了债券和资金两套清算系统，从而真正实现了DVP结算。中债登实现代表着国际最高确定性标准的实时全额结算（RTGS），标志着我国在债券清算结算领域的基础设施水平已经进入国际先进行列。

2008年，非银行金融机构实现了债券交易的DVP结算。非银行金融机构可通过在支付系统开立清算账户的商业银行作为清算代理行而代理DVP资金结算，也可委托中债登代理DVP资金结算。这意味着DVP结算得到进一步完善，有利于进一步控制债券交易的风险、提高债券交易的效率。

由于基础设施的不断完善，银行间债券市场发展如火如荼，这更映衬了交易所债券市场的冷清。其根本原因在于商业银行无法进入交易所交易，使得银行间市场与交易所市场处于分割状态。

4. 2009年至今，引入净额清算机制

2009年11月28日，银行间市场清算所股份有限公司（以下简称"上清所"）在上海正式成立，逐步推出以中央对手净额清算为主的直接和间接的本外币清算服务。上清所的建立有利于银行间市场运行效率的提升。以中央对手方（CCP）为主的集中清算或净额清算服务，将使银行间市场参与者开展交易的资金成本得到明显节约，有效提高了市场整体的流动性和效率。2011年9月，该所开始办理短期融资券登记托管结算业务。到2013年，还开办了中期票据的登记托管结算业务。以此为标志，国内银行间债券市场正式引入净额清算机制,进一步完善了债券交易的清算结算体系。

在此期间,同时发生的重大事件是上市商业银行进入交易所债券市场,这是推进债券市场统一互联的重要一步。从2008年12月国务院首次明确提出要推进上市商业银行进入交易所债券市场试点起,证监会、人民银行、银监会便反复协商研究如何推进债券市场的统一互联。2010年10月27日,央行、银监会、证监会联合发布《关于上市商业银行在证券交易所参与债券交易试点有关问题的通知》,这意味着在时隔13年之后,上市商业银行终于再次重返交易所债券市场。这使得我国长久以来参与者分割债券市场的局面被打破,对于提升债券市场的交易规模和流动性,提高我国债券市场的运作效率,促进债券市场的长远发展具有重大意义。

(二)交易所证券市场

20世纪90年代初证券交易所成立之前,股票主要在柜台进行交易,证券公司兼具证券交易所、登记结算公司和证券中介机构的相关职能。此时的清算交割制度仍然处于手工作业和实物流动的阶段,效率极为低下,并且具有很大的风险。随着1990~1991年上海、深圳两个证券交易所陆续营业,上市的股票方以标准股票形式在证券交易所进行集中交易,并进而相继实现无纸化交易。

1992年初,邓小平的南巡讲话基本排除了人们对我国发展股票市场存在的思想障碍,人们越来越认可股票市场的积极功能。随着大量国企陆续改制上市,上市公司的数量快速增加,股票市场迎来了高速发展的时期。不过,随着证券市场的日益繁荣,交易清算体系的问题也日渐突出,这尤其体现在证券交易清算体系的混乱上。就市场主体而言,中证登、深交所交收部、地方证券登记公司、地方证券交易中心等多类机构均参与了证券交易的登记清算环节。多头参与的格局极大增加了证券交易清算体系的运行成本。不仅如此，由于监管法规不健全，市场没有统一的行为规则，清算机构和商业银行都从自身利润最大化动机出发，采用诸如提高存款利率、允许清算透支、场外融资以及变相给券商提供清算等手段进行不正当竞争，助长了市场投机行为，导致市场秩序混乱，增加了政府监管的难度。另外，在多头清算的市场格局之中，券商要根据客户的交易状况在沪深两市调拨资金头寸，不仅带来资金和人力的极大浪费，而且也更容易出现清算透支，使正常的交易行为受到影响。因此，构建一个完善统一的证券交易清算体系的呼声越来越高。

在此背景下，2001年3月30日，依据《中华人民共和国证券法》和《中华人民共和国公司法》，中国证券登记结算有限公司（以下简称"中证登"）正式组建成立。同年9月，中证登上海、深圳分公司正式成立。从2001年10月1日起，中证登承接了原来隶属于上海和深圳证券交易所的全部登记结算业务，建立起集中管理的组织体系，这标志着全国集中统一的证券登记结算体制的组织架构基本形成。中证登通过建设和运营登记结算系统，为我国证券市场提供安全、高效、低成本的证券登记结算服务，包括证券账户管理、证券存管和登记、证券交易的清算和结算服务。如今的沪深登记结算系统能够支持两家证券交易所上市的主板、三板、中小企业板、创业板等多个板块，能够支持A股、B股、基金、债券、资产证券化等多个品种，能够支持人民币、美元、港币等多个币种，能够支持担保净额、逐笔全额非担保、代收代付、DVP、纯券过户等多种结算模式，能够支持主要品种T+1、个别品种T+3等多种结算周期，并且能够支持证券交易结算专网、门户网站公网等多种服务方式。这大大促进了交易所证券市场的发展。

二 我国证券支付清算体系的现行制度安排

(一)银行间债券市场

银行间债券市场的基本结构分为批发市场和零售市场。批发市场的参与者为大型金融机构,这些机构投资者经人民银行批准方可进入银行间债券市场网络,并必须通过全国银行间同业拆借中心交易系统达成网上交易。批发市场中的交易模式主要为自主询价、逐笔成交,其灵活多样的交易方式能够满足市场参与主体多元化、个性化的交易需求。零售市场的参与者包括中小金融机构、非金融机构和个人投资者,中小金融机构和大型非金融机构可根据人民银行政策,通过银行间债券市场网络的入网机构,不同程度地参与银行间债券市场业务;非金融机构和社会个人投资者则可在商业银行的柜台国债市场从事债券交易。商业银行柜台国债市场的交易方式为,柜台业务承办银行在营业网点公开双边挂牌报价。

在清算与结算环节中,发挥重要作用的登记托管结算机构为两家:中债登与上清所。上清所的债券登记托管结算业务的主要对象是短期融资券和中期票据。中债登的账簿登记系统与银行间交易系统连接,同时与央行的大额实时支付清算系统相连,为债券结算提供全额、实时、逐笔双边结算,也提供见券付款、见款付券和纯券过户服务;上清所则主要是作为中央对手方(CCP)提供净额结算,上清所也与央行的大额实时支付清算系统相连,但由于采取净额结算方式,因此需要对参与者的头寸进行合理的冲抵轧差,并按照轧差得到的净额进行日终批次结算。中债登和上清所的结算清算方式各有利弊:中债登主要采用券款对付、实时全额、央行货币、直通式处理（STP）使得债券结算具有很高的确定性，有效化解了参与者的本金风险，保证了机构资金的及时可用，其缺陷则主要体现在资金占用量大，结算成本高等，特别是对频繁交易的做市商而言，全额结算资金负担重的弊端更加明显。而上清所提供的净额结算机制导致占用资金减少，适合交易特别频繁、对资金头寸管理要求严格的投资机构；同时对证券交易实行交收担保和责任更替，能极大地减少交易结算的信用和流动性风险；此外，对于监管机构来说，通过专业的清算所对场外交易的集中登记、集中净额清算，可实现场外市场的集中监测，有助于全面准确地掌握市场的风险，统一防范由个体风险引发的系统性风险。

（二）交易所证券市场

交易所证券市场的交易环节在上海和深圳两家证券交易所进行，交易形式主要以撮合交易为主，也有部分"一对一"交易形态，并通过上交所的固定收益平台和深交所的大宗交易系统提供询价交易。上交所和深交所能够对国内投资者的股票（包括A股和B股）交易提供直通式处理。

中证登负责对其集中登记托管的证券交易提供清算和交割服务，受发行人的委托派发股票红利。中证登既是中央对手方，又是证券结算系统，同时也是所有在上交所和深交所交易的金融工具的中央证券存管机构。交易所交易的资金通过第三方存管制度安排由商业银行账户进行结算，中证登作为代理结算人。所有结算参与人均需在中证登开立证券账户，以存放其自有的证券及其投资者的证券，证券可由投资者在中证登直接开户持有，并均由中证登开具的投资者账户登记和存管。结算参与人应当同时在中证登开立"结算备付金账户"，并有最低备付要求，即在该账户中保持最低的资金水平，相当于上一个月日均购买额的一定比例，中证登对"结算备付金账户"的余额付息。上交所和深交所的证券结算安排建立在证券和资金的前端可获得性基础之上，否则交易无法发生。证券交收在交易当天进行，资金采取净额结算，资金交收在 T+1 日进行。资金结算采用二级模式完成：一级结算是中证登与其会员之间的结算，二级结算是证券公司与投资者之间的结算。对结算参与人的最低备付要求能够确保资金在封闭系统内划转，实际上模仿了更为规范的券款对付模式，从而降低了风险。

三 2013 年我国证券支付清算体系运行情况

（一）中央债券综合业务系统

1. 债券发行量有所下降

2013 年，在中债登的登记新发债券有 1150 只，发行量共计 56453.94 亿元，占债券市场发行总量的 64.88%。

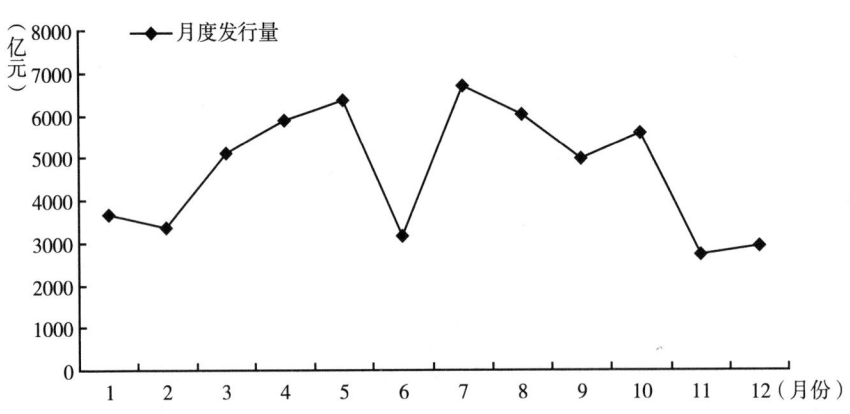

图 1 中债登 2013 年债券发行量月度走势

资料来源：中国债券信息网。

中债登2013年发行国债13374.4亿元，比2012年增加11.15%；发行企业债4752.3亿元，比2012年下降26.88%；发行政策性银行债19960.3亿元，比2012年下降6.73%；发行商业银行债1117亿元，比2012年下降71.6%。政策性银行债和国债发行量合计占债券发行总量的59.05%，在市场中居主导地位。

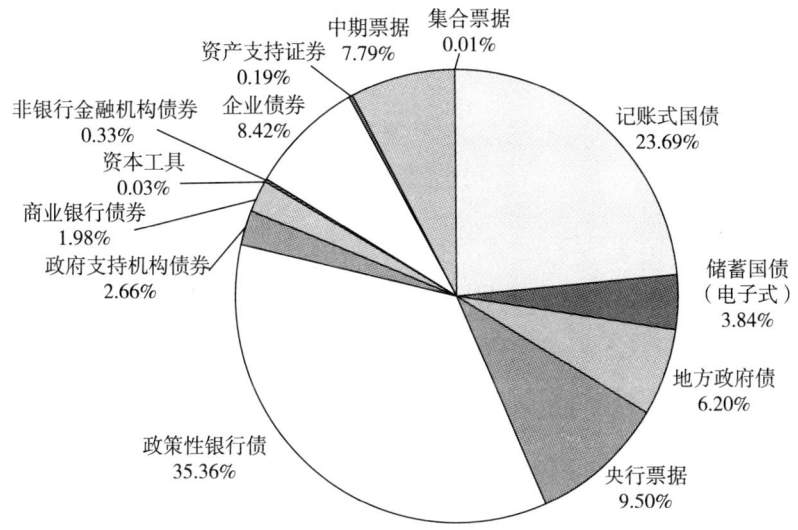

图2　中债登2013年各券种累计发行量占比

资料来源：中国债券信息网。

如图3所示，在中债登的新发债券中，3～10年中长期品种发行量占比为56.3%，0～3年短期品种发行量占比为39.4%，10年以上长期品种发行量占比为4.3%。

2. 债券托管量稳步增加

截至2013年12月末，中债登托管的债券总量为25.91万亿元，占全市场托管量的87.89%。

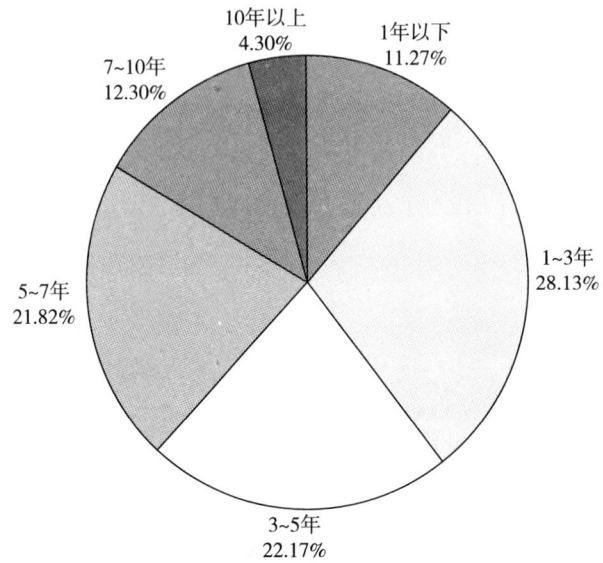

图 3　中债登 2013 年各期限债券发行量占比

资料来源：中国债券信息网。

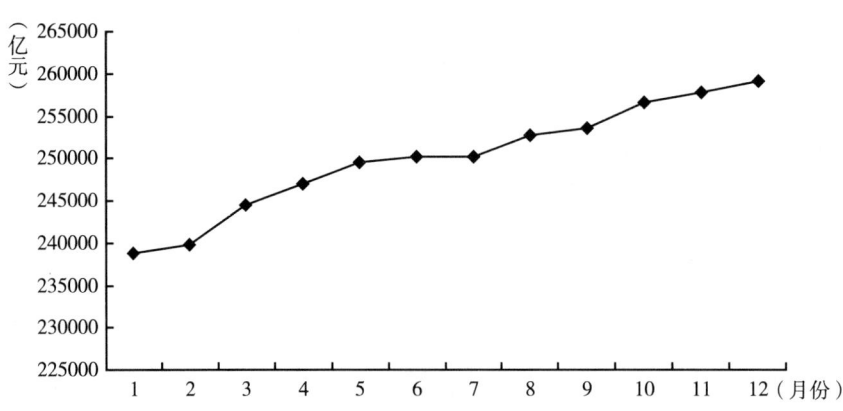

图 4　中债登 2013 年债券托管量月度走势

资料来源：中国债券信息网。

3. 债券交投活跃度明显降低

2013年，中债登统计结算量为195.90万亿元，比2012年减少10.32%。从结构上看，现券交易结算量为36.98万亿元，比2012年减少47.81%；回购交易结算量为158.93万亿元，比去年增加7.68%。

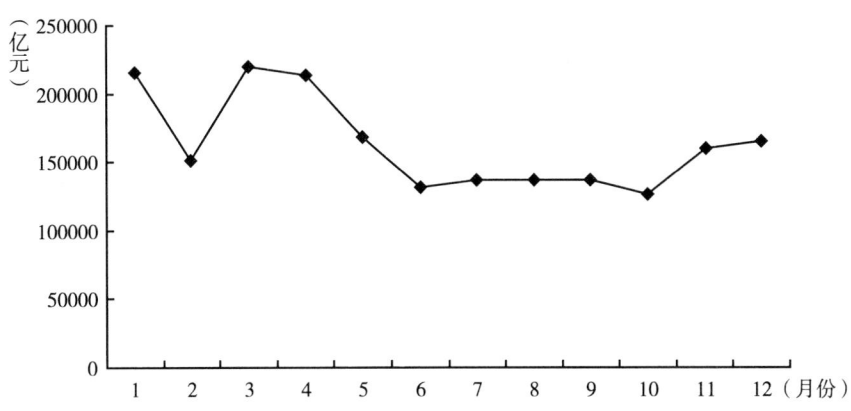

图5 中债登2013年债券结算量月度走势

资料来源：中国债券信息网。

从银行间债券市场看，信用类债券现券结算量比重为49.9%，比去年减少37.03%；政策性银行债券现券结算量比重为30.98%，同比减少42.57%；央行票据现券结算量比重为2.51%，比2012年减少87.24%；国债和地方政府债券现券结算量比重为13.74%，比2012年减少48.38%。商业银行柜台结算量为18.72亿元，同比增加24.88%。

（二）中国证券登记结算系统

1. 新开账户数有所减少

2013年共计新开股票账户约492.90万户，比上年减少约

63.31万户,同比减少11.38%。其中,新开A股账户491.27万户,比上年减少63.66万户,同比减少11.47%;新开B股账户1.63/1.28万户,比上年增加0.35万户,同比增加27.34%。

截至2013年末,期末股票账户数约为17517.64万户;其中,期末A股账户数为17263.38/16811.42万户,比上年增加451.96万户,同比增长2.69%;B股账户数为254.26万户,比上年增加1.21万户,增长0.48%。经证券公司核实、申报的休眠账户数为4270.49万户。股票账户去除休眠账户后的有效账户数为13247.15万户。

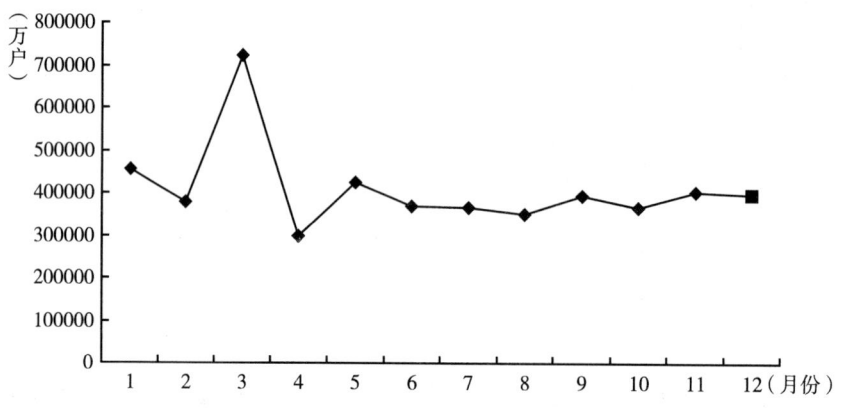

图6 2013年新开股票账户数月度走势

资料来源:中证登统计月报2013年1~12月。

2. 登记存管证券数量稳步增加

截至2013年末,中证登登记存管的证券达到5069只。其中,A股2469只,比上年减少3只;B股106只,比上年减少1只;国债177只,比上年增加55只;地方债6只,比上年增加3只;公司债518只,比上年增加160只;企业债980只,比上年增加419只;可转债27只,比上年增加4只;分离式可转债10只,比上年减少6只;中小企业私募债314只,比上年增加227只;封闭式基金37只,比上年减少15只;ETF85只,比上年增加35只;LOF306只,比上年增加78只;实时申赎货币基金8只;资产证券化产品26只,比上年增加11只。

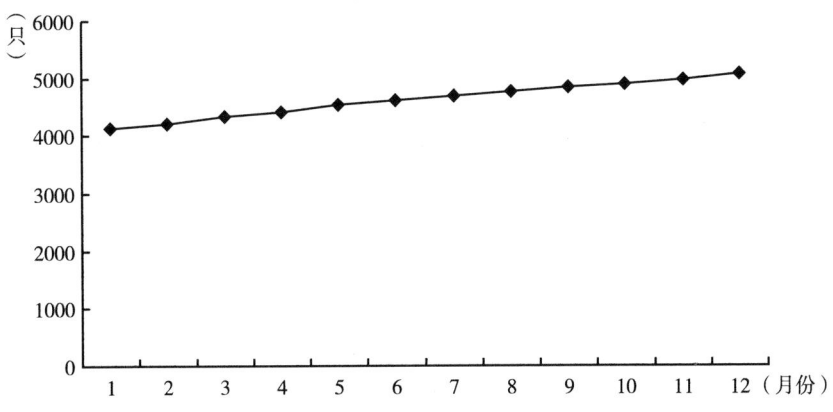

图7 2013年登记存管证券数量月度走势

资料来源:中证登统计月报2013年1~12月。

截至2013年末,中证登登记存管的证券面值为5.55万亿元。其中,已上市流通A股面值为3.00万亿元,流通B股面值为282.60亿元,限售流通股面值为3418.46亿元,非流通股面值为8.39亿元,国债面值为2390.86亿元,地方债面值为16.70亿元,企业债面值为6840.57亿元,公司债面值为7956.24亿元,可转债面值为1605.96亿元,分离式可转债面值为598.35亿元,中小企业私募债面值为392.32亿元,封闭式基金面值为580.01亿元,ETF面值为1075.75亿元,LOF面值为679.17亿元,实时申赎货币基金为227.32亿元,资产证券化产品面值为72.51亿元。

2013年末登记存管证券已上市流通市值为22.87万亿元。其

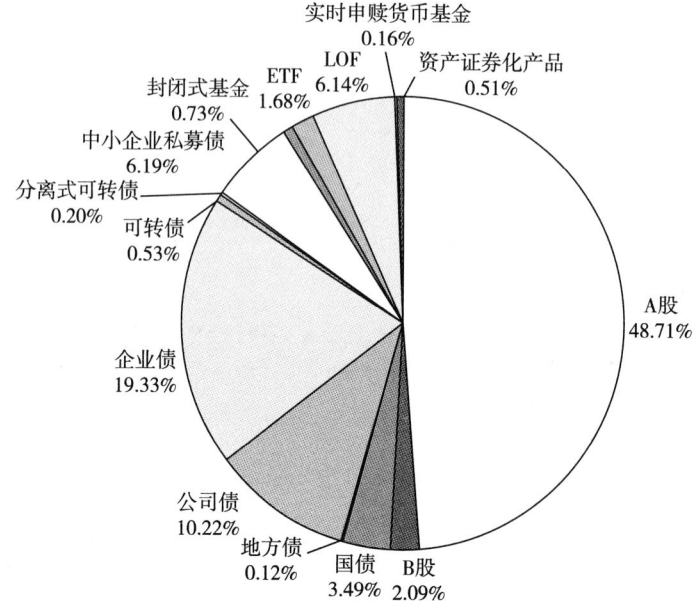

图8 2013年登记存管证券数量占比图

资料来源：中证登统计月报2013年12月。

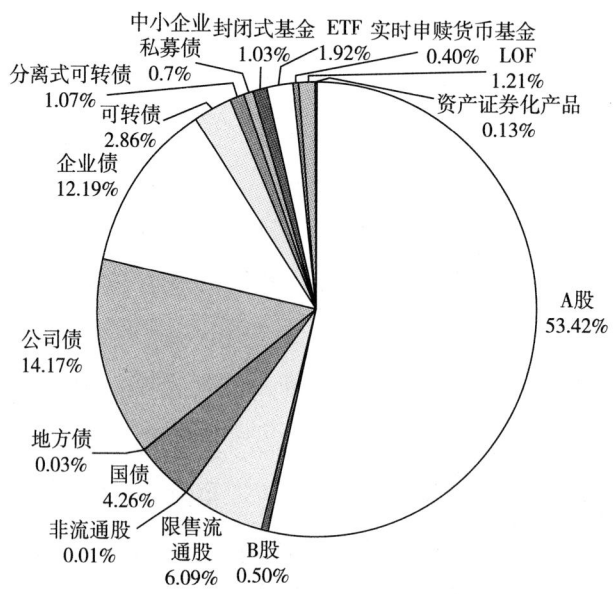

图9 2013年登记存管证券面值占比图

资料来源：中证登统计月报2013年12月。

中，A股已上市流通市值为20.46万亿元、B股流通市值为1665.39亿元、国债流通市值为2332.35亿元、地方债流通市值为16.70亿元、企业债流通市值为6805.66亿元、公司债流通市值为7787.72亿元、可转债流通市值为1610.02亿元、分离式可转债流通市值为580.98亿元、中小企业私募债流通市值为371.09亿元、封闭式基金流通市值为539.50亿元、ETF流通市值为1575.76亿元、LOF流通市值为560.74亿元、实时申赎货币基金为193.99亿元、资产证券化产品流通市值为64.52亿元。

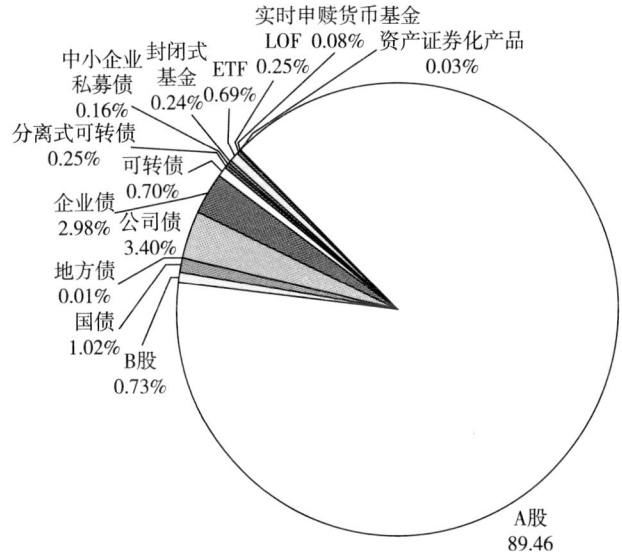

图10 2013年登记存管证券流通市值占比图

资料来源：中证登统计月报2013年12月。

3. 结算总额有所减少，结算净额有所增加

2013年中证登的证券结算总额为355.22万亿元，比2012年减少117.1万亿元，降幅为49.18%；结算净额为13.62万亿元，比2012年增长3.76万亿元，增幅为38.13%。

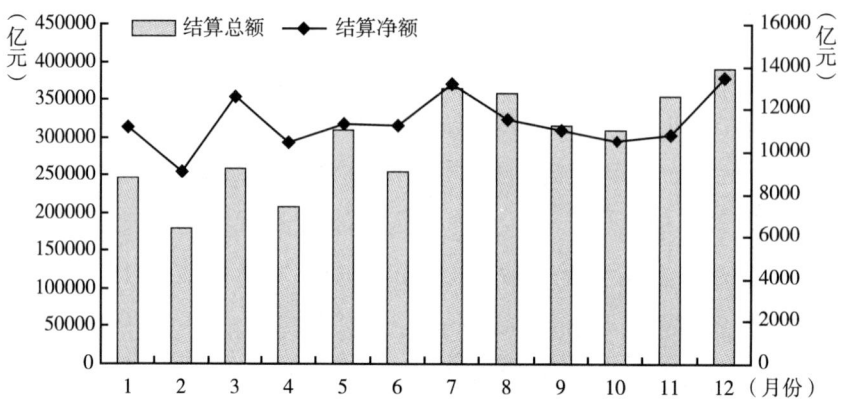

图 11　2013 年证券结算总额与结算净额月度走势

资料来源：中证登统计月报 2013 年 1~12 月。

（三）银行间市场清算所股份有限公司业务系统

2013 年，上清所新增发债券 2000 只，同比增长 60.26%，金额为 27845.02 亿元，同比增长 47.06%，在全国债券市场占比为 32%。

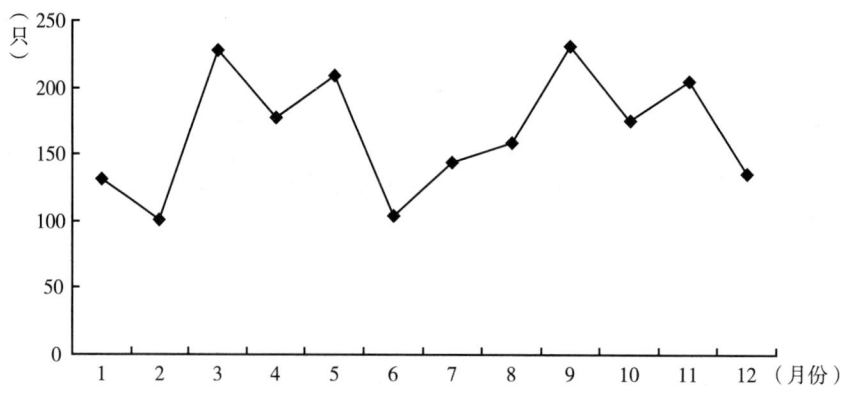

图 12　2013 年上清所新增发债券数量月度走势

资料来源：上清所网站。

截至 2013 年底,上清所托管总量为 2.69 万亿元,占整个市场托管总量的 9.11% 比 2012 年增长 57.62%。

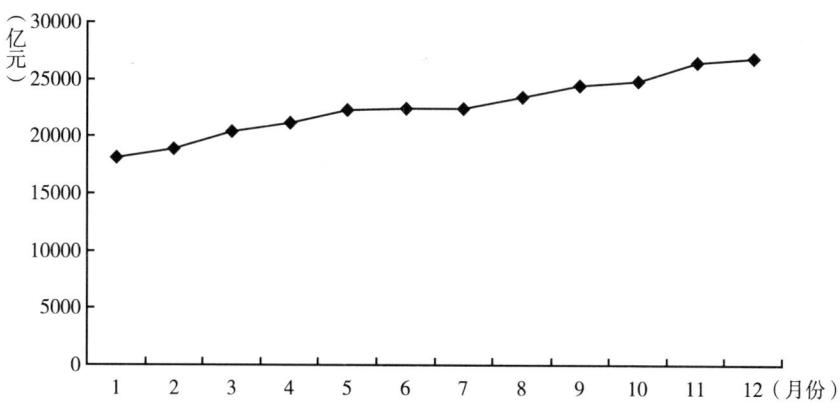

图 13　2013 年上清所托管量月度走势

资料来源:上清所网站。

2013 年,上清所统计交易结算达 10.84 万亿元,比 2012 年减少 8.64%,其中现券交易结算量为 5.24 万亿元,比 2012 年减少

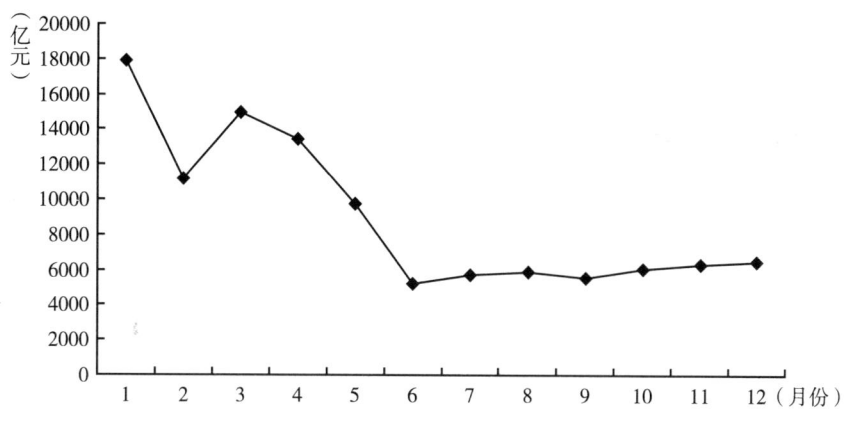

图 14　2013 年上清所交易结算量月度走势

资料来源:上清所网站。

32.28%；回购交易结算量为5.59万亿元，比2012年增加35.73%。

2013年，上清所共兑付付息债券1159只，同比增长312.46%，金额为18022.13亿元，同比增长197.70%。

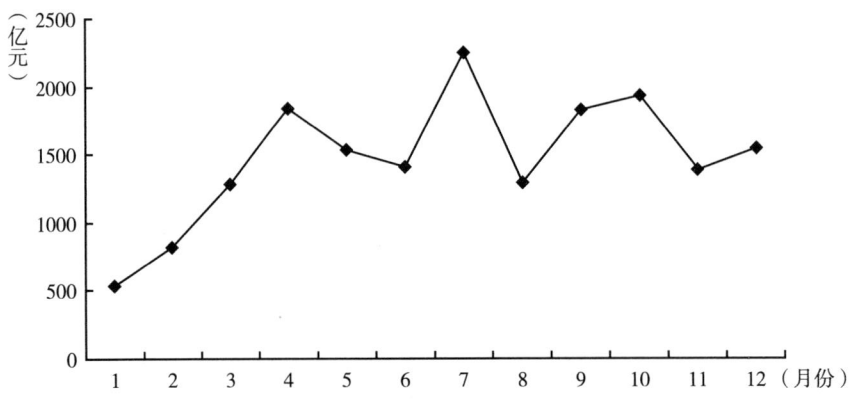

图15　2013年上清所债券兑付金额月度走势

资料来源：上清所网站。

四　存在问题与发展方向

我国证券支付清算体系的监管涉及多个部门，中债登受央行、财政部和银监会的管理，中证登由证监会主管，上清所则直接由央行主管。目前在这种分业监管制度安排之下，我国证券支付体系运行存在诸多体制机制方面的问题。以下三类问题显得尤为突出：

第一，银行与交易所市场存在一定程度的分割，甚至银行间市场本身又由于托管结算机构的不同，被进一步分割。投资者需要在不同的中央证券存管机构分别设立账户，同时资金在不同市场间的流动性也受到影响。这无形中增加了交易的成本，带来效率上的损失。

第二，因为证券在不同市场间的流通存在一些障碍，又由于各自市场相应的规则有所不同,造成产品定价方面存在一些差异。以债券为例,同一品种在银行间市场和交易所市场往往呈现出两个不同的价格,有的品种甚至存在三种价格(还包括上清所价格)。除了价格外,同一发行人发行的债券在银行间市场和交易所市场有时也会得到不同等级的信用评级结果。这种差异一方面会影响到正常的国债收益率曲线和基准利率的形成,干扰利率市场化进程,另一方面也会阻碍我国证券市场整体的国际竞争力提升。

第三,结算方式有待完善。一方面,交易所证券结算系统尚未与央行的大额支付系统连接,资金结算与证券交割无法实现真正意义上的 DVP;另一方面,虽然通过成立上清所,在银行间债券市场引入了净额结算机制,但是目前通过中债登结算的绝大部分产品仍然只能进行全额结算。

针对上述问题,未来证券支付清算市场的发展方向,应力求统一立法,协调监管,将不同的市场主体纳入统一的监管框架中,以真正推动作为一个整体的证券支付清算市场的发展。具体到证券支付清算体系建设的机制设计方面,有如下几点建议:

第一,对证券市场的支付体系建设应进行全盘规划。可考虑形成统一的中央证券存管制度,力图降低不同市场间分割所带来的成本。在合理控制风险的前提下,尽可能为投资者提供便利。使投资者的一个账户能够实现多种功能,必然是证券支付体系建设的发展方向,如同证券与货币基金账户增加消费支付功能①可以激发更多的创新业务一样,在托管结算方面打破不同市场之间的壁垒,也必然会利于培育整个证券市场的国际竞争力。

第二,统一规划完善各类证券市场的结算机制,为客户提供更

---

① 2013 年,国泰君安获得央行批准进入大额支付系统,成为首家进入这一系统的非银行金融机构。2013 年 12 月 18 日,国泰君安超级账户"君弘一户通"的正式面世,可以实现券商客户资金账户和所有商业银行账户的直接打通。

为多样化的选择空间。各主管部门应协调探索相应的改革方案，使交易所市场能够实现真正意义上的 DVP 结算。在银行间市场中，也不应仅针对部分产品建立净额结算机制，而应探索真正实现各个产品均可任意选择全额结算或净额结算的机制。

第三，应进一步明确针对证券清算结算市场结构的监管思路。作为证券市场的基础设施，证券清算结算的适度集中化有利于发挥规模效应，提高效率，降低风险。当然，在此种选择下，为了遏制垄断带来的负面效应，监管当局有必要考虑针对垄断企业定价的规制，同时还可以将不同的业务，例如托管、中央对手方等，交由不同的企业来运作。当然，也可选择在必要的环节引入竞争机制，但这些方面都应当以充分尊重市场主体的选择为前提，而不是以行政限制来强制实现。

参考文献

国际货币基金组织、世界银行编著《关于中国遵守〈证券结算系统和中央对手方建议〉详细评估报告》，中国金融出版社，2012。

李德：《中国债券市场的改革与发展》，《金融与经济》2011 年第 3 期。

李宇白：《证券市场资产存管与结算模式研究》，西南财经大学博士论文，2009。

李至斌：《我国证券交易清算体制的改革设想》，《金融研究》1997 年第 11 期。

刘颖、孙月秋：《中国债券市场发展回顾与展望》，《中国货币市场》2008 年第 12 期。

十国集团中央银行支付结算体系委员会、国际证监会组织技术委员会编写《证券结算系统标准与方法》，中国金融出版社，2006。

亚太十国支付结算体系委员会编写《亚太十国支付结算体系》，中国金融出版社，2005。

中国人民银行支付结算司：《中国支付体系发展报告 2007》，中国金融出版社，2008。

中债登债券信息部：《2013 年度债券市场统计分析报告》，中国债券信息网，2014。

分报告 支付清算体系运行的经济含义

Sub-reports

B.4
支付清算运行的宏观经济效应

一 支付清算业务总体发展态势及其经济含义

2013年,我国的支付清算业务保持高速增长。纵观各项支付清算指标,非现金支付工具无论在笔数还是金额上都呈加速增长的态势,两者增速分别比去年高出0.32个和8.47个百分点;支付系统处理业务笔数与金额的增速则分别较去年上升0.28个百分点和下降8.71个百分点;银行结算账户的增速与去年相比下降4.53个百分点,其中,单位银行结算账户的增速与去年基本持平,个人银行结算账户的增速较去年下降4.56个百分点。

在支付业务数据中,尤其值得注意的是电子支付业务的高度增长态势。2013年,我国发生的电子支付业务共257.83亿笔,金额

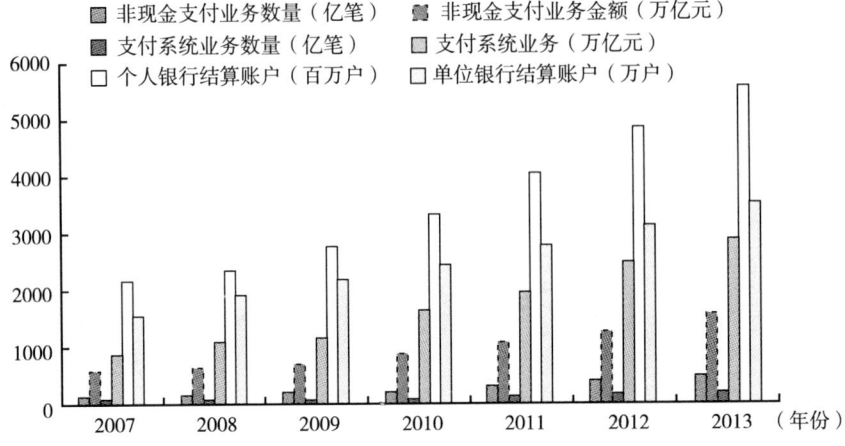

图1 我国支付清算业务增长概况

达1075.16万亿元,分别较去年增长了27.40%和29.46%。这一金额已经占到当年非现金支付工具业务的66.88%。在这其中,网上支付业务共236.74亿笔,金额为1060.78万亿元,同比分别增长23.06%和28.89%;移动支付业务共16.74亿笔,金额为9.64万亿元,同比分别增长212.86%和317.56%;电话支付业务仅有4.35亿笔,金额为4.74万亿元,同比分别下降6.59%和8.92%,这主要是其业务被前两者替代的结果。在2013年内的四个季度中,电子支付的业务规模也体现出了迅猛增长的态势,其中第四季度的金额比第一季度增长了近50%,而移动支付业务同比更是增长了4.52倍,显示了这一业务的前景。

在较高的增长速度之外,我们从历年的支付清算业务数据中还可以看到一个重要的特征,就是支付结算业务的平均规模总体呈下降趋势,这意味着,支付结算业务的数量比总体金额上升得更快。它可以看作我国支付清算系统在经济中发挥越来越重要作用的证据:由于电子化支付系统的普及,有越来越多的小额支付结算活动通过非现金方式进行,从而带动了平均业

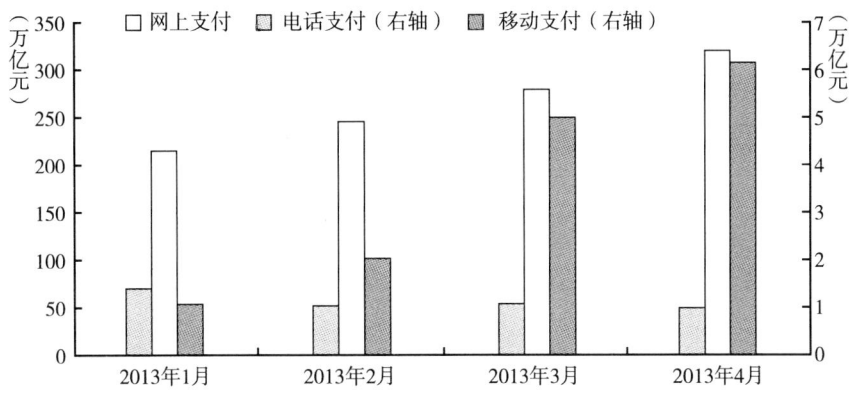

图2 我国2013年四季度电子支付业务构成

务规模的下降。银行结算账户的结构变化也印证了上述观点。可以看到,除2008年外,单位结算账户在银行结算账户中所占比重在不断下降,这说明个人用户在支付结算系统中的地位正在上升,而他们的业务规模通常要低于单位用户。支付清算业务平均规模的下降从一个侧面反映了支付清算系统发展所带来的交易效率的上升。

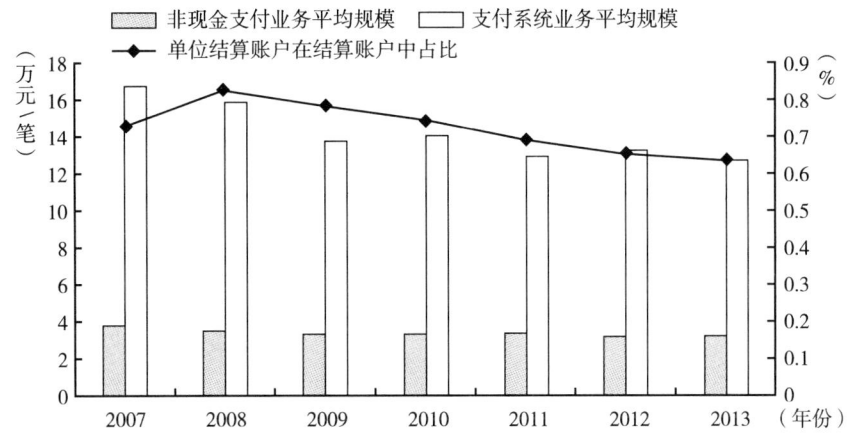

图3 我国支付清算业务平均规模与银行结算账户结构

支付清算业务的增长态势也为解释我国高企的 M2/GDP 提供了数据。我国的 M2 与 GDP 比值近几年处于较高的水平，在 2013 年末更是达到了 194% 的新高。对于不断攀升的 M2/GDP 值的经济含义及其成因一直存在激烈的争论。从经典的费雪方程式 MV = PT 出发，所有的解释最终可以归结为两个方面：平均货币流通速度下降（如高储蓄论和金融体系银行主导论）与经济总体交易规模上升（如金融深化论）。实际上，考虑到 GDP 只是经济活动最终的增加值，它并不适合作为费雪方程式中交易总价值 PT 的指标。相形之下，支付清算业务金额更能够反映经济活动的规模，尽管它不能够覆盖经济中的全部交易。

在图 4 中我们分别给出了非现金支付工具业务规模和支付清算系统业务规模相对于 M2 的比值，它在很大程度上反映了经济中的货币流通速度。可以看到，非现金支付工具业务规模与 M2 的比值在 2007~2013 年呈 U 形，取值在 11~15，最小值（11.73）出现在 2009 年，之后逐步上升到 2013 年的 14.53。支付清算系统业务规模与 M2 的比值在 19~27 波动，最小值（19.79）同样出现在 2009 年，之后逐渐上升到 2013 年的 26.57。

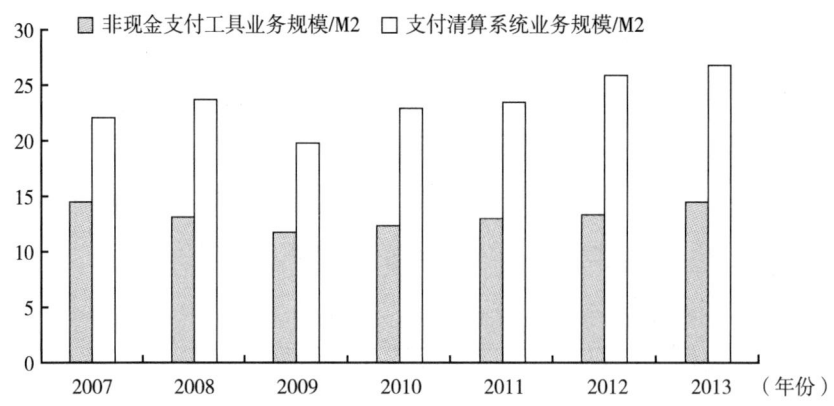

图 4　我国支付清算业务规模相对于 M2 的比值

这两组数据都说明，货币流通速度并没有发生可以解释M2/GDP攀升的显著下降，相反，自2009年以来，货币流通速度一直在不断上升。因此，从支付清算系统提供的证据来看，基于货币流通速度对M2/GDP的上升进行解释不具有说服力，经济总体交易规模上升。换句话说，创造同样的GDP需要更大规模的交易活动，这看起来是更有可能性的解释。

此外，非现金支付工具业务规模和支付清算系统业务规模相对于M2的比值都在2009年落到最低点，然后逐渐回升，这一事实也从侧面支持了将上述比值作为货币流通速度指标的合理性。全球金融危机对国民经济造成的负面冲击显然会导致货币周转速度的下降，而应对危机的"四万亿"投资计划为经济体系注入的货币进一步减缓了资金的平均流动速度。在此之后，随着经济复苏与电子支付体系的迅速发展，货币流通速度也自然回调并上升到新的高点。

二 支付清算指标数据的波动特征与季节性

为了更好地发掘支付清算指标的动态特征，我们将所有的相关指标的季度数据取对数并加以差分，得到的数值近似地反映了指标在各季度之间的环比增长率。在图5中，我们首先给出非现金支付工具业务金额和支付清算系统业务的相应数据。

从图中很容易看到，支付清算数据存在很强的季节波动。根据回归分析，这种季节性则主要体现在第一季度支付清算业务增长率的相对缩减，它可以分别解释两者增长率近30%和约15%的波动。

将波动的季节分量去除之后，从图6可以看到，支付清算业务增长率的波动性明显减弱，并且除了2007和2008年的几个季度外，都变为了正值。在图中我们能够清楚地看到全球金融危机对于支付系统业务的冲击比对非现金支付业务的冲击更为严重，同时支付系

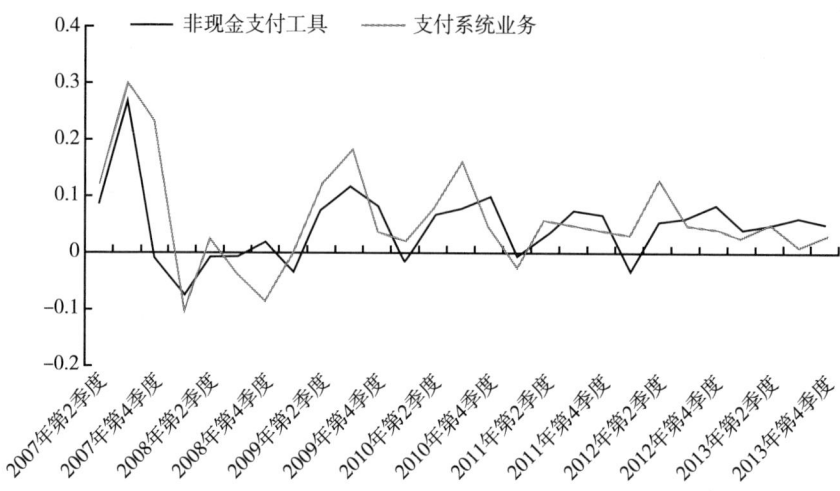

图 5　支付清算业务金额的环比增长率

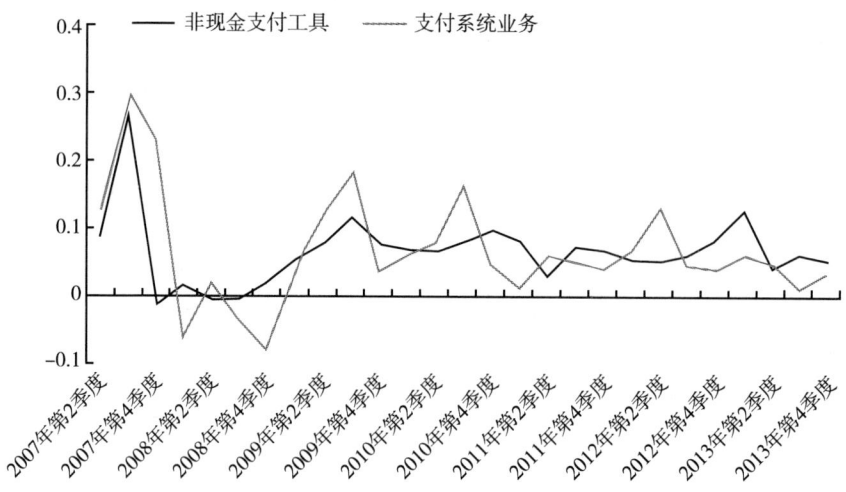

图 6　去除季节波动分量的支付清算业务增长率

统业务也有更强的波动性。两者增长率的最高点都出现在 2007 年第三季度，但之后的周期则逐渐分离。尤其在 2013 年，我们看到"钱荒"对于两者冲击的时差：非现金工具在第二季度就进入底部，之后缓慢回升，而支付系统业务则在第三季度探底。它们反映了流动性冲击对于票据市场的直接效应和更广泛支付业务的后续效应。

对比两图，我们还看到，这种季节性与波动性随着时间的推移似乎在逐渐减弱，到了2013年更表现得极不明显。为了探讨其中的原因，我们给出这两个指标的构成组分的图像。

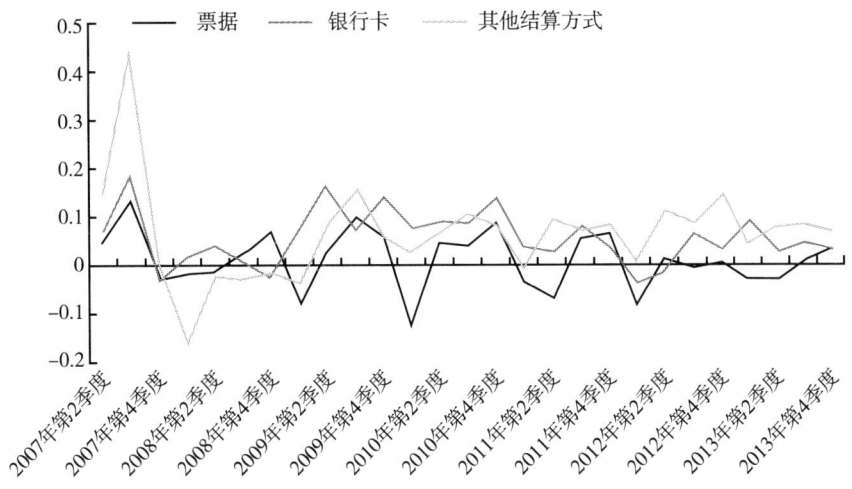

图7　非现金支付方式金额的环比增长率

非现金支付方式由票据、银行卡和汇兑等其他结算方式构成。在这三个组成部分当中，不难看出，票据与其他结算方式的季节性表现得更为明显，银行卡的季节周期性则要弱一些。回归分析也显示，票据和其他结算方式的业务规模增长率都在第一季度有显著下滑，它分别能够解释两者波动性的约40%和20%，信用卡业务则不存在这一现象。因此非现金结算业务增长率的季节性主要是由票据和其他结算方式主导的。但正如图8所显示的，在2007年至今的时间里，票据业务量并没有太大的增长，非现金支付业务的高速发展主要是由信用卡业务和汇兑等其他结算方式的扩张所推动的，这就导致了票据在非现金支付工具中地位的下滑和后者季节性的下降。

支付系统数据包括大额实时支付系统、小额批量支付系统、网上支付跨行清算系统、同城票据清算系统、境内外币支付系统、全国支票影像交换系统、银行业金融机构行内支付系统、银行卡跨行

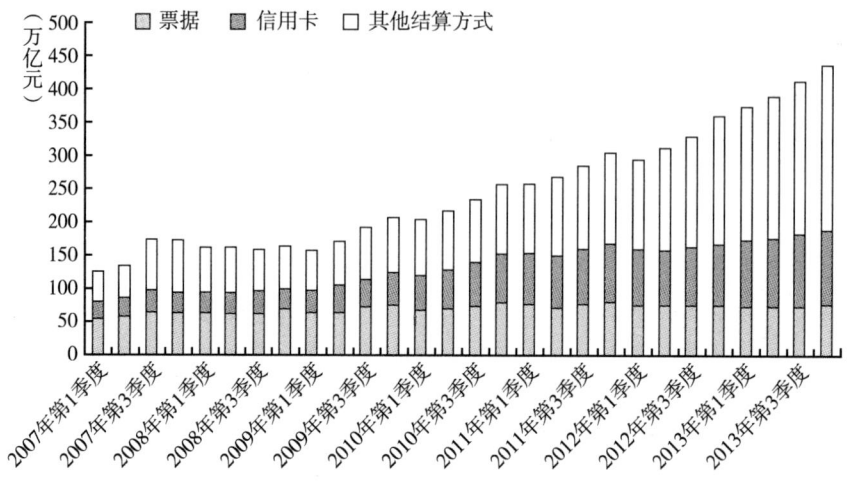

图8　非现金支付方式的构成变化

支付系统、城市商业银行资金清算系统和农信银支付清算系统的业务数据。这些支付系统业务的季节性强弱大不相同。其中季节性较强的支付系统有同城票据清算系统和银行卡跨行支付系统，前者的季节性表现为第一季度的业务增长率的下滑和第四季度增长率的上升，后者的季节性则单纯表现为第一季度的业务增长率的下降。季节波动分别能够解释两者增长率约65%和28%的波动。在图9中，我们可以看到这两个系统业务增长率波动的季节同步性。事实上，也正是它们主导了支付系统业务增长率的季节性。

不过同城票据清算系统和银行卡跨行支付系统的业务量在整个支付系统中并不占主导地位，也并不稳定。由于票据在非现金支付工具中地位的下降，同城票据清算系统在支付系统业务中的比重也随之下滑，从2007年的8.14%降至2013年的2.32%。银行卡业务虽然发展迅猛，但是受到其总体规模限制，在整个支付系统业务总量中的比重很小，至2013年也只有0.95%。这就使支付系统业务增长率的季节性明显弱化。

在支付清算系统中，新增银行结算账户的变化率也表现出了很强的季节性，并且个人银行结算账户与单位银行结算账户有着不同

支付清算运行的宏观经济效应

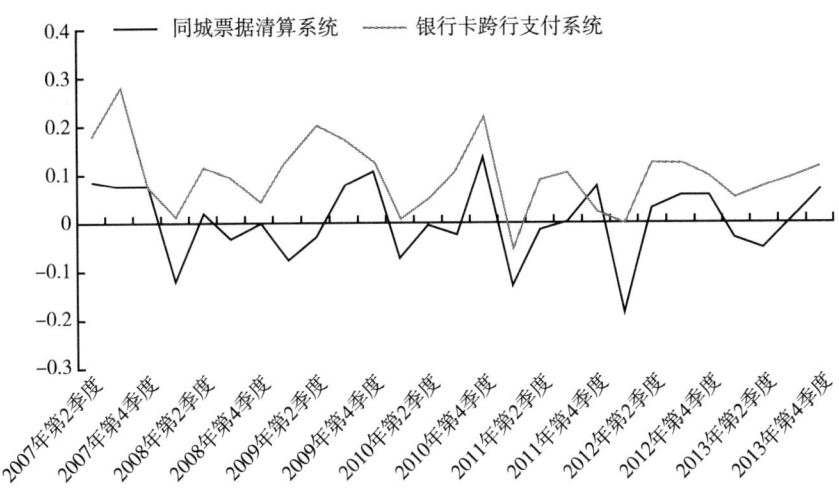

图9 同城票据清算系统与银行卡跨行支付系统的环比增长率

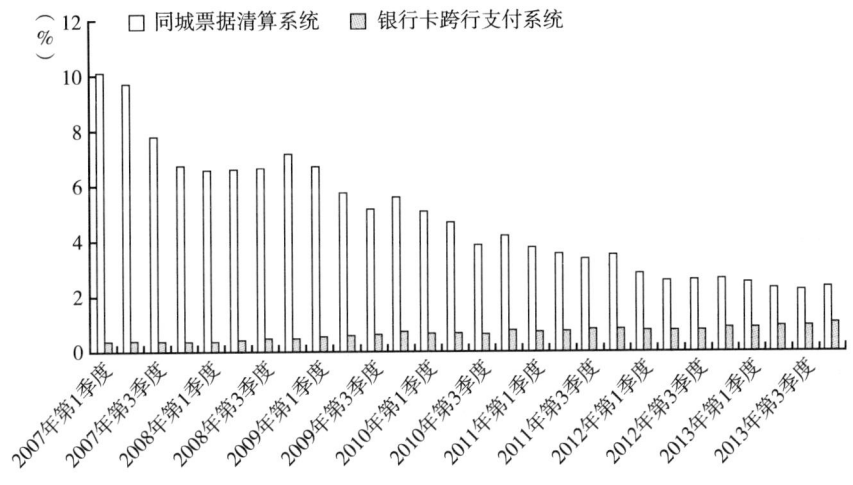

图10 同城票据清算系统与银行卡跨行支付系统所占比重

的波动特征。从图11可以看出，新增个人银行结算账户的增长率在2007和2008年波动更大，之后逐渐收敛；相较之下，单位银行结算账户增长率的波动就更为温和并有规律。据回归分析显示，个人账户波动的季节性主要体现在第三季度增长率的上升和第四季度增长率的下降，这种季节性可以解释约25%的增长率波动；单位账户波动的季节性主要体现为增长率在第二季度的上升和第三季度的下降,这种季节性可以解释约50%的增长率波动。

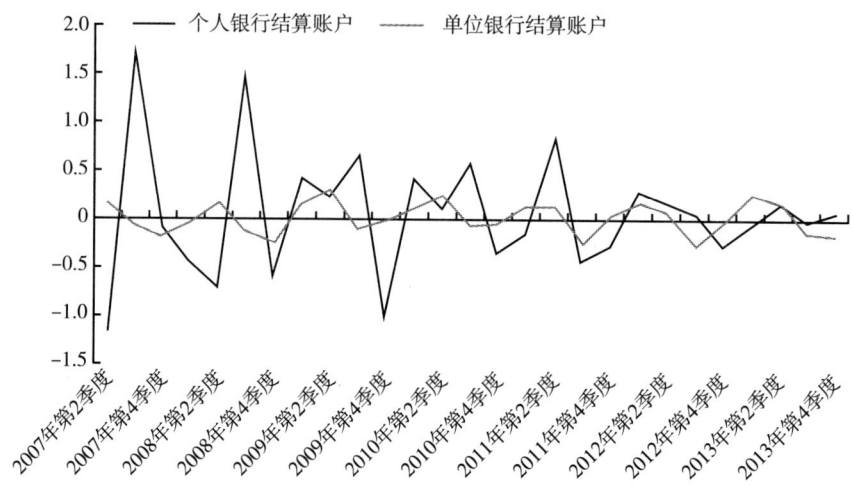

图11　各季度新增银行结算账户的环比增长率

图12给出了去除季节波动分量的新增银行结算账户环比增长率。可以看到其中的图形变得更为平滑,而波动也更为不规则。不过个人银行结算账户增长率的波动仍然明显大于单位银行结算账户。

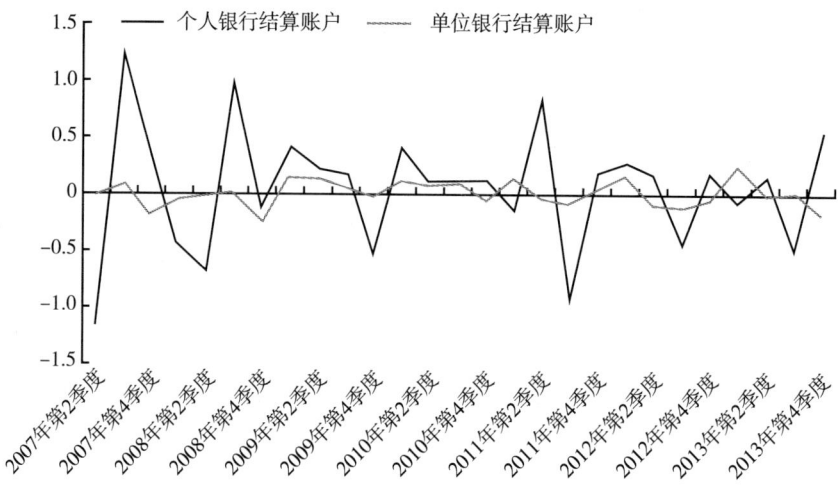

图12　去除季节波动分量的新增银行结算账户环比增长率

三 支付清算指标与经济增长的联系

在这一部分，我们考察支付清算体系的数据与经济增长指标之间的动态关系。首先我们对 GDP 做与支付清算指标同样的对数差分处理，然后再考察它们之间的相关性及其变化。

从图 13 可以看到，GDP 的季度环比增长率同样有着显著的季节波动，即第一季度的增长率上升而第二季度的数值则收缩。实际上，回归分析显示，这种季节波动能够解释 GDP 季度增长率波动的近 98%。而一旦去除季节性分量之后，GDP 季度增长率就平滑了很多，并且全部变为了正值。

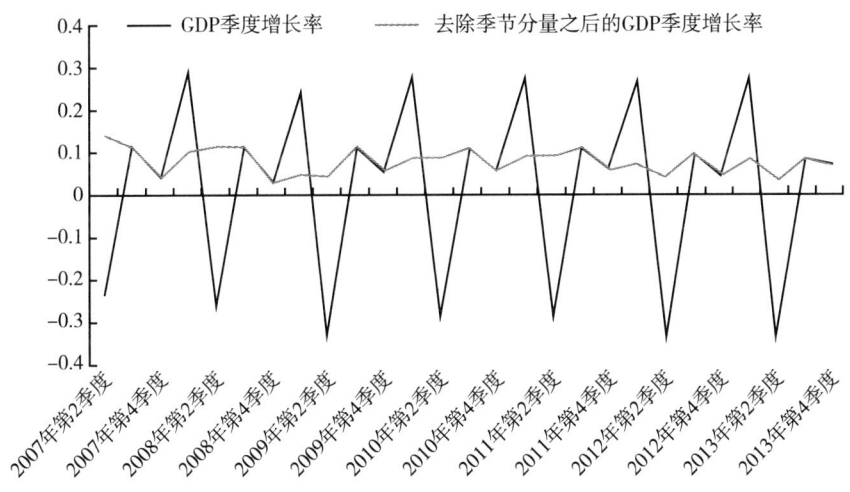

图 13 GDP 季度环比增长率

考虑到支付清算活动在金融与经济运行中的重要作用，GDP 显然应该与支付清算业务的规模相关。这一直觉也在计量分析中得到了验证。首先来看非现金支付工具与 GDP 之间的关系。回归分析表明，GDP 的季度增长率与滞后 3 期的非现金支付金额增长率呈正相关，后者能够解释 GDP 季度增长率除去季节因素之后剩余波动的近 70%。非现金支付业务增长率的回归系数是 0.35，这意味着非现金支付业务规模 1% 的变动会带来季度 GDP 约 0.35% 的变动。

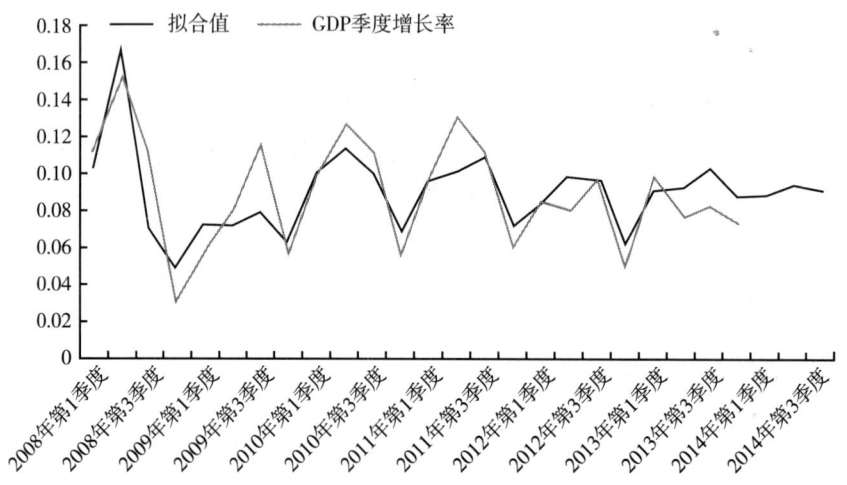

图 14　基于非现金支付工具的 GDP 季度环比增长率拟合（去除季度波动）

图 14 给出了基于非现金支付工具的 GDP 季度环比增长率拟合图。为了更好地观察拟合精度，我们在其中去掉了季度波动分量（在加入其他变量回归之后，季度分量的系数有所变化，因此图中的 GDP 增长率与图 13 略有差异）。可以看到，总体上，基于非现金支付工具给出的拟合值波动幅度要低于实际的 GDP 增长率，但前期的一个例外出现在 2008 年第二季度，当时的拟合值超出了实际 GDP 增长率。根据非现金支付工具滞后期向前追溯，这一异常值反映了 2007 年第三季度非现金支付业务量的大幅增长。根据我们的回归分析与拟合情况判断，当时的支付清算业务攀升很可能脱离了实体经济的需求。同时值得注意的是，2012 年第二季度之后，拟合值似乎开始超出了实际值围绕 0.08 附近的中心线（回归

支付清算运行的宏观经济效应

分析给出的截距为 0.074）波动的"振幅"，并与后者渐行渐远。这一情况可能反映了支付清算体系与实体经济之间关系的新变化，如特定数量的实体经济活动现在需要更多的支付清算业务加以配合。

由于非现金支付工具与 GDP 的关系存在着 3 个季度的滞后期，因此它具有一定的"预测"能力。在图 14 中我们给出了基于 2013 年第二至第三季度非现金支付数据的 GDP 增长率拟合值。从图形上看，如果刨除季节因素，2014 年前三个季度的 GDP 增长率非常平缓，在 0.09 附近波动，接近于 2008 年以来的平均增长率水平。不过考虑到 2013 年拟合值高出实际值的情况，2014 年的实际 GDP 增长率可能也会较拟合值更低一些。

除了总体的非现金支付业务规模之外，我们也考察了其内部不同支付方式与 GDP 之间的联系，结果发现，除了银行卡与 GDP 之间的关系不显著之外，票据与汇兑等支付方式与 GDP 都有很强的相关性，但其显著性与拟合优度都不如总体的非现金支付业务规模。我们也分别给出了基于这些支付业务的 GDP 增长率拟合值。从图 15 可以看到，基于汇兑等支付方式拟合的 GDP 增长率与前面基于总体非现金支付方式的拟合值非常相似，只是 2010～2013 年的波动幅度更小，对于 2014 年前三季度的预测也与前者大体相同。

基于票据拟合的 GDP 增长率与前面基于总体非现金支付方式的拟合值则有所不同，表现在其波动幅度在早期较小而后期较大。考虑到票据在非现金支付方式中比重不断下降的事实，如果认为支付业务的总体规模与 GDP 关联更为紧密，那么对票据历史数据所做的回归分析就可能低估其初期效应而高估其后期效应，这也很好地解释了其拟合图形的特征。

在对非现金支付业务规模与 GDP 的关系进行考察之后，我们可以期望支付系统业务也有类似的特性。确实，回归分析表明，GDP

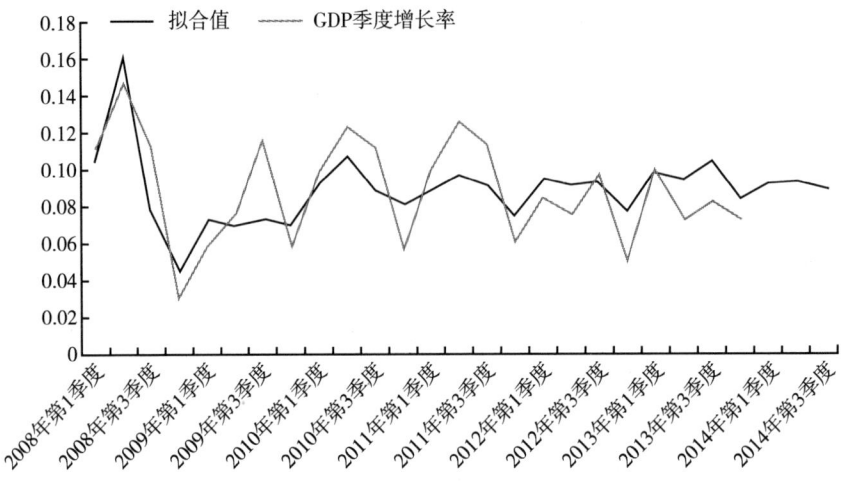

图 15　基于汇兑等支付方式的 GDP 季度环比
增长率拟合（去除季度波动）

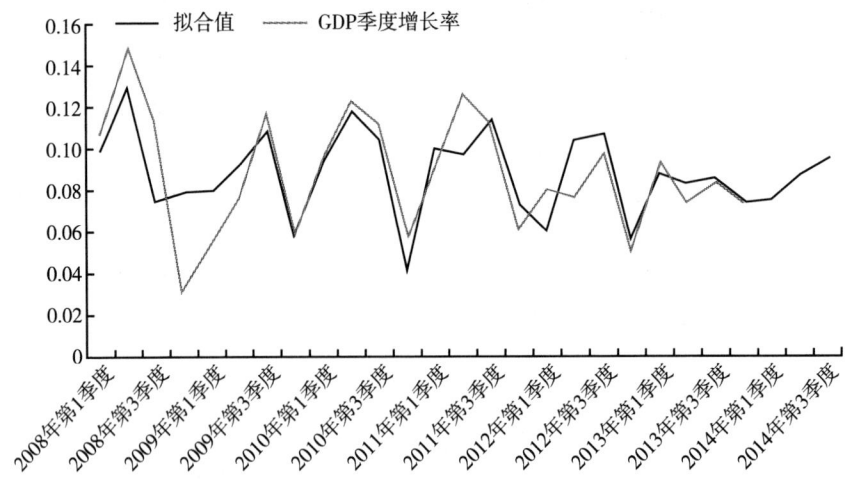

图 16　基于票据的 GDP 季度环比增长率拟合（去除季度波动）

的季度增长率与滞后 3 期的支付系统业务金额增长率正相关，但是其显著性与拟合优度都略逊于前者，大概能够解释 GDP 季度增长率除去季节因素之后剩余波动的近 55%；其回归系数是 0.22，这意味着非现金支付业务规模 1% 的变动会带来季度 GDP 约 0.22% 的变动。

从图17可以看到，基于支付系统业务的GDP季度环比增长率的拟合优度，确实要低于基于非现金支付工具的拟合值，这可能也在一定程度上说明，后者与实体经济的联系更为紧密。从图形来看，在2009年第三季度，拟合值与实际值之间出现了一个较大的缺口。这一现象在基于非现金支付工具的拟合中也同样存在，但是其反差没有这么强烈。根据拟合值的滞后期向前追溯，它反映了2008年第四季度支付系统业务由于全球金融危机的影响而发生的大幅紧缩。从对2014年前三季度的预测来看，基于支付系统业务的GDP增长率拟合值要更为保守，徘徊在0.08左右。不过从2013年各季度数值的拟合情况来看，这个预测可能会更接近事实。同样，我们也考察了各种类型的支付系统与GDP增长率之间的关系。总体上看，大部分支付系统都与GDP有着显著的相关性，不过其中拟和优度最高的两个指标则是大额实时支付系统与同城票据清算系统。两者在显著性与拟和优度上都要高于支付系统总体业务规模的拟合效果。

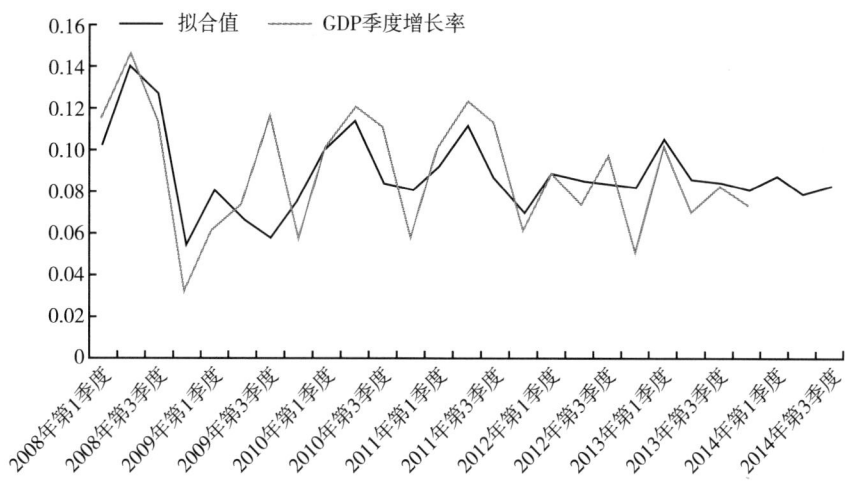

图17 基于支付系统业务的GDP季度环比
增长率拟合（去除季度波动）

大额实时支付系统是支付系统的骨干平台，也是金融机构之间大额支付清算业务的主要通道，他在支付系统中不仅具有网络结构上的核心地位，而且在业务量上也一直占有主要份额且不断上升，从2007年的56.7%上升至2013年的70.1%，因此不难想象它与国民经济运行的密切联系。计量分析也表明，大额实时支付系统与GDP之间存在显著的相关性，前者增长率的波动性可以解释三个季度之后GDP增长率除去季节因素之后剩余波动的近60%，其1%的变动对应着GDP约0.21%的变动。从图18可以看到，基于大额实时支付系统的GDP拟合动态与基于支付系统总体业务规模的拟合基本一致，只是精度更高。这也从侧面反映了在支付系统与GDP的联系中，大额实时支付系统所起的主导作用。

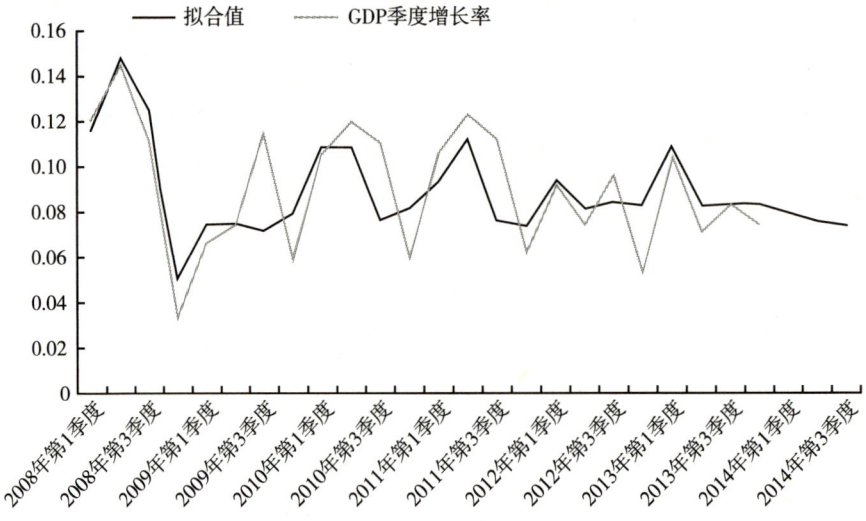

图18 基于大额实时支付系统的GDP季度环比
增长率拟合（去除季度波动）

同城票据清算系统业务也与GDP有着密切的联系，其影响强度与拟合优度都与大额实时支付系统相似。不过正如前面所言，同城票据清算系统在支付系统业务中的比重在逐渐下滑，因此其与实体经济的联系没有能够在后者当中得到足够的反映。从图形上看，基于同城票据清算系统的 GDP 增长率拟合值也与基于支付系统业务总体规模或大额实时系统业务的拟合有所区别，而更近似于非现金支付方式中票据的拟合（见图 19）。这也反映了票据支付与同城票据清算系统业务之间的内在联系。实际上，计量分析表明，两者的增长率有着极为显著的相关性，其波动有近一半的成分是相同的。

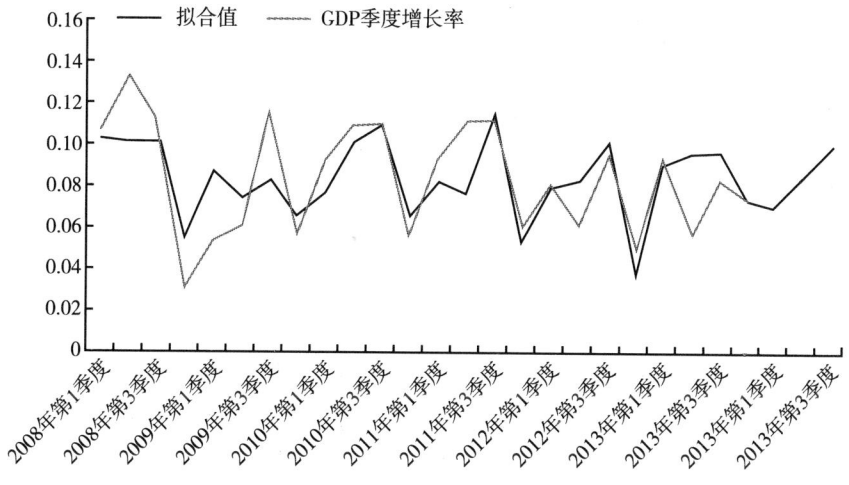

图 19　基于同城票据清算系统的 GDP 季度环比
增长率拟合（去除季度波动）

作为支付清算体系的核心要素之一，银行结算账户数量的增长也反映了经济活动对于支付清算业务的不断扩张的需求。但从计量结果来看，个人银行结算账户与单位结算账户同 GDP 的关系存在着较大的差异。在去除季节性因素之后，新增个人结算账户的变化率与 GDP 增长率之间没有显著的相关性，而新增单位结算账户的数量则与 GDP 紧密关联。滞后一期的新增单位银行结算账户数量变化率可以解释 GDP 增长率波动除去季节因素之后剩余波动的约 1/3，并且 1% 的新增单位账户数量变动对应着下一季度 GDP 约 0.09% 的变动。

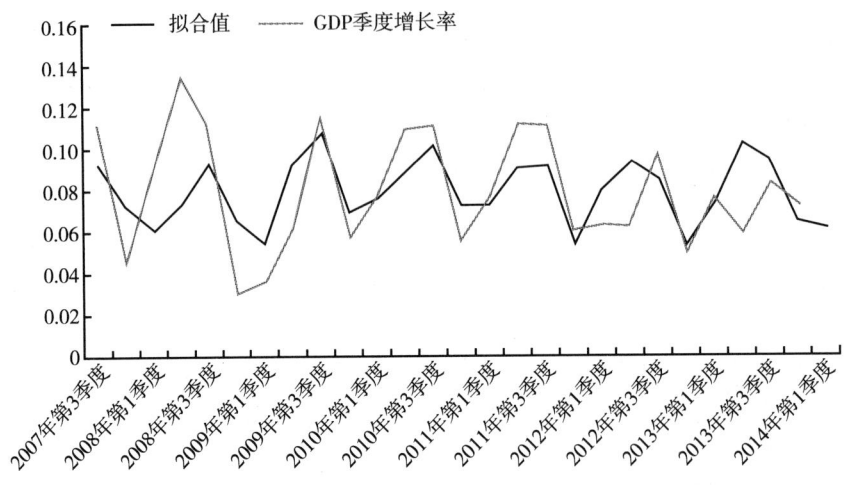

**图 20　基于单位银行结算账户增量的 GDP 季度环比
增长率拟合（去除季度波动）**

非现金支付工具、支付系统业务与银行结算账户在 GDP 拟合上的不同特征，让我们很自然地想到，能否将它们结合起来提高拟合精度。事实证明确实如此。如果将非现金支付工具与支付系统业务金额加总，再与 GDP 进行回归分析，则显著性与拟合优度都有明显提高。这一加总支付业务金额能够解释 GDP 增长率除去季节因素之后剩余波动的约 70%（图 21）。这一结果显示了非现金支付工具与支付系统业务在反映实体经济变化方面的互补性。我们在此基础上再将新增单位银行结算账户也加入回归，发现所有变量的影响仍是高度显著的，而对于 GDP 增长率除去季节因素之后剩余波动的解释能力则提高到了 80%。从这一点上看，虽然新增单位结算账户与 GDP 关系的显著性和影响强度不如非现金结算工具与支付系统业务，但其效应与后者并不完全重合，因此能够为未来 GDP 的预测带来新的信息。

根据这一综合性的回归结果，支付清算业务金额总量 1% 的变动对应着 3 个季度之后 GDP 约 0.16% 的同向变动，而新增单位银

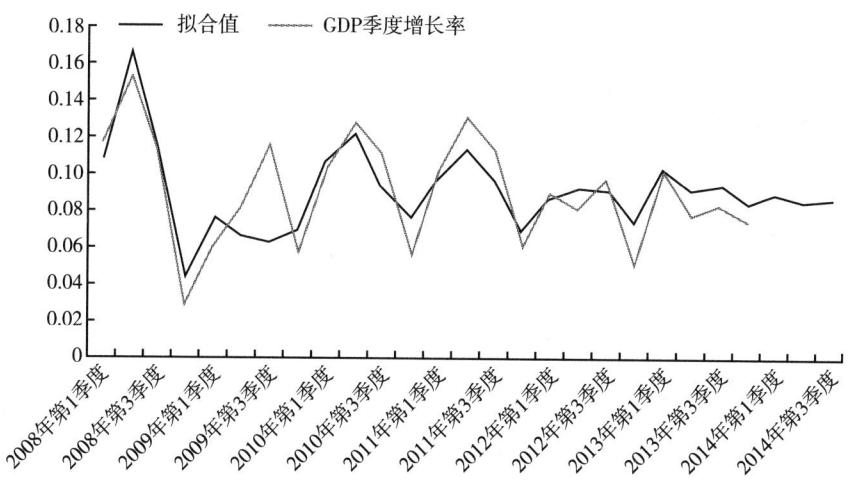

**图 21　基于非现金支付工具与支付系统数据的 GDP 季度环比
增长率拟合（去除季度波动）**

行结算账户 1% 的变动则对应着 1 个季度之后 GDP 约 0.07% 的同向变动。美中不足的是，由于这一拟合用到只滞后 1 期的新增单位结算账户数据，因此不能够对未来的 GDP 增长率做出较长时期的预测。不过从图 22 的动态来看，2014 年第一季度去除季节因素之

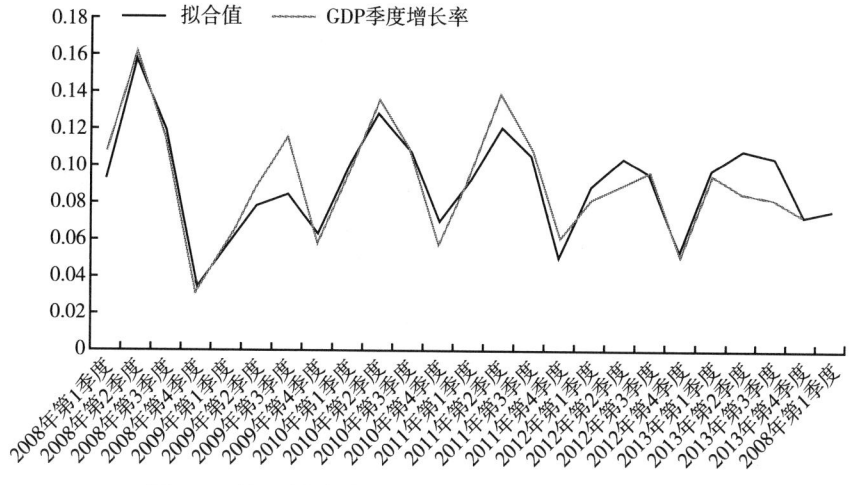

**图 22　基于综合支付清算数据的 GDP 季度环比
增长率拟合（去除季度波动）**

后的 GDP 环比增长率在 0.075 左右，稍高于 2013 年第四季度，而之后各季度的预测值应该也都比基于非现金支付工具和支付系统业务所给出的估计值要低一些。

四 支付清算指标与总体价格水平的联系

在分析了支付清算数据与 GDP 的关系之后，我们继续探索它们与 CPI 和 PPI 等价格指标之间的关系。取以上期为基数的 CPI 与 PPI 指标的对数，得到的数值即为相应价格水平的变化率。观察其波动特征，我们发现 CPI 具有一定的季节性，表现在第二季度 CPI 的下降，它可以解释 CPI 变化率约 1/3 的波动。在去除这一季节因素之后，CPI 波动变得较为平滑，并且除了 2008 年第四季度之外，其变化率都成了正值。相形之下，PPI 没有太明显的季节特征，并且其波动性要显著大于 CPI。这一点在 2008 年末的全球金融危机冲击中体现得最为明显，它部分地反映了国际大宗商品市场对于 PPI 的影响。

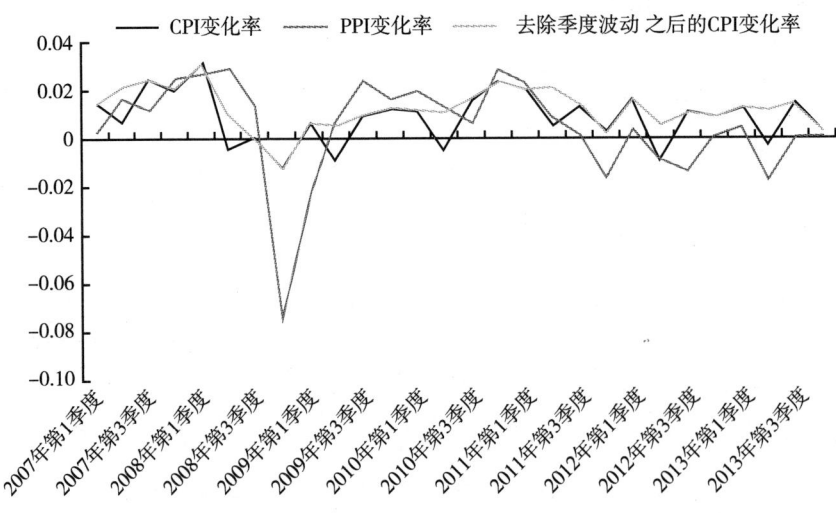

图 23 CPI 与 PPI 变化率

值得注意的是，虽然 CPI 与 PPI 有着不同的波动特征，但它们之间仍然存在着密切的联系。回归分析显示，CPI 与 PPI 之间存在显著的相关性，后者能够解释前者除去季节性之后剩余波动的约 45%。在影响强度上，1% 的 PPI 变动对应着 0.29% 的 CPI 变动。同时我们通过图 24 发现，PPI 与 CPI 的这种相关关系在 2012 年之后有弱化的趋势，表现为拟合值与实际值之间的分离，在 2013 年表现得更为明显。

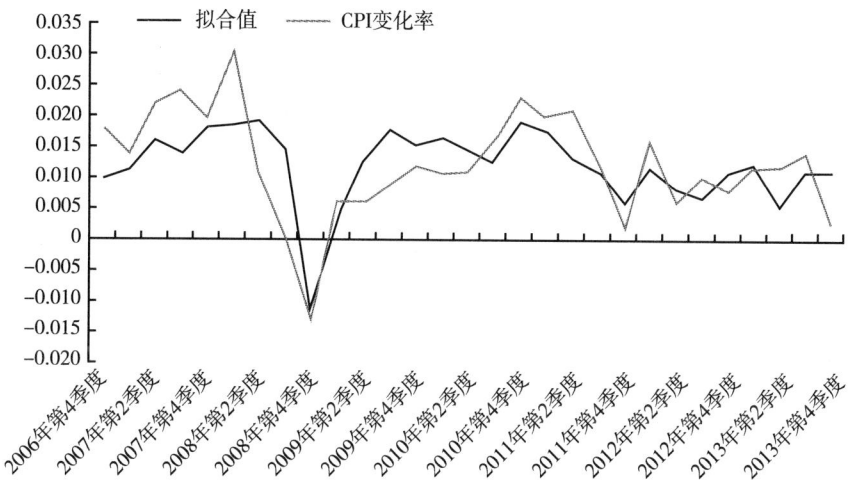

图 24　基于 PPI 的 CPI 变化率拟合（去除季度波动）

再看 CPI 与 PPI 同支付清算指标的联系。由于 PPI 更多地与实体经济的供给面相连，因此我们猜测它应该具有类似 GDP 与支付清算活动之间的关系。回归分析部分地证明了我们的猜测。计量结果显示，PPI 变化率与滞后 3 期的非现金支付金额变化率和支付系统业务金额变化率都有着正向的相关性，只是相对于当前的数据规模，这种相关关系的显著性不是非常有说服力（p 值分别为 0.03 和 0.01），不过在我们按照前一节的方法将非现金支付业务与支付系统业务加总之后再进行回归，与 PPI 的相关性就变得更为显著（p 值为

0.009），并且这一总体业务规模的变动能够解释PPI变化率近1/4的波动。不过图25显示，基于非现金支付工具与支付系统数据的PPI拟合精度不是很好。此外，我们没有发现PPI与企业银行结算账户增量之间的相关性。这其中的原因可能在于PPI波动的外源性，即其更多地受国际市场价格的制约，因此国内金融因素对其影响有限。

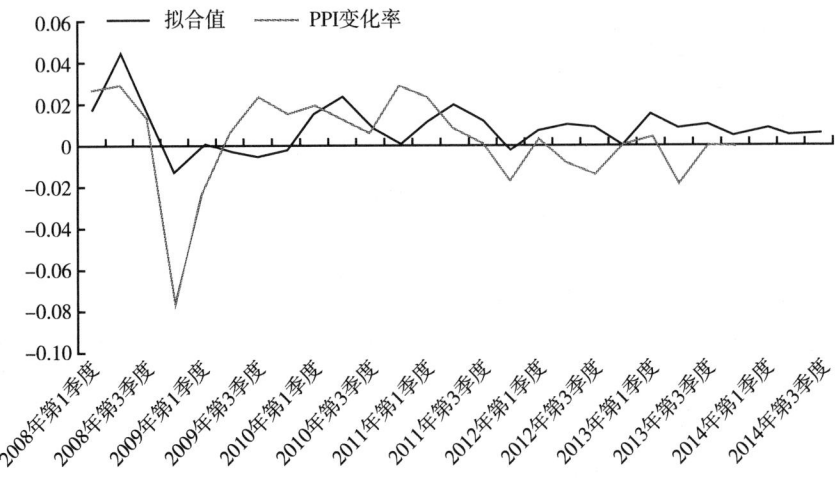

图25　基于非现金支付工具与支付系统数据的PPI变动率拟合

与PPI相比，CPI同支付清算指标之间的关系要密切得多。首先，对于非现金支付工具，CPI与其滞后2期的业务金额显著相关，后者能够解释其除去季节性之后剩余波动的约37%。每1%非现金支付业务规模的变化，对应着两个季度之后CPI约0.08%的变动。图26给出了相应的拟合值，可以看到，它的精度也较GDP的拟合要差很多，相应地，对于2014年度前两季度的预测也没有太大参考意义。

CPI与支付系统业务规模也有密切联系。与非现金支付工具不同的是，支付系统业务金额变化率的滞后1期与滞后2期值对于CPI都有显著影响，两者总共能够解释CPI变化率除去季节性之后剩余波动的约41%。从图27可以看到，引入第二个滞后变量之

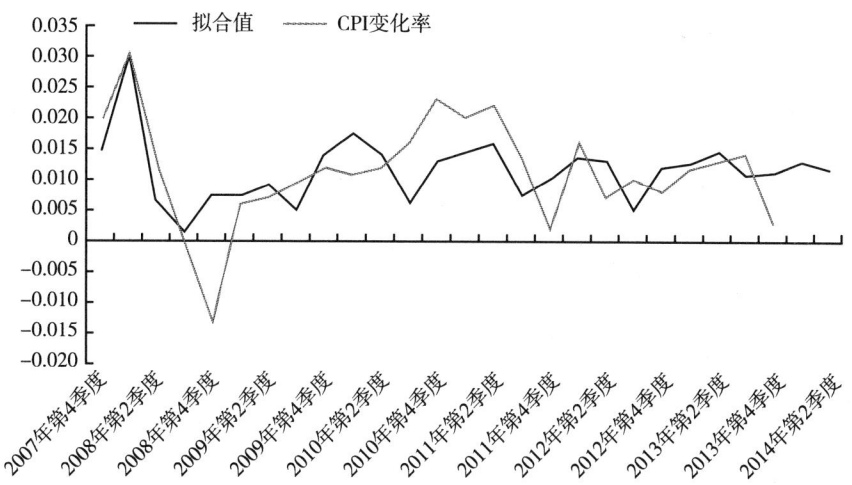

图 26　基于非现金支付工具的 CPI 变动率拟合（去除季度波动）

后，对 CPI 变动率的趋势匹配程度明显增强了，但是它也带来了一个副效应，即拟合曲线过于平滑，尤其在 2013 年，基本上没有能够反映出 CPI 变动率的震荡。另外我们也尝试了利用非现金支付工具与支付系统业务金额的加总来对 CPI 进行拟合，但这次没有在精度与显著性上获得任何提升。在本质上，这还是由于支付清算指标与 CPI 的相关性不够强，因此难以达到对 GDP 那样的拟合精度，也基本上无法作为 CPI 的有效预测指标。

除了关注非现金支付方式与支付系统业务的总体规模指标之外，我们也考察了具体支付方式与不同类项支付系统业务同 CPI 之间的关系。在非现金支付方式中，银行卡和汇兑等其他方式同 CPI 变化率的关系显著，并且时滞都是两个季度，票据与 CPI 变动的关系则不显著；在支付系统中，除了同城票据支付系统外，其余大部分系统业务金额都与 CPI 变动相关，但是影响的时滞有所不同，如大额实时支付系统在滞后 1 期和滞后 2 期都有显著效应，小额批量支付系统在滞后 2 期上有显著效应，行内支付系统和银行卡跨行支付系统则在滞后 1 期显著。票据业务与 CPI 关系的不显著性和它与

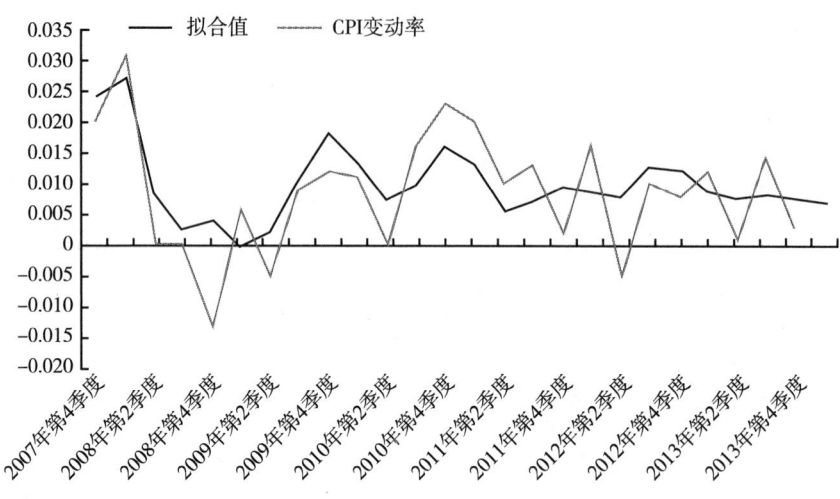

图 27　基于支付系统业务的 CPI 变动率拟合（去除季度波动）

GDP 关系的显著性形成了鲜明的对比。与票据业务类似，在控制了季节效应之后，同 GDP 关系密切的单位银行结算账户对于 CPI 也没有显著影响。相反，滞后 2 期的个人银行结算账户增量与 CPI 变动有一定的相关性，尽管其显著性和影响强度都不是太高。通常人们认为单位银行结算账户更多地与经营性活动相关联，而个人银行结算账户则更多地与消费活动关联，因此它们与 GDP 和 CPI 关联性的差异可能也反映了金融体系对于产出和价格的不同传导机制。

　　考虑到总体价格水平是金融市场决策的重要参考变量之一，它应该会对相应的支付清算业务产生影响，因此我们考察了它与支付清算指标在另一个方向的关联性，并且得到了肯定的结果。对于非现金支付工具，CPI 波动显著地与其负相关。滞后 3 期的 CPI 可以解释非现金支付业务去除季节效应后剩余波动的约 60%，1% 的 CPI 指数变化对应着 3 个季度之后非现金支付业务金额 2.36% 的反方向变化。从图 28 可以看到，除了 2007 年第三季度信用高涨所导致的奇点之外，基于 CPI 的拟合值与非现金支付业务变化率的实际值吻合相当精确,并且这种匹配性在近期也没有弱化的迹象。据此我们可以对2014年前三季度非现金支付工具的发展情况有一个大致判断。

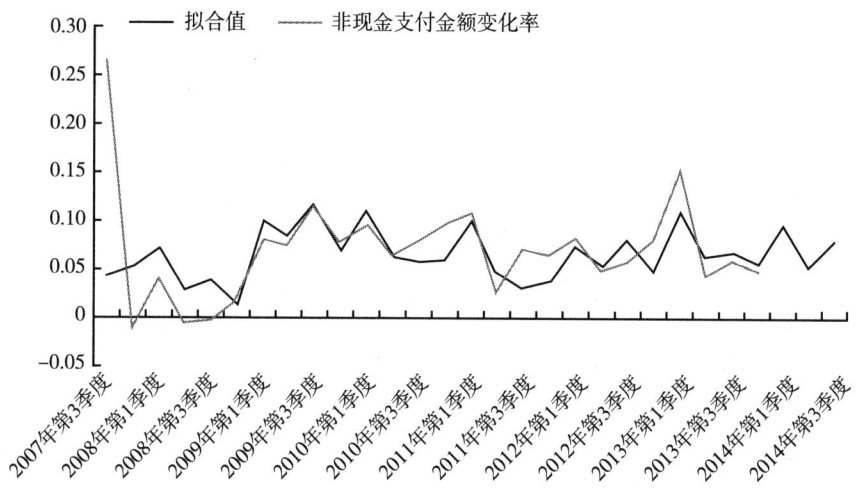

图28　基于CPI的非现金支付金额变化率拟合(去除季度波动)

类似地,滞后3期的CPI波动对于支付系统业务金额的变化率也有显著的负效应,它可以解释后者除季节效应外剩余波动的40%以上。1%的CPI指数变化对应着3个季度之后支付系统业务金额3.62%的反方向变化。从图29可以看到,这一拟合在2009～2011年有着很高的精度,但是近期与实际值差异较大。

除了非现金支付方式与支付系统业务的总体规模之外,我们同样也考察了CPI变动对于具体支付方式与不同类项支付系统业务的影响。在非现金支付工具中,滞后3期的CPI变动对于银行卡支付和汇兑等其他支付业务金额都有显著的负向影响,但无论在显著性上或拟合优度上都不及它对非现金支付工具整体业务的效应;票据支付则对CPI不敏感。对于具体的支付系统,滞后3期的CPI变动对于行内支付系统和银行卡跨行支付系统业务有显著负向影响,但

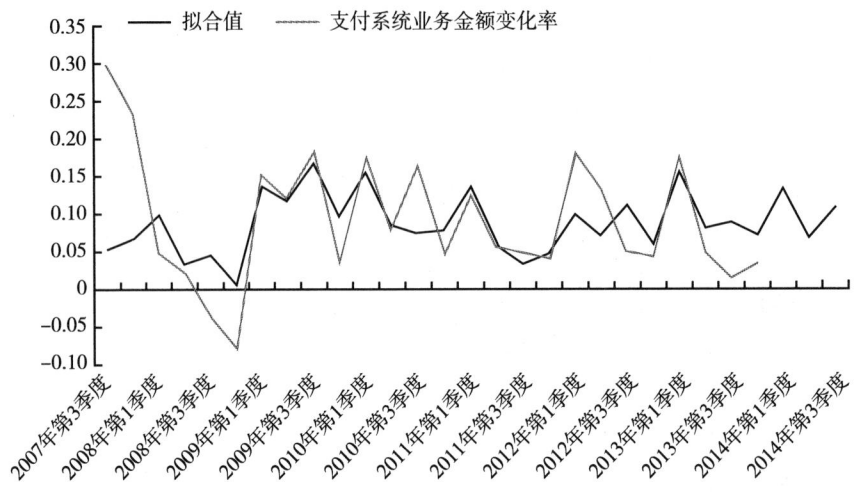

图 29　基于 CPI 的支付系统业务金额变化率拟合（去除季度波动）

显著性与拟和优度不及对支付系统业务的整体影响；滞后 2 期的 CPI 变动对于同城票据支付系统有负向影响，且有较高的拟合优度，但是在显著性上不是非常有说服力（p 值为 0.029）。此外，滞后 3 期的 PPI 变动对于支付清算系统业务规模也有类似效应，但是在显著性与强度上都要弱于 CPI。

B.5 支付清算运行、区域经济与金融发展*

支付清算体系的运行情况能够在相当程度上反映金融发展水平与交易活跃程度。在报告的这一部分，我们将基于大额实时支付系统数据，对我国区域经济与金融发展的关系做详细分析。

一 各地区资金流动规模

与近几年相比，2012年各地区资金流动规模的分布态势并没有显著变化。2007年，资金流动总量最高的5个省市依次为北京、上海、深圳、广东、江苏，而资金流动总量最低的5个省市依次为西藏、青海、宁夏、甘肃和海南。到了2012年，资金流动总量最高的5个省市依次为北京、上海、深圳、江苏、广东，而资金流动总量最低的5个省市依次为西藏、青海、海南、宁夏和贵州。对比这两个年度的数据，不难看到，总体上，各地区资金流动规模排名并没有太大的变化。

在延续各地区在大额实时资金流动规模上基本排序状况的同时，2012年的资金流动离散程度也大致与去年相同。以资金流动规模居前三位的城市——北京、上海、深圳——为例，2012年，这三者的比重为34%、13%和5%，与2011年完全相同。比较近几年来这几个资金枢纽城市大额实时资金流动规模的占比变化，可以看到2007

---

* 由于数据可得性因素，在本章中的年度数据截至2012年。

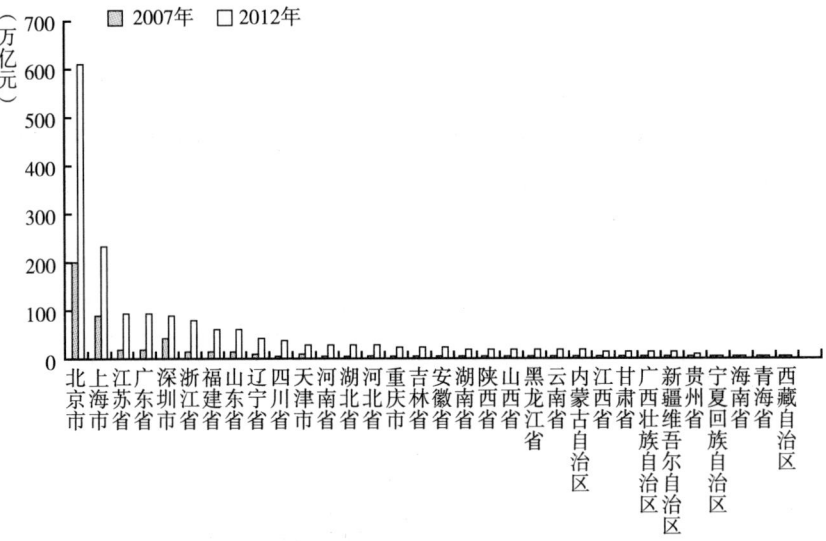

图1 各地区大额实时资金流动规模（万亿元）收入支出的平均

年以来的资金流动在区域上的分散化趋势。具体到各个城市，以绝对比重来衡量，资金流动规模占比下降最厉害的依次是北京、上海和深圳，比重分别下降了6个、5个和4个百分点。但是，如果以自身原有比重为基数，资金流动规模下降最厉害的是深圳，占原有比重的44%；其次是上海，占原有比重的28%；最后是北京，降幅占原有比重的15%。不过如果从2011、2012两年和2013年前两季度的情况来看，似乎这三大资金枢纽城市所占比重已经趋于稳定。

在地区内部大额实时资金流转规模的区域分布上，分散化的趋势还在延续。在2012年，北京、上海和深圳在地区内部大额实时资金流动规模中所占的比重分别为36.3%、11.5%和3.5%（由于2012年数据的小数位四舍五入可能带来较大误差，在此我们特意保留了一位小数）。相对于2011年，这三个城市的比重都有所下降，其他省市所占的比重则有所上升。值得注意的是，这种资金流转规模比重上的变化趋势与各地区GDP占比的变动并不一致，例

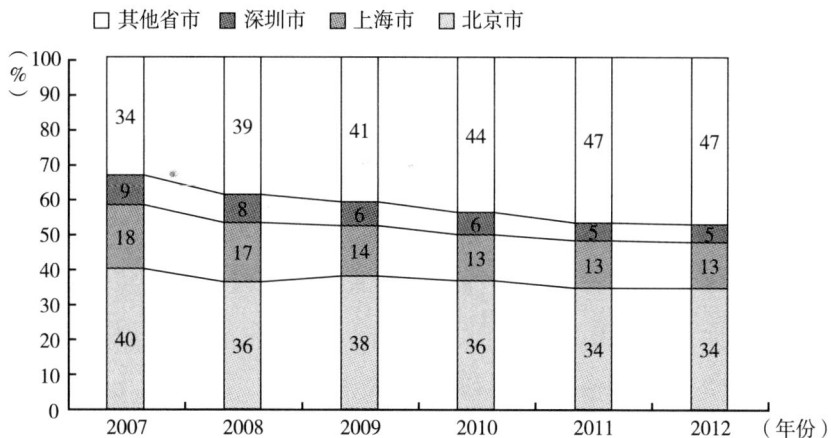

图 2 北京、上海与深圳大额实时资金流动规模占比变化

如相对于 2011 年,除上海的 GDP 占比下降外,北京和深圳的比重都略有上升;同时各地区资金流量占比本身也与 GDP 占比相差甚远。因此,资金流动规模上的区域变化更多地应该还是金融体系自身发展的特点所决定的。

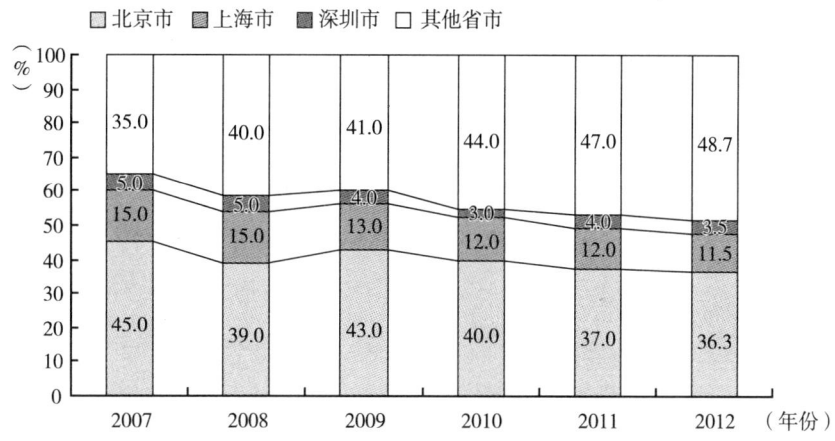

图 3 北京、上海与深圳的地区内部大额实时资金流动规模占比变化

在大额实时资金的净流入上，各地区的排名情况与总体规模排名有着较大的差异。2012年，大额实时资金净流入最多的5个省市、自治区，它们依次为福建、山东、江苏、山西和新疆，净流出最多的5个省市依次为北京、上海、深圳、江西和陕西。与2011年相比，这个排序有很大变化，尤其是北京，由2011年的净流入首位一跃而变成了净流出首位，这也是自2007年以来北京首次成为资金净流出地区。上海虽然仍在资金净流出规模上排名居前，但净流出的绝对值则较去年大大下降，结合近几年趋势来看，上海有转为资金净流入地区的可能。深圳在2011年由主要的资金净流入地区变为了主要的资金净流出地区之后，在2012年也保持了这一状态。

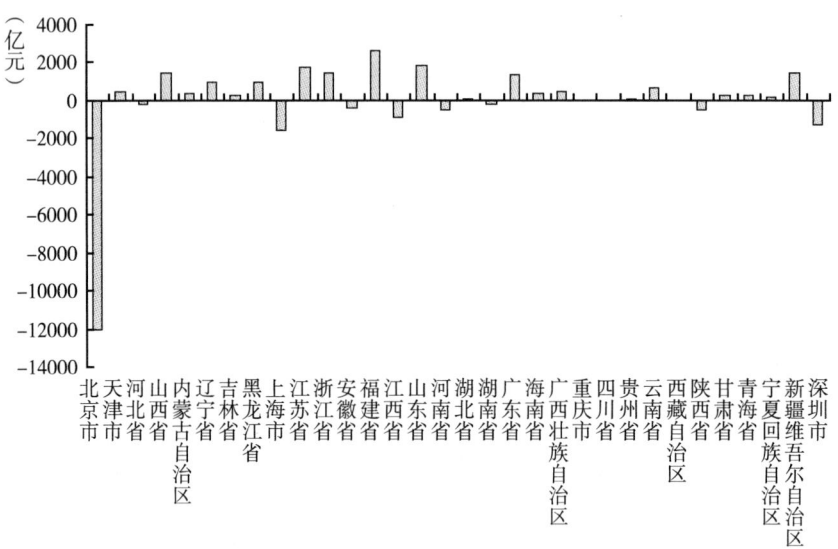

图4 2012年各地区大额实时资金净流动规模

在大额实时资金流动的平均每笔交易金额上，排名居前5位的城市依次是北京、上海、吉林、深圳、天津，排名倒数前

5位的依次为安徽、浙江、河北、湖南和宁夏。无论与2011年或更早时期相比较,各省市在平均交易金融上的排序都没有太大变化。同样,大额实时资金流动的平均每笔交易金额与各地区的经济发展水平之间并没有直接的对应关系,而北京与上海以较大幅度的差异排名居前很可能与它们的金融中心地位有关。

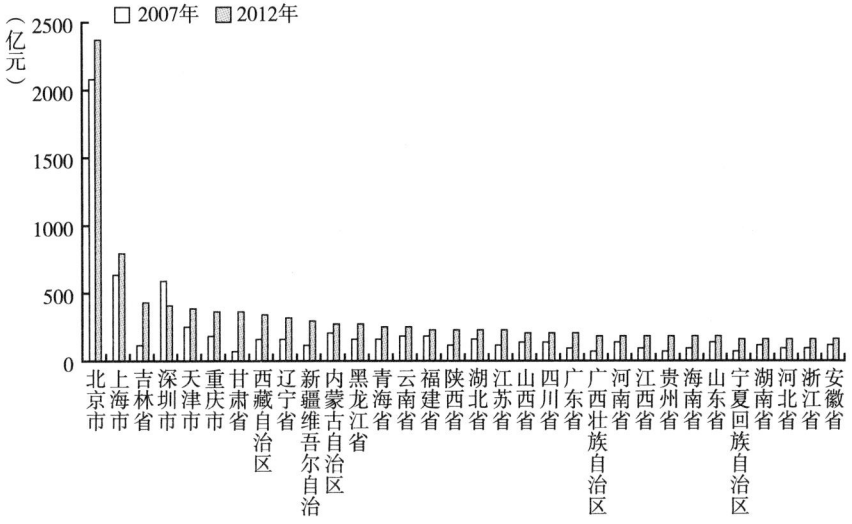

图5　各地区大额实时资金平均每笔交易金额

二　地区间资金流动情况

各省市之间的大额实时支付系统资金流动反映了它们的经济、金融联系。在总体上,大额实时支付系统在各地区内部的交易规模与地区间交易规模保持着相对稳定的比例,为55%~56%,2012年也同样在这个区间内。

在地区间资金流动模式上,除了深圳之外,各省市大额实时

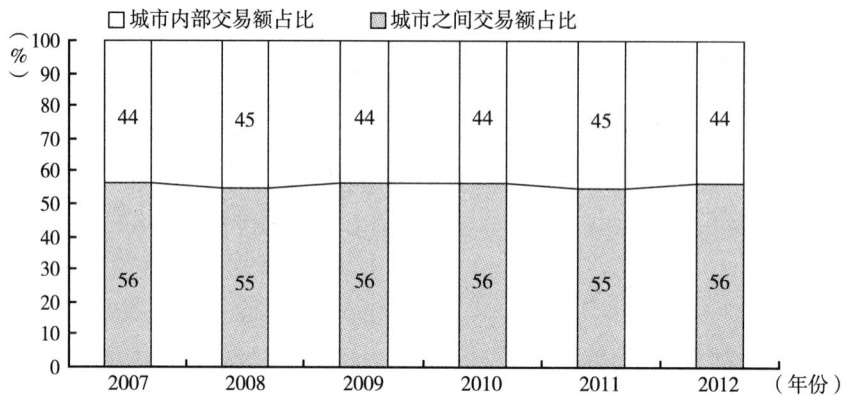

图6 大额实时支付系统在各地区内部及地区间交易规模比例

支付系统资金流动最大的交易对象是自己,并且其比重都在30%以上;与此同时,有近一半的省市与自身的资金交易比重接近或超过50%。深圳大额实时支付系统资金流动的最大交易对象不是本市(占比28%),而是北京(占比41%)。除此之外,上海、天津、福建等省市与北京的资金交易比重也接近于同自身的交易。

图7显示,北京与其他地区之间的资金流动比重保持了近年来的上升趋势,从2011年的41%变为44%;北京与上海之间资金流动所占比重与2011年相同,不过北京与深圳之间的资金流动所占比重则继续下降,从2011年的7%变为2012年的6%,再次下降1个百分点。上海与深圳同其他地区之间的资金流动比重都保持了2011年的水平不变,分别为11%和4%。10%的水平。其他地区相互之间的资金流动比重由2011年的18%变为17%,下降了1个百分点。从2012年各地区之间资金流动的比重来看,结合近几年的趋势,北京的金融枢纽地位似乎有所强化,而深圳的地位则在进一步弱化。由于其巨大的资金流动规模,即使在三个枢纽城市之中,北京也居于主导地位,它与上海、深圳之间的

资金交易关系在很大程度上决定了后两者在全国资金流动体系中的地位。

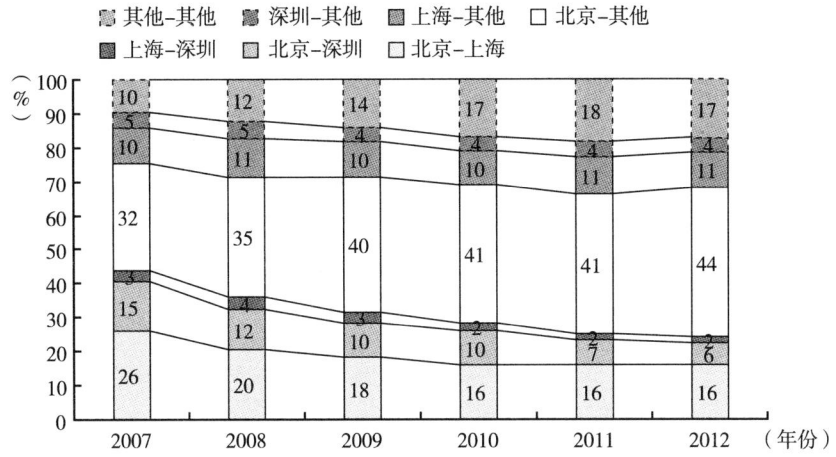

图7 大额实时支付系统地区间交易状况

为了更好地了解地区间的资金流动模式，我们同样用聚类分析方法对各省市进行分类。由于相比于年度数据，各年加总数据的分析效果更好，也更具代表性，因此我们采用的原始数据为2007~2012年各城市资金交易占比（见表1），交易占比大，则意味着两城市间经济关系紧密。

聚类步骤如图8所示，所有32个省市按照资金关系紧密程度逐渐被归类，并最终合并为一个总体。从聚类过程，我们可以看到，北京、上海、深圳、广东、福建、天津、海南等沿海发达地区之间关系紧密，首先被聚为一类。其他城市之间的聚类情况也与地缘因素密切相关。如，湖北、湖南、江西的聚类；辽宁、吉林、黑龙江的聚类；内蒙古、宁夏的聚类；河北、山西的聚类；甘肃、青海的聚类；四川、贵州、云南的聚类；江苏、浙江的聚类；这些都是地理上相互接壤的省份。由此可见，地域相邻还是决定经济联系的主要因素。

表1　各省市大额实时资金交易比重

单位：%

	北京市	天津市	河北省	山西省	内蒙古自治区	辽宁省	吉林省	黑龙江省	上海市	江苏省	浙江省	安徽省	福建省	江西省	山东省	河南省
北京市	48	1	1	1	1	2	1	1	14	3	3	1	2	1	2	1
天津市	31	35	2	1	0	2	1	1	10	2	2	0	2	0	2	1
河北省	27	2	51	1	0	1	0	0	3	1	1	0	2	0	2	1
山西省	26	1	1	52	1	1	0	0	3	1	1	0	2	0	2	2
内蒙古自治区	31	1	1	1	49	1	1	0	3	1	1	0	2	0	1	1
辽宁省	26	1	1	1	1	43	2	2	5	2	2	0	3	0	2	1
吉林省	24	1	1	0	1	4	41	2	4	2	3	0	2	1	2	1
黑龙江省	28	2	1	0	0	4	2	41	4	2	1	0	3	0	2	1
上海市	35	1	0	0	0	1	0	0	40	3	2	1	3	0	1	1
江苏省	25	1	0	0	0	0	1	0	9	48	3	1	2	0	2	1
浙江省	21	1	0	0	0	1	1	0	8	3	50	1	2	1	2	1
安徽省	27	0	0	0	0	1	0	0	6	3	2	50	2	0	1	1
福建省	25	1	1	1	0	2	1	1	13	3	2	1	30	1	2	1
江西省	30	0	0	1	0	1	0	0	4	2	3	0	3	43	1	1
山东省	23	1	1	1	0	1	1	0	6	2	2	0	2	0	50	1
河南省	19	1	1	1	0	2	1	1	5	3	3	0	2	0	2	46
湖北省	30	0	0	0	0	1	1	1	5	1	2	0	4	0	1	2

续表

	北京市	天津市	河北省	山西省	内蒙古自治区	辽宁省	吉林省	黑龙江省	上海市	江苏省	浙江省	安徽省	福建省	江西省	山东省	河南省
湖南省	26	1	0	1	0	1	1	0	6	2	2	0	5	1	1	1
广东省	26	1	0	0	0	1	0	0	8	2	1	0	2	0	1	1
海南省	30	1	0	0	0	1	0	0	6	1	1	0	1	0	1	0
广西壮族自治区	27	0	0	0	0	1	1	1	4	1	1	0	2	1	1	1
重庆市	25	1	0	0	0	2	1	1	6	2	1	0	3	0	2	4
四川省	25	1	1	0	0	2	1	0	3	1	1	1	3	0	1	1
贵州省	24	1	0	0	0	0	0	0	4	1	1	0	1	0	1	1
云南省	24	0	0	0	0	1	0	0	4	1	1	0	2	0	1	0
西藏自治区	39	0	0	0	0	1	0	0	1	0	0	0	0	0	0	0
陕西省	24	1	0	1	1	1	1	0	5	1	2	0	3	0	1	2
甘肃省	26	0	1	1	0	1	1	0	4	1	1	0	0	0	2	1
青海省	29	0	0	0	0	0	0	0	2	1	1	0	0	0	1	0
宁夏回族自治区	32	1	0	0	1	1	0	1	4	1	2	0	1	0	2	0
新疆维吾尔自治区	28	1	0	0	0	0	1	0	4	2	2	0	2	0	1	1
深圳市	41	1	0	0	0	1	0	0	11	2	1	0	2	0	1	1

续表

	湖北省	湖南省	广东省	海南省	广西壮族自治区	重庆市	四川省	贵州省	云南省	西藏自治区	陕西省	甘肃省	青海省	宁夏回族自治区	新疆维吾尔自治区	深圳市
北京市	1	1	4	0	0	1	1	0	1	0	1	0	0	0	0	7
天津市	0	0	2	0	0	0	1	0	0	0	0	0	0	0	0	3
河北省	0	0	1	0	0	0	1	0	0	0	0	0	0	0	0	2
山西省	0	1	1	0	0	0	1	0	0	0	1	0	0	0	0	2
内蒙古自治区	0	0	1	0	0	0	0	0	0	0	1	0	0	0	0	1
辽宁省	0	1	2	0	0	1	1	0	0	0	0	0	0	0	0	2
吉林省	1	1	2	0	0	1	1	0	0	0	1	0	0	0	1	2
黑龙江省	1	1	2	0	0	1	1	0	0	0	0	0	0	0	0	2
上海市	1	1	3	0	0	0	0	0	0	0	0	0	0	0	0	5
江苏省	0	1	2	0	0	0	1	0	0	0	0	0	0	0	0	2
浙江省	1	1	2	0	0	0	1	0	0	0	0	0	0	0	0	2
安徽省	0	0	1	0	0	0	1	0	0	0	1	0	0	0	0	2
福建省	2	2	3	0	0	1	1	0	0	0	0	0	0	0	0	4
江西省	1	1	3	0	0	0	1	0	0	0	1	0	0	0	0	2
山东省	1	0	1	0	0	1	1	0	0	0	0	0	0	0	0	2
河南省	1	1	2	0	0	2	1	0	0	0	1	0	0	0	0	2
湖北省	42	1	3	0	0	0	1	0	0	0	0	0	0	0	0	2
湖南省	1	41	3	0	0	1	1	0	0	0	0	0	0	0	0	3

续表

	湖北省	湖南省	广东省	海南省	广西壮族自治区	重庆市	四川省	贵州省	云南省	西藏自治区	陕西省	甘肃省	青海省	宁夏回族自治区	新疆维吾尔自治区	深圳市
广东省	1	1	44	0	0	0	1	0	0	0	0	0	0	0	0	7
海南省	1	0	3	44	0	0	0	0	0	0	0	0	0	0	0	4
广西壮族自治区	1	1	3	0	50	1	1	0	0	0	0	0	0	0	0	2
重庆市	1	1	1	0	0	42	2	1	0	0	0	0	0	0	0	3
四川省	1	1	2	0	0	2	49	0	1	0	1	0	0	0	1	2
贵州省	1	1	2	0	1	2	2	52	1	0	0	0	0	0	0	2
云南省	0	0	2	0	0	1	1	0	54	0	0	0	0	0	0	3
西藏自治区	0	0	0	0	0	1	3	0	0	49	0	1	1	0	0	1
陕西省	0	1	1	0	0	1	1	0	0	0	51	1	0	0	0	2
甘肃省	1	1	1	0	0	0	1	0	0	0	1	49	0	0	1	2
青海省	0	0	1	0	0	0	1	0	0	0	1	2	52	0	0	1
宁夏回族自治区	0	0	1	0	0	0	1	0	0	0	2	1	0	45	0	2
新疆维吾尔自治区	1	0	1	0	0	1	2	0	0	0	1	0	0	0	48	2
深圳市	1	1	5	0	0	1	0	0	0	0	0	0	0	0	0	28

注：表格中的值是交易金额占各行所在地区总交易金额的比例。横向加总为100。(2007～2012年平均值)。

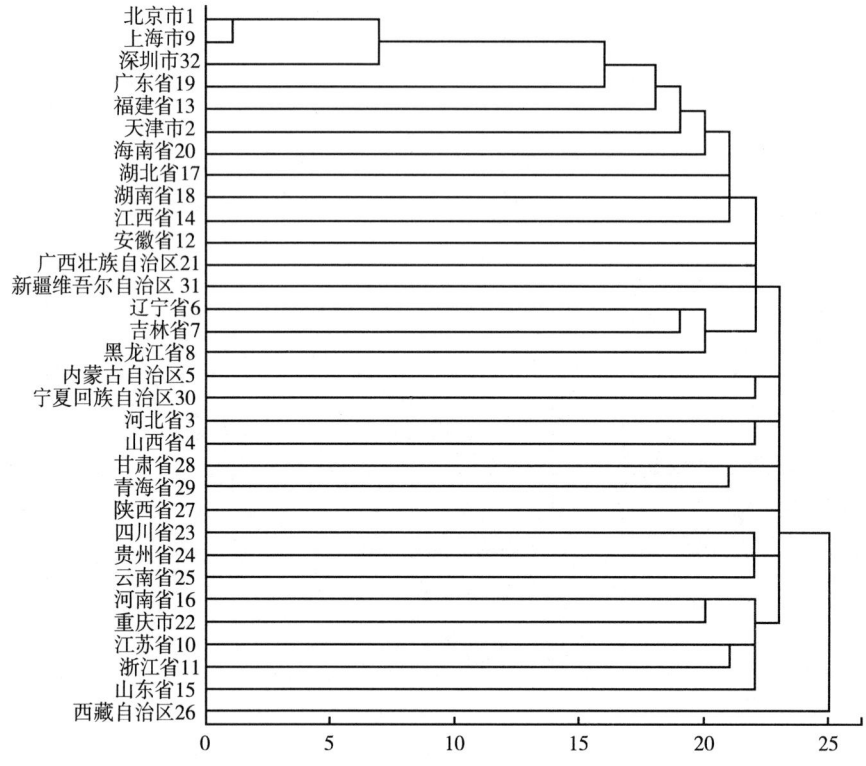

图 8 聚类分析

B.6
支付清算运行与金融系统风险的关联

支付清算体系是金融体系中最为重要的基础设施之一，它就类似于现代社会中的交通系统，保障着经济活动的顺畅进行。在现代经济中，大部分货币以银行存款的形式存在，电子化的现代支付清算体系成为交易的基本平台。而在经济运行越来越倚重于支付清算系统顺畅运行的同时，后者在经济与金融稳定中的角色也成为人们关注的一个焦点。现代支付清算体系在快捷传送资金和完成交易的同时，也为流动性的快速扩张提供了便利，可能加剧金融冲击的放大与传染，给经济体系带来不稳定因素。在这一部分，我们将从纵向和横向两个角度，考察支付清算体系与宏观经济波动之间的关系，并对金融体系的脆弱性进行评估。

一 宏观经济周期预警

宏观经济风险的一个重要来源是由于金融机构行为的高度一致性和正反馈所导致的流动性供给的顺周期性。与此同时，流动性过剩所催生的资产泡沫也是导致经济震荡的重要诱因。在金融体系中流动性状况和资产泡沫的监控方面，最常用的评价指标是信贷规模与 GDP 之比。但随着现代金融体系的不断发展，信贷规模这样的货币存量指标可能无法准确地反映经济中的实际流动性状况。例如，随着直接金融的发展，个人与企业以及企业之间的信用融通不需要通过信贷方式就可以实现，在这种情况下，信贷规模就会低估经济中的流动性供给水平。另一种可能的情形是，在经济不景气的情况下政府鼓励银行投放信贷以刺激经济，但企业拿到贷款之后却无处使用，只能停留在账面上。这时信贷规模实际上高估了经济中的流动性供给水平。因此，我们试图基于支付清算数据来更为准确地度量经济中实际发生的金融交易，作为流动性供给和宏观经济周期监控的指标。

我们首先来对比支付清算指标与 M2 这样的传统流动性指标在动态上存在着什么样的差异。为了消除时间趋势并使得数据动态更为鲜明，我们对 M2 的季度增量取对数之后进行差分，这样得到的结果相当于 M2 季度增量的变化率，再与经过相应处理的支付清算数据进行比较。

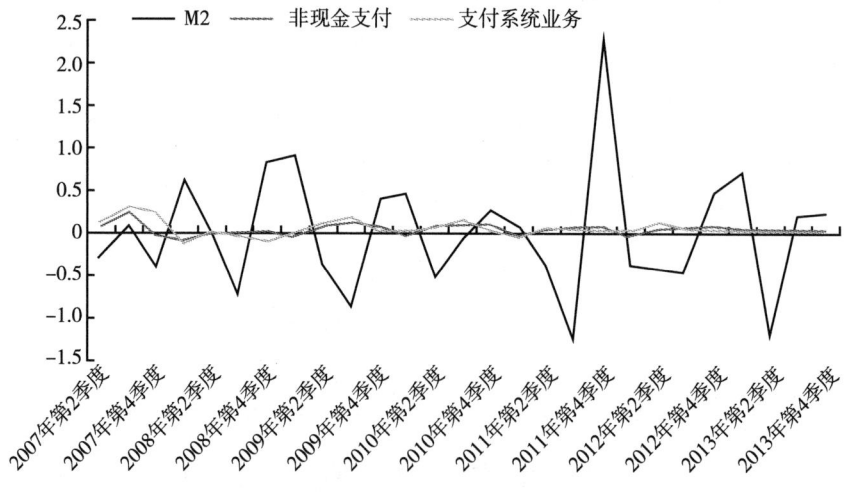

图1　M2 季度增量与支付清算业务金额的变化率

从图 1 可以看到，M2 季度增量的变化率有着比支付清算更大的波幅，同时也有着很强的季节性。实际上，回归分析发现，M2 季度增量的变化率在第一和第四季度都有很强的上行趋势，它与常数项一起可以解释 M2 季度增量变化率波动的约 40%。为此，我们将 M2 季度增量和支付清算数据的季节波动消除，再进行比较。

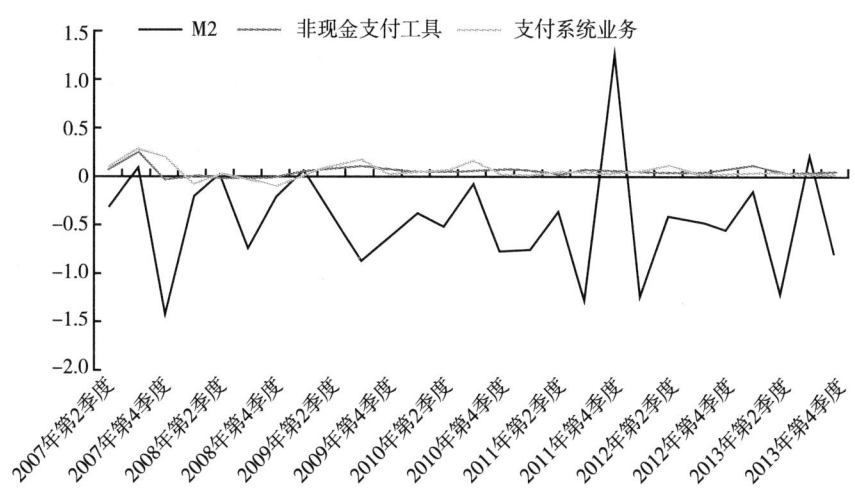

图 2　去除季节波动之后的 M2 季度增量与支付清算业务金额的变化率

在消除季节波动之后，M2 增量的变化率明显变得平缓了，同时可以看到，其均值在 0 之下，这意味着虽然 M2 存量在不断上升，但是其季节增速却在下降。消除季节波动之后，从图上看起来 M2 季度增量与支付清算数据的同步性也有改善，尤其是在样本区间的早期，它们都在 2007 年第三季度攀高，然后在第四季度回落。不过在整个时域内，回归分析却显示，在两者的变化率之间不存在显著的相关性。用银行结算账户作为支付清算活动指标，与 M2 季度增量的计量分析也同样没有找到相关性。这种看起来不太正常的结果有两种解释：第一，如前所述，货币存量并不是反映金融体系活跃程度的良好指标；第二，M2 与支付清算活动之间原本存在一定相关性，但由于货币当局将前者作为货币政策的中介目标，使得其波动中包含了当局的逆周期操作，因此与金融活动的相关性减弱。无论属于上述哪种原因，都意味着 M2 作为宏观经济波动监测指标可能并不合适。

在这种情况下，我们考虑用支付清算指标来更为精确地反映经济中的金融活跃程度或流动性状况。这其中的一个有利因素是，通过前面的分析我们已经知道在支付清算活动与GDP之间存在着较为稳定的相关关系。因此，创造一定数量的GDP对应着一定的支付清算交易规模，如果支付清算活动的总量显著地高于这一正常值，那么就意味着其中可能夹杂着过多的泡沫或投机成分。通过对基于支付清算数据拟合的GDP增长率的残差分析，我们可以较为精确地把握这种偏离程度。

图3给出了基于非现金支付工具拟合的GDP季度环比增长率的残差。需要注意的是，由于非现金支付工具对GDP影响的滞后性，在图中拟合的GDP季度增长率是三期之后的。可以看到，在2007年第四季度、2008年第四季度和2010年第三季度，基于当时非现金支付工具规模计算的拟合值都显著低于实际GDP增长率，而在2012年第三季度之后，拟合值则显著高于实际GDP增长率；不过，无论在哪一个区间，都没有残差连续地保持较大正值或负值的情况。这种残差动态基本符合我们的直觉，即在2007年底次债危机爆发后，金融活动受到很大冲击，金融市场流动性也趋于紧张，在近两年随着危机阴影逐渐消除，金融活动也开始活跃。

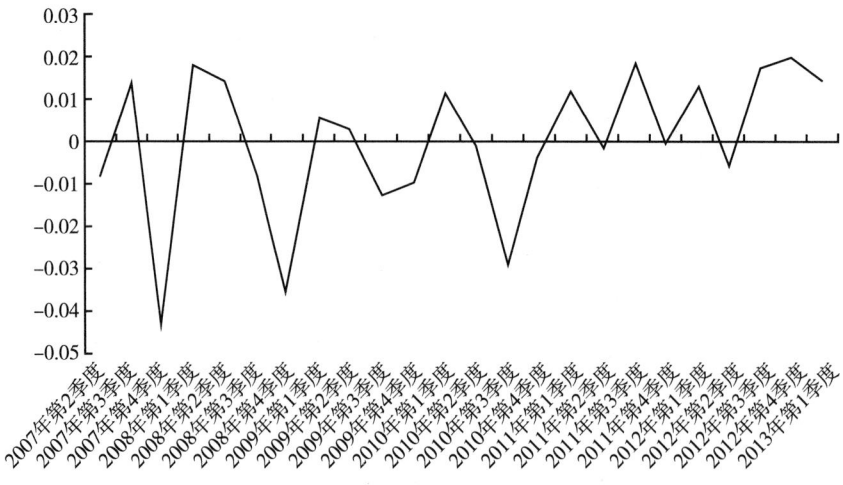

图3　基于非现金支付工具的GDP季度环比增长率拟合残差

支付清算运行与金融系统风险的关联

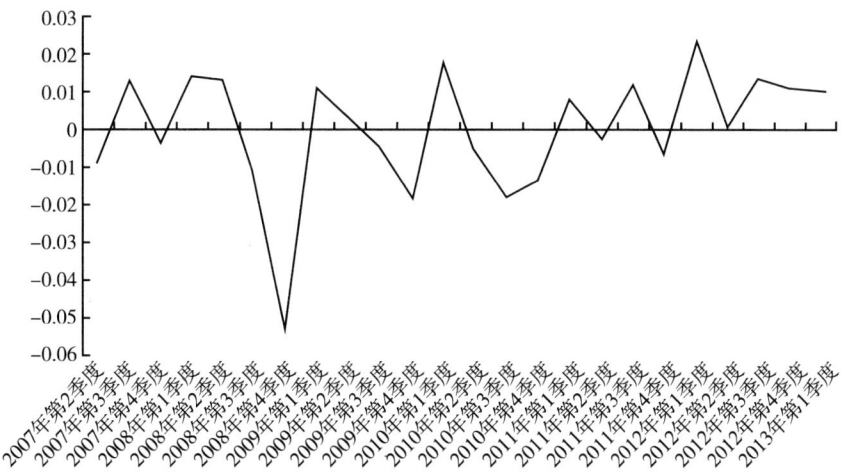

图 4　基于非现金支付工具与支付系统数据的 GDP 季度环比增长率拟合残差

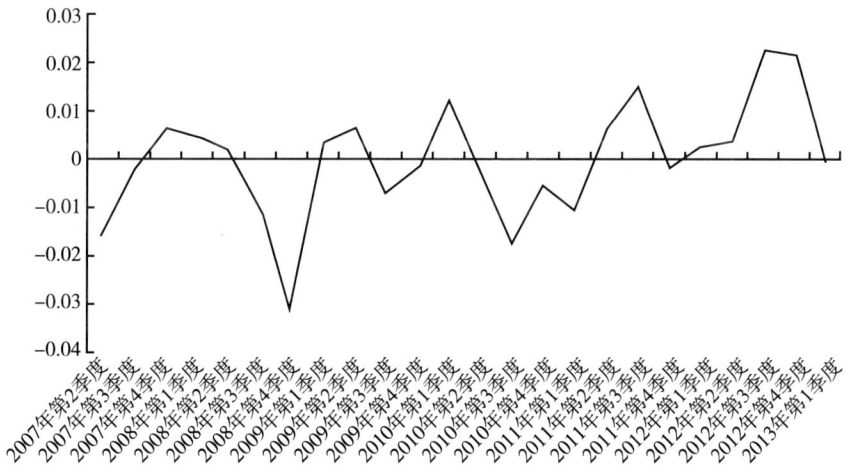

图 5　基于综合支付清算数据的 GDP 季度环比增长率拟合残差

显然，这种宏观经济波动监测方法的准确性取决于支付清算指标与 GDP 之间关系的稳定性和拟合精度。为此我们又给出了基于非现金支付工具与支付系统数据两者的 GDP 增长率拟合残差和基于包括银行结算账户数量在内的综合支付清算数据的 GDP 增长率拟合残差。可以看到，在总体趋势上，这两者与图3相同，呈现出拟合值前低后高的态势。不过随着拟合精度的提高，残差的波动也发生了变化，三者的波谷都集中在2008年的第四季度，波峰则在2012年第三、第四季度之间游移。结合这两个区间的金融市场数据和货币当局操作来看，拟合残差的波动在相当程度上反映了当时的流动性状况。

由于数据长度的限制，我们无法对于支付清算指标在宏观经济周期监测上的效果做更深入的验证，不过就已有的测试来看，将其加入宏观经济波动风险监测体系能够发挥一定的参考作用。与此同时，通过更为精细的计量工具来确定支付清算指标与GDP之间关系的时间趋势与影响因素，并且结合其他指标来对其进行校准，将是下一步的工作。

二 银行间资金流动与金融体系稳定性

与前面宏观经济风险的时间维度相对应，由于金融体系结构而产生的金融脆弱性则是宏观经济风险的空间维度。金融机构之间的资金流动模式在相当程度上反映了它们之间的业务关系和可能的风险传染渠道，因此也是分析金融体系稳定性的一个重要侧面。

首先，在总量上，从金融机构在资金流动中的份额来看，2011到2012年基本没有什么变化，仅仅是股份制商业银行的比重上升了1个百分点，"其他"类银行的比重则相应下降了1个百分点，国有商业银行和城市商业银行的比重没有什么变化。从连续几年的变动情况来看，似乎在2008年国有商业银行份额滑落之后，市场结果进入了相对稳定的状态，虽然股份制商业银行与城市商业银行的比重有上升趋势，但并不是非常明显。

在平均每笔交易金额上，2012年仍然是政策性银行和"其他

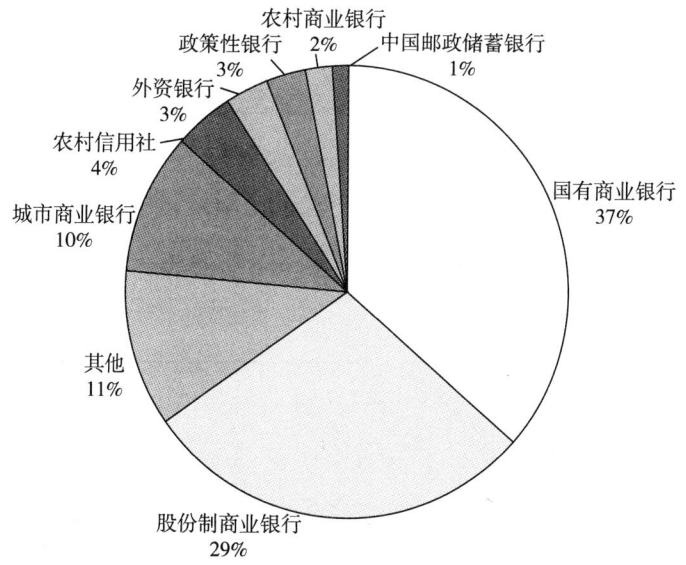

图6 各类金融机构在大额实时支付系统中所占比重（2012年）

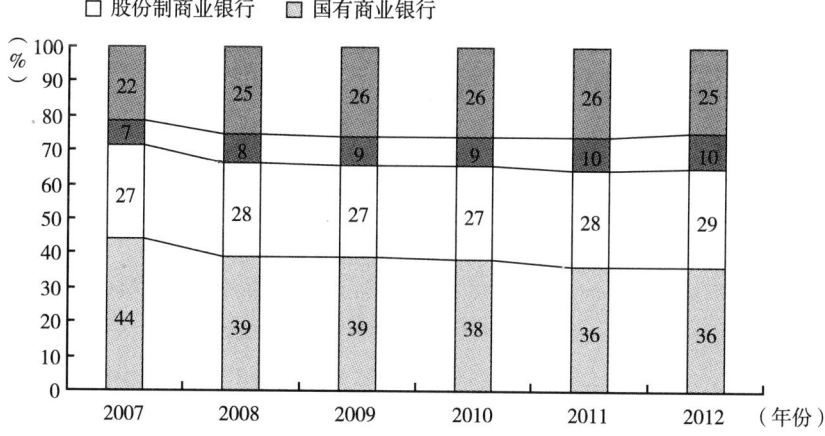

图7 各类金融机构在大额实时支付系统中的比重变化

金融机构"的数值最大，远远领先于其后的外资银行，农村信用社和城市信用社的金额则最小。只要各类金融机构的业务类型不发生大的转变，这种交易的平均规模分布也不会出现明显变化。

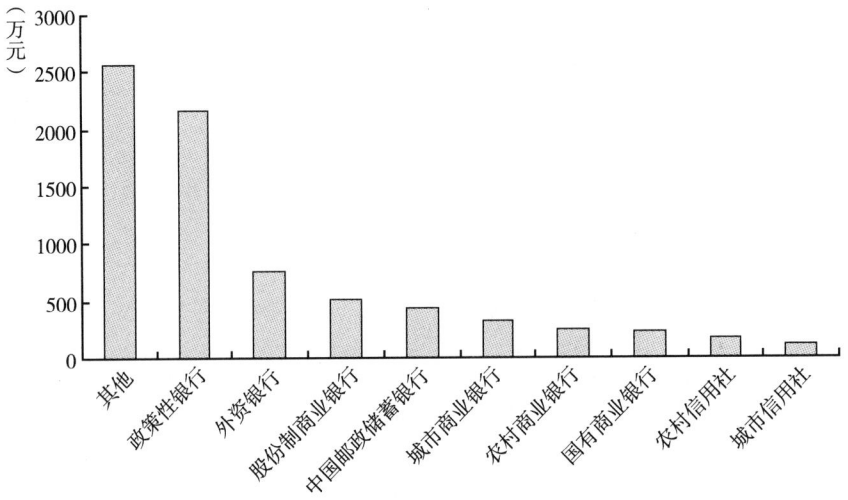

图8　各类金融机构在大额实时支付系统中的平均每笔交易金融

从各金融机构的资金流入流出情况来看，在2012年，绝大部分类型的银行和信用社在大额实时支付系统中都是资金净流入，只有邮政储蓄银行由去年的资金净流入变为了净流出，同时城市信用社的资金净流入数量也明显下降。

表1　各类金融机构的资金流入情况

机构类型	2007年	2008年	2009年	2010年	2011年	2012年
国有商业银行	40452	156564	141810	169464	172844	154045
股份制商业银行	31409	119481	129941	160216	169163	190350
城市商业银行	9754	42194	47794	71459	85695	92354
政策性银行	9022	28350	22301	24891	16885	16647
农村信用社	-943	12546	13297	18274	14554	15609
外资银行	-1363	7081	7698	13106	16044	17442
农村商业银行	611	2304	2578	4999	14402	17517
中国邮政储蓄银行	-298	1944	951	3090	1326	-535
城市信用社	555	1475	985	446	154	33
其他	-89198	-371938	-367354	-465946	-491067	-503461

支付清算运行与金融系统风险的关联

在资金流向上,从2010年至2012年的三年里,同类金融机构内部的资金流转与不同类型机构间资金流转的比例都保持在43∶57的水平上。2007年以来,同类金融机构内部资金流转比重显著下降的趋势暂时停滞了。这一点与各类金融机构在大额实时支付系统中的比重变化也形成了对应。

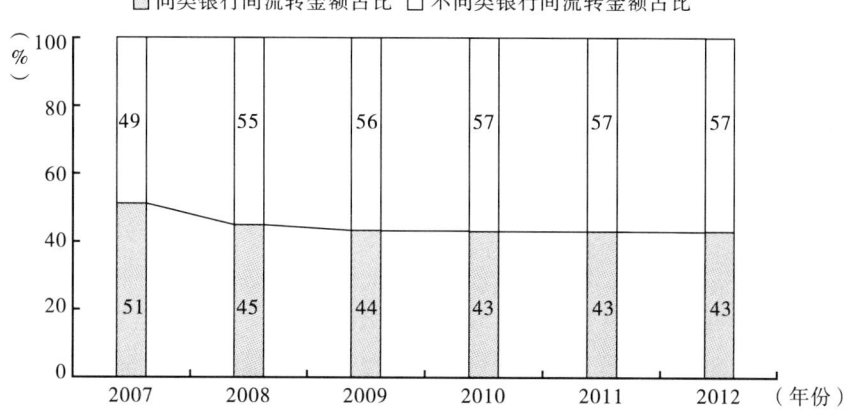

图9 同类金融机构内部资金流转比例

在同类机构内部的资金流转总量中,2012年国有商业银行内部的资金流动占了一半,比上一年稍有提高。股份制商业银行的比重为36%,也比上一年提高的一个百分点。与此相应的,是"其他"类金融机构的比重较2011年下降了2个百分点,变为4%。

在不同类型金融机构之间的资金流转方面,各类金融机构基本保持了上一年的比重,变化仅发生在除了国有商业银行、股份制商业银行和城市商业银行的其他类型机构之间。这个格局也再次强化了前面的图表分析所给出的印象,即国有商业银行在前几年的滑落之后,已经基本稳住并巩固了自己在资金周转体系中的地位;股份制商业银行与城市商业银行有继续上升的趋势,但是并不太明显。

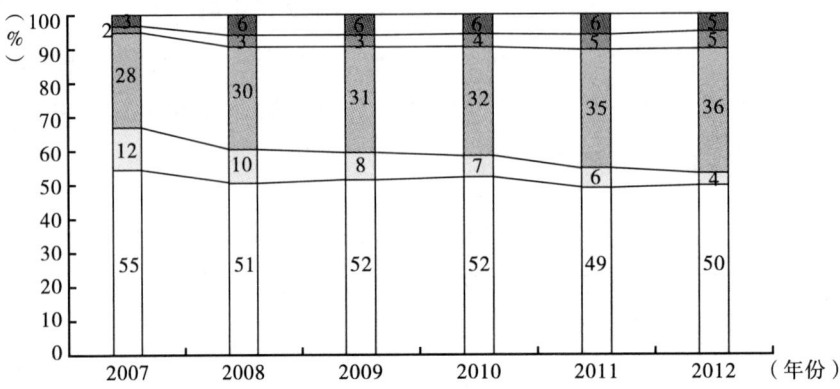

图10 各类金融机构内部资金占比变化

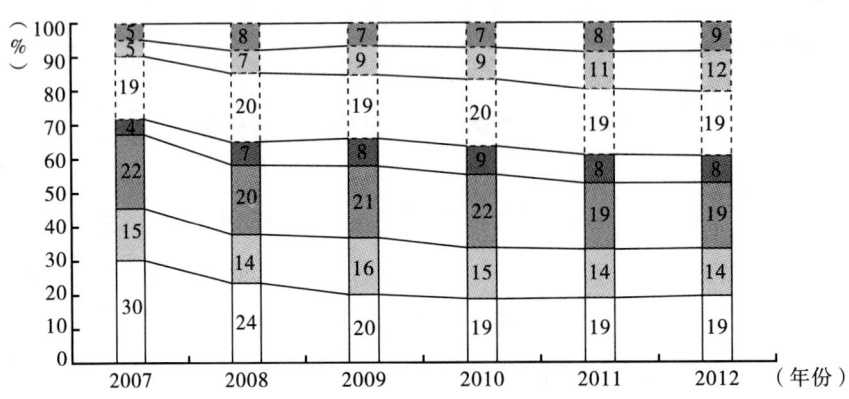

图11 不同类型金融机构之间资金流动占比变化

表2更为具体地显示了大额实时支付系统内的资金交易状况。从表中可以看到，对于大部分金融机构类型而言，国有商业银行和股份制商业银行是主要的资金交易对象。这其中的两个例外是外资银行和"其他金融机构"，它们的最大份额的资金流动都发生在同类机构之间。

表2　各类金融机构的资金交易比重

单位：%

	城市商业银行	城市信用社	股份制商业银行	国有商业银行	农村商业银行	农村信用社	其他	外资银行	政策性银行	中国邮政储蓄银行
城市商业银行	20	0	26	26	2	6	11	2	5	2
城市信用社	18	1	24	30	0	12	14	0	1	0
股份制商业银行	8	0	52	21	1	5	8	2	2	1
国有商业银行	6	0	15	59	1	4	11	2	1	1
农村商业银行	17	0	24	26	3	7	15	1	6	1
农村信用社	12	0	28	31	2	9	14	0	3	1
其他	9	0	18	34	1	5	24	3	3	1
外资银行	5	0	19	21	0	1	9	41	3	1
政策性银行	18	0	19	18	3	4	14	4	18	3
中国邮政储蓄银行	14	0	23	31	1	4	17	2	8	0

注：表格中的值是交易金额占各行金融机构总交易金额的比例。横向加总为100%。（2007~2012年平均值）。

为了对银行间的资金流动模式进行综合分析，我们对2007~2012年各银行资金交易占比进行了相关性分析，相关系数大，则意味着两种银行的交易模式类似。相关系数如表3所示：

表3　各银行资金交易占比相关性

	城市商业银行	城市信用社	股份制商业银行	国有商业银行	农村商业银行	农村信用社	其他	外资银行	政策性银行	中国邮政储蓄银行
城市商业银行	1	0.962	0.804	0.735	0.988	0.956	0.815	0.266	0.837	0.943
城市信用社	0.962	1	0.739	0.8	0.968	0.974	0.874	0.229	0.725	0.93
股份制商业银行	0.804	0.739	1	0.455	0.784	0.831	0.573	0.336	0.603	0.726
国有商业银行	0.735	0.8	0.455	1	0.771	0.819	0.876	0.336	0.531	0.844
农村商业银行	0.988	0.968	0.784	0.771	1	0.972	0.881	0.252	0.843	0.974
农村信用社	0.956	0.974	0.831	0.819	0.972	1	0.892	0.288	0.733	0.954

续表

	城市商业银行	城市信用社	股份制商业银行	国有商业银行	农村商业银行	农村信用社	其他	外资银行	政策性银行	中国邮政储蓄银行
其他	0.815	0.874	0.573	0.876	0.881	0.892	1	0.326	0.673	0.939
外资银行	0.266	0.229	0.336	0.336	0.252	0.288	0.326	1	0.2	0.329
政策性银行	0.837	0.725	0.603	0.531	0.843	0.733	0.673	0.2	1	0.848
中国邮政储蓄银行	0.943	0.93	0.726	0.844	0.974	0.954	0.939	0.329	0.848	1

从表格中可以看出城市商业银行、城市信用社、农村商业银行、农村信用社等小型金融机构的交易模式相关性较高，而外资银行与其余任何金融机构之间的交易模型相关性都比较弱。

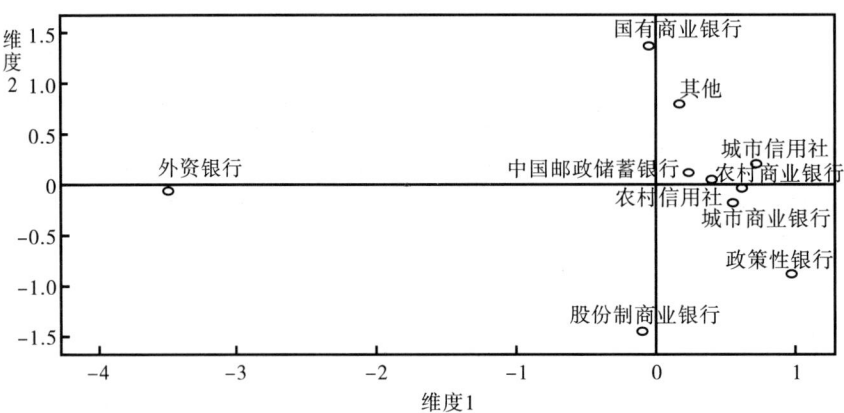

图12 我国各类金融机构资金流动模式的相关关系

图12直观地给出了我国各类金融机构在资金流动模式上的相关关系。可以看到，邮政储蓄银行、城市商业银行、农村商业银行等在银行体系中处于较"边缘"位置的金融机构在交易模式空间中更为接近，我国银行体系的主要参与者，国有商业银行和股份制

商业银行，分别处在相对独立的位置上，这意味着它们作为市场主导者有着各自的独特资金流动模式，外资银行则位于坐标的偏远处。在很大程度上，资金交易模式空间的位置是由银行在市场中的地位所决定的。从系统安全的角度上来看，多样化和分散化的资金流动方式有助于防止行为同质性和顺周期性，但是另一方面，类似于外资银行这样主要专注于同类型机构之间的交易，又会导致金融体系的疏离和碎片化，使之难以形成有足够缓冲的网络来应对外部冲击。因此，如何形成更为合理的机构间资金流动模式，还需要进一步的讨论和探索，更为细密的数据也是其中的必要条件。

B.7
支付清算运行与货币政策

一 支付清算体系对货币政策的影响

(一)支付清算体系与货币政策基本概念

支付清算体系是中央银行向金融机构及社会经济活动提供资金清算服务的综合安排,包括硬件和软件设施的安排。具体说来,支付清算体系的内容主要包括:清算机构、支付结算制度、支付系统、银行间清算制度与操作。由中央银行为各金融机构开展清算业务,既能保证结算渠道的畅通,加速商品流通和资金周转,保证经济生活的正常运行,又能使中央银行从宏观层面上及时掌握社会资金及经济状态,为政策调控提供依据。

货币政策是指中央银行为实现国民经济的各种目标,如稳定物价、促进经济增长所进行的控制货币供给和信贷的行动。货币政策工具主要包括:第一,法定存款准备金率;第二,公开市场操作;第三,再贴现率。另外,中央银行还会在一些领域的信用方面加以调节,如优惠利率、消费者信用控制、预缴进口保证金、证券市场信用控制等。

(二)支付清算体系对货币政策工具的影响

支付清算体系的大力发展,有力地促进了货币政策存款准备金管理和公开市场操作的效率。央行在进行存款准备金考核时,支付清算体系为其提供准确即时的信息，央行可以根据该信息进行判断、控制和调整其法定存款准备金的缴存额度。中央银行的公开市场操作系统和支付清算系统的国家处理中心由中央债券簿记系统的一个物理接口相连。当央行进行公开市场操作时，该系统向支付清算系统发出第三方指令，由国家处理中心办理即时转账，再由中央债券簿记系统同步完成债券过户。在这种情况下，资金清算和债券交割的速度都会得到很大的提升。

（三）支付清算体系对货币政策传导的影响

支付清算系统连接着各金融机构和金融市场，已经成为货币政策传导的重要渠道，是支持金融市场交易服务货币政策运行的重要机制。在发达的支付清算体系支持下，资金的清算速度能够更加快捷便利，金融机构也更容易捕捉与货币政策相关的信息，这可以使其对货币政策变化做出迅速的反应，从而可以有效缩短货币政策传导中的时滞。随着货币政策时滞的缩短，货币政策传导的时效性得以大幅度提高。

（四）支付清算体系对货币政策中介目标的影响

随着支付工具的快速创新，支付清算体系对货币供求关系产生冲击，进而影响对货币供给量的测度与控制。可以采用技术手段消除部分影响。例如，可以加强对货币流通和相关经济指标的观测、对基础货币的对冲等。支付清算体系对与货币的可测性的影响是持续的，虽然可以采用技术手段消除部分影响，但是这种影响明显会降低货币供给量作为货币政策中介目标的有效性。另外，支付体系可以积累大量的信息，这些信息在反映货币政策效果上具有重要的参考价值。其中，有两类信息尤其要注意，一是金融机构的头寸，二是地区间的资金流向和流量，支付体系所积

累的这两类信息对于反馈货币政策的效果作用显著。

整体看,支付清算体系最重要的功能还在于为支付提供了重要的通道。另外,支付清算体系改变了货币政策的一些前提和基础,为货币政策的研究提供了一个新的视角。支付清算体系对货币政策的影响虽然重要,但它代替不了货币政策工具的操作。虽然支付是货币的基本属性之一,但就中央银行货币政策的视角看,支付清算体系只是对货币政策带来影响的外在条件之一。

二 非现金支付工具对货币供给的影响

(一)2013年非现金支付工具与货币供给概况

1. 非现金支付工具概况

支付工具是指各种可用来清偿主体间由于商品交换和劳务活动引起的债券债务的手段和方式的总和,一般可以分为现金支付工具和非现金支付工具两大类。现金支付工具是指纸币和硬币等流通中的现金,非现金支付工具包括电子支付、银行卡、票据以及汇兑等其他业务。近年来,随着支付基础设施的不断建成和完善、支付服务组织的健全以及社会信用的发展,非现金支付工具在社会经济活动中发挥着越来越重要的作用,非现金支付在整个支付体系中的比重持续增加。非现金支付工具的快速变动对货币政策的影响较为深远,我们在本节专门尝试对此进行实证分析。

首先,我们在前面章节已经提到,2013年电子支付业务增长较快,尤其是移动支付业务保持高位增长(见表1)。

支付清算运行与货币政策

表1　2013年电子支付业务笔数及同比增长

	业务笔数(亿笔)	同比增长(%)	交易金额(万亿)	同比增长(%)
网上支付业务	257.83	27.40	1075.16	29.46
电话支付业务	4.35	-6.59	4.74	-8.92
移动支付	16.74	212.86	9.64	317.56

资料来源：中国人民银行。

其次，银行卡发卡量平稳增长，北京、上海信用卡人均拥有量远高于全国平均水平。2013年，全国共发生银行卡业务475.96亿笔，同比增长22.31%，增速放缓0.09个百分点，金额为423.36万亿元，同比增长22.28%，增速加快15.38个百分点。

此外，票据业务量同比下降，实际结算商业汇票业务量同比上升。2013年，全国共发生票据业务6.93亿笔，金额为287.70万亿元，同比分别下降11.61%和2.93%。其中，实际结算商业汇票业务1630.67万笔，金额为18.24万亿元，同比分别增长4.98%和13.57%，但支票业务和银行汇票业务笔数和交易金额均出现不同程度的下降。

表2　票据业务笔数与交易金额概况

	业务笔数	同比增长(%)	交易金额(万亿)	同比增长(%)
支票业务	6.67亿笔	-11.77	259.56	-3.43
实际结算商业汇票	1630.67万笔	4.98	18.24	13.57
银行汇票业务	377.13万笔	-19.63	2.16	-20.14
银行本票业务	626.17万笔	-12.90	6.03	-15.14

资料来源：中国人民银行。

最后，汇兑业务继续保持快速增长。2013年，全国共发生汇兑、委托收款、托收承付等结算业务18.69亿笔，金额896.50万亿元，同比分别增长29.52%和39.27%，增速分别加快9.62个百分点和4.97个百分点。其中，汇兑业务达18.37亿笔，金额为880.42万亿元，分别占汇兑、委托收款、托收承付总业务量的98.28%和98.21%，同比分别增长30.28%和39.97%，增速分别加快10.08个百分点和4.97个百分点。

2. 货币供给概况

2013年，中国人民银行根据党中央和国务院统一部署，坚持稳中求进的工作总基调，实施了稳健的货币政策。2013年前几个月货币信贷和社会融资总量增长偏快的势头得到控制，全年趋近于预期目标，对经济薄弱环节的资金支持力度进一步加大。

据统计，2013年末，广义货币供应量M2余额为110.7万亿元，同比增长13.6%，增速比上年末略低0.2个百分点，与年初确定的调控目标较为接近。M2同比增速1~5月较高，6月后稳步回落，年末较当年最高点回落2.5个百分点。狭义货币供应量M1余额为33.7万亿元，同比增长9.3%，增速比上年末高2.8个百分点。流通中货币M0余额为5.9万亿元，同比增长7.1%。全年现

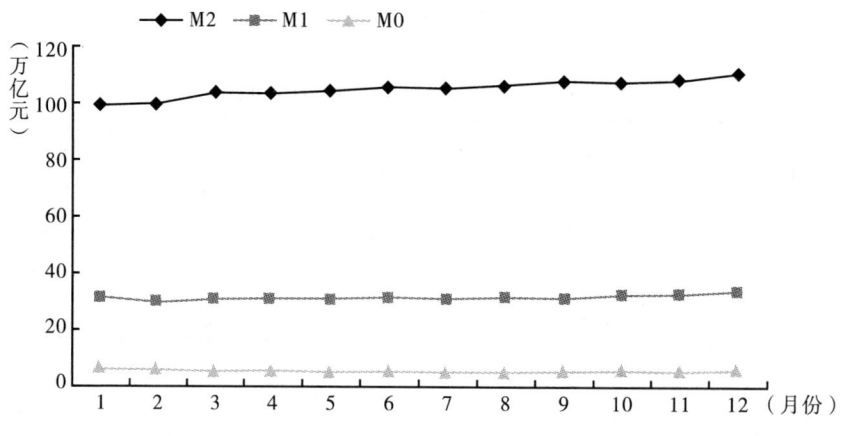

图1　2013年1~12月M0、M1、M2余额

资料来源：中国人民银行。

金净投放3899亿元,与上年基本持平。基础货币余额为27.1万亿元,同比增长7.4%,比年初增加1.9万亿元。货币乘数为4.08,比上年末高0.22。金融机构超额准备金率为2.3%,其中,农村信用社的占比为7.3%。

(二)非现金支付对货币供给的影响机理

1. 非现金支付对货币乘数的影响

货币供应量的公式可以表示为:M = B × K,其中B表示基础货币,K表示货币乘数,即货币供给量为基础货币与货币乘数之积。其中,货币乘数的计算公式为:

$$K = (Rc + 1)/(Rd + Re + Rc)$$

其中,Rd、Re、Rc分别代表法定准备金率、超额准备金率和现金在存款中的比率,即现金漏损率。Rd是外生变量,所以非现金支付主要通过Rc和Re对货币乘数产生影响。

Rc为现金漏损率,可以用M0/(M1 - M0)进行度量,相对于现金支付业务,非现金支付的发展更快,从而使现金漏损率减小。1990年现金漏损率为0.61,2013年仅为0.21,下降幅度明显。在Re、Rd保持不变的前提下,货币乘数K随着Rc的减小呈上升趋势。

在超额存款准备金方面,随着现代支付体系的建设,非现金支付比重上升,资金汇划的在途时间大幅度下降,商业银行在支付过程中产生在途资金的可能性大大降低。一方面使商业银行资金清算的效率得到大幅度提升,另一方面也使商业银行大大降低对超额准备金的需求。如图3所示,虽然金融机构超额准备金的季节性因素明显,但是呈现很明显的下降趋势。在Rc、Rd保持不变的前提下,随着Re的下降,货币乘数K上升。

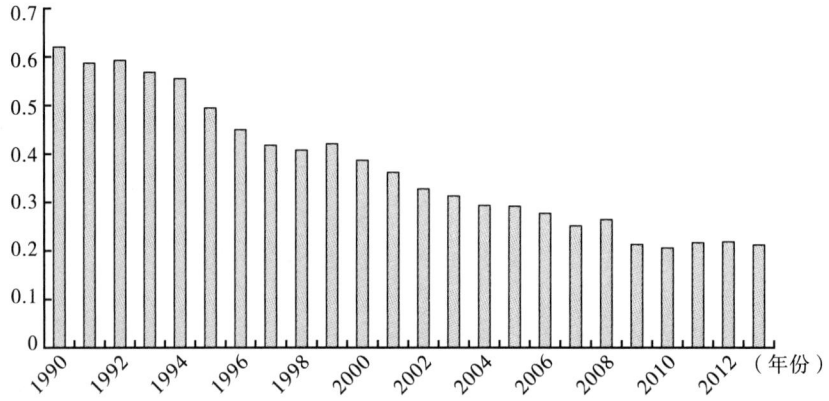

图2　1990~2013年现金漏损率 M0/（M1-M0）

资料来源：中国人民银行。

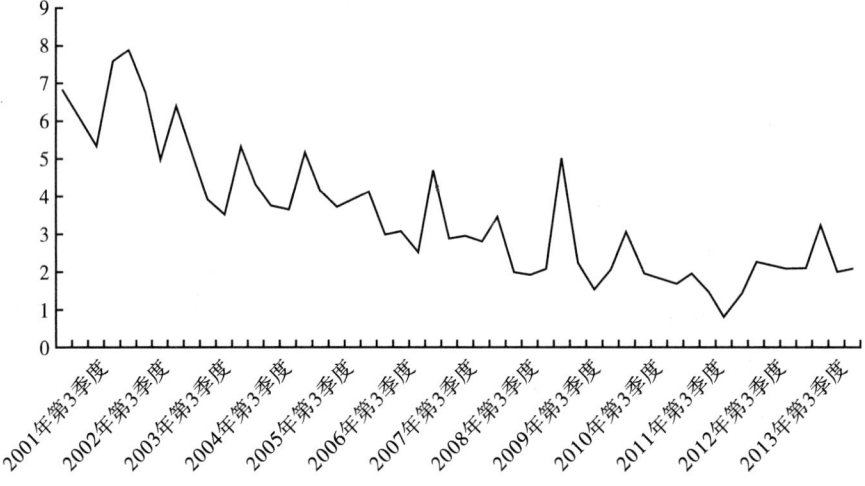

图3　2001年第一季度至2013年第二季度金融机构超额准备金率

资料来源：中国人民银行。

总体看，随着非现金支付比重的提高，无论是现金漏损率 Rc 还是超额准备金率 Re 均会下降，货币乘数 K 将会上升，从而引起货币供给的增加。

2. 非现金支付对货币流通速度的影响

由于支付清算体系的发展减少了交易中在途资金的需求，降低了由预防动机的需要所增持的货币量,从而在一定程度上增加了货币的流通速度。另外,根据资产组合理论来看,支付清算体系的发展使得流动性较低的资产(收益率较高)转化为现金或流动性较高资产(收益率较低)的成本降低,因此,人们在资产组合中会倾向于持有收益较高的资产,减少对现金的需求,从而增加了货币的流通速度。在中央银行货币发行量不变的前提下,货币周转速度的加快将增大流通中的名义货币的供应量。

(三)非现金支付工具对货币供给影响的实证分析

1. 变量的选取及模型的建立

选取非现金支付工具占 GDP 的比重作为非现金支付的发展指标,选取 M0、M1、M2 作为货币供给量。根据凯恩斯的货币需求理论,人们为何持有货币出自于三种动机,即由于交易目的产生的交易动机、应付意外事故产生的预防动机、购买证券产生的投机动机,其中前两个动机所产生的货币需求与收入有关,由投机动机产生的货币需求与利率有关,所以加入自变量 GDP 和利率。另外,根据张长征的观点(2007),认为在我国现行的外汇体制下,外汇储备的增加导致外汇占款的增加,对基础货币产生了一定的影响,须进一步考虑加入自变量外汇储备。根据以上分析,建立如下计量模型:

$$M_{i,t} = C + Noncash_t + GDP_t + Reserve_t + Rate_t + \varepsilon_t$$

其中,M_t 表示不同的货币口径 M_1、M_2、M_3,t 为时间变量,$Noncash$ 表示非现金支付占 GDP 的比重,GDP 为国内生产总值,$Reserve$ 表示外汇储备,$Rate$ 表示一年期贷款利率。

2. 数据来源及处理

所有数据范围均为 2007 年第一季度至 2013 年第四季度。其中，非现金支付数据来自于中国人民银行各季度《支付体系运行总体情况》报告，M0、M1、M2 均来自中国人民银行各季度《货币政策执行报告》，外汇储备来自于国家统计局数据库，GDP 来自中国经济统计年鉴，一年期贷款利率来自中国金融年鉴。

为消除季节性因素，我们采用 Census X12 季节调整方法对非现金支付额、M0、M1、M2、GDP 进行了季节性调整。为降低异方差的影响和增加数据的平稳性，除利率之外其他各变量均作对数处理。

3. 平稳性检验

为防止伪回归的出现，时间序列首先要进行平稳性检验。单位根检验是判断数据平稳性常用的方法，单位根检验主要有 DF、ADF 以及 PP 检验方法，本文选用最常用的 ADF 方法对各变量进行单位根检验，检验结果见表3。

表3 单位根检验结果（2007 第1 季度~2013 第4 季度）

变量名称	检验形式(C,T,L)	ADF 检验统计量	1%水平临界值	5%水平临界值	10%水平临界值	是否平稳
LNM_0	(C,T,0)	-1.001	-4.339	-3.588	-3.229	不平稳
$DLNM_0$	(C,0,0)	-5.349	-3.711	-2.981	-2.630	平稳
LNM_1	(C,T,1)	-1.332	-4.356	-3.595	-3.233	不平稳
$DLNM_1$	(C,0,2)	-3.531	-3.832	-3.030	-2.655	平稳
LNM_2	(C,T,5)	-2.392	-4.616	-3.711	-3.298	不平稳
$DLNM_2$	(C,0,2)	-34.167	-2.741	-1.968	-1.604	平稳
$LNNoncash$	(C,T,1)	-2.078	-4.356	-3.595	-3.233	不平稳
$DLNNoncash$	(C,0,1)	-5.115	-3.724	-2.986	-2.633	平稳
$LNGDP$	(C,T,1)	-2.634	-4.356	-3.595	-3.233	不平稳
$DLNGDP$	(C,0,0)	-3.030	-3.711	-2.981	-2.6306	平稳
$LNReserve$	(C,T,1)	-2.211	-4.339	-3.588	-3.229	不平稳
$DLNReserve$	(C,0,0)	-3.433	-3.711	-2.981	-2.630	平稳
$LNRate$	(C,T,0)	-1.512	-4.339	-3.588	-3.229	不平稳
$DLNRate$	(C,0,0)	-3.954	-3.711	-2.981	-2.630	平稳

注：1. △表示一阶差分。
   2. （C，T，L）表示检验模型中含有截距项、趋势项和滞后阶数。

根据 ADF 检验结果，各变量原序列的 ADF 统计值均大于显著水平为 10% 下的临界值，一阶差分后，LNM_0、LNM_2、$LNNoncash$ 和 $LNRate$ 在显著 1% 水平上平稳，在 5% 显著水平上平稳。

4. 最小二乘法回归

由于一阶差分后，各自变量均为平稳序列，所以可以进行最小二乘法回归。运用 Eviews，得到如下回归结果：

表4 非现金支付与货币供给的 OLS 回归结果

	M0 方程		M1 方程		M2 方程	
	（1）	（2）	（3）	（4）	（5）	（6）
C	1.9107 (0.0000)	1.8437 (0.0000)	4.0061 (0.0004)	5.2979 (0.0000)	1.0929 (0.0514)	0.9554 (0.0031)
$LNNoncash$	0.0069 (0.0024)	0.0067 (0.0007)	0.0118 (0.0494)	0.0170 (0.0009)	0.0134 (0.0002)	0.0129 (0.0001)
$LNGDP$	0.8342 (0.0000)	0.8532 (0.0000)	0.3357 (0.1695)		1.1420 (0.0000)	1.1810 (0.0000)
$LNReserve$	0.0142 (0.8185)		0.5407 (0.0046)	0.7792 (0.0000)	0.0292 (0.7583)	
$LNRate$	-0.0163 (0.0021)	-0.0167 (0.0005)	-0.0343 (0.0163)	-0.0281 (0.0373)	-0.0572 (0.0000)	-0.0582 (0.0000)
R2	0.9971	0.9971	0.9848	0.9835	0.9967	0.9967
调整后的 R2	0.9965	0.9967	0.9821	0.9814	0.9961	0.9963

通过 OLS 回归方程可以发现，非现金支付占 GDP 比重的系数为正，且均在 1% 水平上显著，这说明随着非现金支付占 GDP 比重的增加，M0 也增加。这与前文的分析相一致，当非现金支付比重增加时，一方面会导致现金漏损率和超额准备金率的下降，货币乘数将会上升，从而货币供给量增加。另一方面，非现金支付减少了交易中在途资金的需求，增加了货币的流通速度，在中央银行货币发行量不变的前提下，货币周转速度的加快增大了流通中的货币供

应量。另外,研究发现利率与M0、M1、M2存在负相关关系,且系数显著。外汇储备与M0、M2存在正相关关系,GDP与M1存在正相关关系但系数不显著,但系数均不显著。

三 流动性、货币政策与支付清算体系

(一)流动性、货币政策与支付清算体系的关系

在现代化支付体系建成之前,大部分银行对流动性采取的都是较为粗放的管理,其重点在于做好日末的头寸控制。随着支付清算体系的发展,先进的支付系统建立,资金的支付清算速度和效率得以大幅度的提高。而且对商业银行流动性管理的要求提高,主要包括两个方面:一方面加强了对商业银行资金头寸的时间管理,另一方面商业银行必须实时、动态的管理资金头寸。

支付清算体系为更好地加强对商业银行流动性的管理,设计了三种功能:以质押债券融入资金的自动质押融资机制,以透支方式融入资金的日间限额透支机制,以获取预留筹措资金时间的清算窗口时间功能。第一,自动质押融资机制。当商业银行在支付系统中的账户头寸不足时,可以向中国人民银行以质押债券的方式融入资金,等商业银行归还资金后,之前的债券会自动解押。自动质押融资机制大大增强了支付系统的流动性,扩大银行业金融机构实时支付能力,有利于提高支付系统的清算效率。第二,日间限额透支机制。中国人民银行可根据商业银行的资信和支付清算所需的资金量,设置日间透支限额,并将该限额发送至国家处理中心,由于透支所产生的利息由国家处理中心计算和扣收利息。第三,清算窗口时间功能。清算窗口时间是指在支付系统在日终清算前为清算账户头寸不足的参与者预留的筹措资金的时间,该功能有利于提高商业

银行筹措资金，弥补日间透支及清算排队等待的支付业务。以上三种功能的实施有力促进了商业银行支付清算效率的提升，提高了商业银行的流动性。

（二）钱荒解读

2013年6月，我国金融市场发生了一次大的震动。6月20日，银行间隔夜拆借利率迅速上升，曾一度攀升至13.44%，创历史新高，各期限利率也随之上升。在"优化金融资源配置，用好增强、盘活存量"总体思路的指导下，中国人民银行并没有马上出台救市措施，市场的紧张情绪进一步加剧，于是出现了所谓的"钱荒"。商业银行流动性不足，拆借利率飙升，是"钱荒"的直接表现。流动性是指商业银行满足存款人提取现金、支付到期债务和借款人正常贷款需求的能力。其中满足存款人提取现金和支付到期债务为基本流动性，再加上贷款需求提供的现金就是充足流动性。从支付角度看，商业银行流动性不足，支付能力下降，没有足够的资金用于清算或者失去现金支付的能力，利率大幅上涨，从而出现了钱荒。具体看，有以下几个原因：

第一，资金外流。一方面，2013年6月，美联社发布新闻称美联储官员正在筹划逐步退出QE的策略。另一方面，美国经济正逐步复苏，其中2013年第二季度经济增长为2.5%，超过第一季度的1.1%。此时美国对其他国家资本的吸引力增强，使得包括中国在内的新兴市场国家资金外流。中国银行业结售汇余额从2012年12月的509亿美元下降至2013年5月份的104亿美元。第二，《关于加强外汇资金流入管理有关问题的通知》的实施。2013年5月5日，国家外汇管理局发布《关于加强外汇资金流入管理有关问题的通知》，计划于6月底实施。根据《通知》的要求外币应纳入贷存比考核，于是一些商业银行为达到监管标准提前开始买入美元以补充外汇头寸,这在一定程度上加剧了商业银行间资金紧张的状况。第三,超额备付金下降。备付金反映了银行资金头寸的松紧。进入2013年,时点上的金融机构备付金一路下跌。2013年初为3.3%,3月末下降至2%,5月末更是跌至1.7%。5个月的时间,备付率下降50%。第四,2013年6月底之前,银监会将针对8号文①的落实情况展开检查,迫使大量商业银行将表外非标资产转移至表内同业资产,直接挤压同业拆借额度。

面对"钱荒",2013年6月25日,中国人民银行为维护货币市场稳定不得不出手救市,向一些金融机构提供流动性支持,但是这些金融机构必须符合宏观审慎要求。随后,拆借利率有所回落。由于对持续钱荒的担忧,上证综指6月25日一度暴跌6%。当天交易日晚些时候,由于央行声明将会采取行动避免危机,上证综指大幅收复失地,最终以小幅收跌。

对此,一方面可以看到,面对类似的短期流动性冲击,央行可以从支付清算机制入手,构建相应的"内在稳定器"。例如,作为发达经济体货币政策操作的典型模式,"利率走廊"的调控方式,是通过在全额实时支付系统中设置参与者在中央银行存款和向中央银行贷款的利率来实现。在央行的大额支付系统中,可以尝试把隔夜自动质押融资利率和超额准备金利率分别作为利率走廊调控区间的上下限,进而把握好公开市场操作与"利率走廊"之间的关系,主要由"利率走廊"来稳定短期市场利率,这将有利于"熨平"流动性大幅波动,并且促使货币政策由数量型向价格型调控进行转变,也进一步提升了支付系统在货币政策操作中的重要地位。

另一方面,"钱荒"给商业银行带来了深刻的教训和反思,进一步加强自身流动性和资产负债管理,使经营行为与稳健货币政策

---

① 即《关于规范商业银行理财业务投资运作有关问题的通知》。

和支持经济结构调整的要求相一致。

首先,应密切关注整个金融市场的流动性变化,加强宏观经济政策和金融市场变化对商业银行流动性影响的研究,根据流动性现状和未来的可能发展趋势提前做好流动性安排,尤其在商业银行半年关键时点,要审时度势,安排足够头寸,务必保持充足的备付率水平,在市场流动性出现波动时及时调整资产结构。其次,加强商业银行现金流管理、日间流动性风险管理、负债和融资管理、并表和重要币种流动性风险管理、优质流动性资产储备管理等重要环节的要求。再次,商业银行应合理兼顾流动性和赢利性目标,统筹安排资金投向,提高金融资源配置的效率,优化资产负债的总量和结构。

四 比特币对货币政策的影响

目前,随着当前科技的进步与发展,新支付手段也在不断涌现。2013年比特币等新支付手段在中国炙手可热,引起了社会的极大关注。本节以比特币为例分析新支付手段对央行货币政策的影响。

(一)比特币的发展现状

1. 发展过程

比特币是一种基于计算机网络点对点技术和密码学技术的匿名数字货币,由计算机生成的一串串负责代码组成,据说是由中本聪于2009年提出的概念设计开发的。比特币的发行不依赖任何一个机构,而是依赖 Hashcash 的"挖矿"技术即数学和密码学的算法,不是法定货币,其背后没有政府或其他机构信用。谁都可以通过特定的程序和网络资源来创造比特币,且可以直接用来交易。比特币是一种P2P匿名电子货币，与网络交易单绑定，在其被认可的范围内，可以用来购买任何资源提供商所提供的资源。

进入2013年11月以来，比特币价格在短短两周内上涨了一倍。2013年11月19日一度突破900美元，其中18日当天就上涨了257美元。截至11月19日19：00，报收700美元左右，这一价格应是2013年初的13.5美元的50多倍，而最高价格则是年初价格的66倍。

在众多比特币网络平台中，中国投资者成交量非常活跃，中国比特币交易网站成交量，近日已经超越了美国和日本，成为单日比特币交易量最多的国家。上涨的背后同样蕴藏着巨大的风险，2013年11月20日之前的两天暴涨和暴跌均超过200美元。对普通投资者来说，比特币投资具有较大的不确定性，盲目跟风容易遭受重大损失。

2014年2月25日，位于日本东京的全球最大比特币交易平台Mt. Gox公司由于系统漏洞损失大量比特币无法弥补客户损失而停止运营，并申请破产保护。事发当日，国外比特币价格暴跌7%，至418.76美元，仅为两个多月前历史高点的三分之一。针对Mt. Gox公司申请破产一事，六家国内比特币交易平台发布"关于Mt. Gox的联合声明"，该声明表示Mt. Gox申请破产并不会影响比特币和电子货币行业的应变能力或价值。即便如此，2014年2月25日国内比特币的交易价格为3562.41元，比24日下跌235.59元①。第二天，比特币的交易价格为3331.71元，到达今年以来的最低点。

2. 比特币的流通

（1）从理论上来看只要网络交易存在，比特币就可以无限供

---

① 张雷、魏明：《比特币拥趸被套牢数百万》，《法制晚报》2014年2月27日。

给，但无法有弹性地供给。比特币系统目前固定了货币发行的速度：在目前的条件下，比特币公认的算法只能在1个小时之内产生300个比特币。比特币的产量由算法难度决定，这种算法难度则由网络自动调整。一方面，该系统限制了伪造，另一方面，则固定了货币发行速度。

（2）虚拟货币的二次使用、N次使用指的是，同一货币被同时用于支付多种对等价值的商品。由于比特币的字节码可以被复制，这种风险是存在的。目前，比特币系统设计了全网络节点投票验证系统，该系统将所有的交易固化为一个交易链条，全网络中所有的节点都可以同时验证资金流向，防止比特币的二次使用。

（二）比特币的影响

1. 对央行货币发行权的影响

货币发行是中央银行最基本的特征。自1694年英格兰银行成立开始，独占货币发行权是各国货币制度中最基本的特征，这是中央银行制度所决定的。谈到中央银行的职能，一般会归纳为三大基本职能：第一，发行的银行。即中央银行控制货币的发行权，根据经济的运行情况，合理调节货币供给量。第二，银行的银行。即中央银行向商业银行提供服务，中央银行不直接与一般的工商企业、个人有业务往来，一般与商业银行或者其他金融机构有业务往来。第三，政府的银行。即中央银行为政府提供服务，例如，可以代表国家从事金融活动、向政府贷款、管理外汇储备等。其中，发行的银行这一职能最为重要，是三大基本职能之首，可以说如果没有国家赋予的货币发行权，也就不存在中央银行。央行之所以运用货币政策对经济、金融进行宏观调控，就在于它垄断了货币发行权并在支付结算体系中起到决定性作用。对货币发行权的垄断是央行得以制定和实施货币政策的基础，对稳定一国的金融秩序具有十分重要

的意义。

中央银行的其他核心业务的前提是能够独立垄断地发行货币，一旦这个前提不存在，中央银行的存在性就会受到质疑。比特币并不是由中央银行发行，而是由网络生成，这会对中央银行的货币发行地位造成影响。当然，这只是长远可能出现的情况，就目前来看，比特币还远未到达冲击央行货币发行权的地步。

2. 对货币政策传导机制的影响

在传统的货币政策传导机制理论中，银行承担着重要的角色。随着比特币等虚拟货币的发展，对商业银行传统业务带来不利影响，商业银行将被迫向非中介业务发展，商业银行作为中央银行货币政策的重要导体的作用下降。而且，比特币等虚拟货币的大量使用会逐步改变社会公众和金融机构的行为，进而会使货币需求和资产结构不再像以前那么稳定，而是处于一种更加复杂多变的状态，这无疑会导致货币政策时滞不确定性加剧，更加难以把握货币政策传导的时间，影响货币政策的效果。

另外，比特币并非由央行发行，其发行具有明显的非权威性、分散性和局部性。其发行无法充分考虑货币政策执行对金融体系的影响，也无法考虑宏观经济环境下的各种复杂因素，进而会影响央行货币政策调控的效果。

（三）各国央行对比特币的态度

第一，中国。为保护社会公众的财产权益，保障人民币的法定货币地位，防范洗钱风险，维护金融稳定，2013年12月5日中国人民银行等五部委发布《关于防范比特币风险的通知》，明确了比特币的性质，认为比特币不具有法偿性和强制性等货币属性，并不是真正意义上的货币。要求各金融机构和支付机构不得以比特币为产品或服务定价。12月16日，央行约谈国内第三方支付公司，明确要求第三方支付机构不得为比特币交易网站提供托管、交易等业务，对于已经发生业务的支付机构，应该解除商务合作。对于存量款项可在春节前完成提现，不得发生新的支付业务。

第二，美国。2013年6月份。美国在冻结了全球最大的比特币交易所Mt. Gox的两个账户。随后，又把比特币纳入到证券法的法律体系，正式把比特币纳入到国家的监管体系。2013年11月18日，美联储前主席伯南克表示，正在考虑比特币合法化。因权限问题，美联储无权直接监管虚拟货币，但会在整体上监控这一领域中的形势发展，认为比特币及其他虚拟货币，可能拥有长远的未来①。美联储主席耶伦表示，美国国会应当考虑出台法律措施，对比特币等虚拟货币进行监管。

第三，德国。比特币行业发展相对比较规范，已经被纳入国家的监管体系。政府表示，应把比特币当作私人货币、货币单位，比特币个人使用一年内免税，但是进行商业用途要征税。德国政府认为，比特币由电脑网络发行，不需要任何服务作为回报，所以应该被排除在电子货币（E-money）的定义之外，尽管其履行了电子货币的相同经济职能，也有单独发行的能力。在德国，电子货币的法律概念只适用于那些源于真实货币的金融工具，因此把比特币定义为一种商品。

第四，泰国。2013年7月30日，泰国外汇管理和政策部的高官表示，由于缺乏适用的法律和资本管制措施，加之比特币跨越多种金融业务，因此各类比特币的活动在泰国都被视为非法。泰国比特币创业公司Bitcoin Co表示，由于泰国央行封杀了比特币，因此该公司将停止所有业务。泰国成为在世界各国封杀比特币的

---

① 中金在线，http://special.cnfol.com/6647, 00.shtml。

首例①。

第五，日本。2014年3月5日，根据日本内阁提议出台的相关规定，比特币交易应当缴税，而且比特币应当定义为一种商品，而非货币。根据英国《金融时报》的报道，为了避免再次陷入类似Mt Gox交易平台关闭的丑闻风波，通过互联网交易机构进行比特币交易获得的收益、通过比特币进行的购买行为，以及公司通过比特币交易获得的收入，都将纳入日本税收范围②。银行将被禁止接受比特币，证券公司被禁止经营比特币交易。

（四）比特币是货币吗？

我们看到，比特币没有政府信用，并没有被所有的商品和劳务支付、债务偿还所普遍接受；同时，比特币自身也没有使用价值，是虚拟的存在；比特币的价值在于：比特币产生的过程需要客观消耗一定量的计算资源和能源，人们不能轻易获取比特币。消耗一定的资源造成的稀缺性，加上被部分人接受并使用，是比特币的价值所在。

从目前的发展状况来看，比特币最起码的功能包括：参与电子商务交易，作为一种选择性的电子支付工具，为实体经济交易服务；为网络虚拟空间的交易服务。从这一点可知，比特币已经超越投资性，能在有限范围内发挥货币所有的功能。比特币已经获得诸多网络商店、公益团地和个人的认可，用户量在不断增加。2011年，1单位比特币最高时约为1美元。但是，比特币能否代替全球的信用货币，目前来看比较困难，主要的障碍在于：一种自生于无人掌控网络且尚没有被普遍接受的货币，很难同被政府掌控的法定

---

① 船夫：《认定买卖非法泰国首次封杀比特币》，《人民邮电报》，2013年8月1日。
② 杨雪：《日本拟对比特币交易征税将推强硬监管手段》，环球网，2014年3月6日。

货币公平竞争。而且，比特币在交易过程中还存在很多缺陷，例如，小额支付效率非常耗时，效率低下；没有稳定的安全维护机制，一旦出现操作风险和欺诈风险等，用户需要自己承担。

对于比特币的货币属性问题，学术界有很多分析和争论，但多数学者都认为，比特币本质上并非一种货币，它是网民自由参与创造、交易和兑换的一种网络数据和信息。例如，程实（2014）认为货币的本质属性有三个方面，即普及性、稳定和清偿性，从货币"三性"出发，比特币并不是货币。就普及性而言，绝大多数人连比特币是什么都不知道，更遑论普及；就稳定性而言，比特币价格高起高落，完全不具备价值表征和财富储藏的作用；就清偿性而言，比特币既不像金银那样有内在价值，也不向有国家信用做背书，因此清偿性可能性几近于无。

盛松成、张璇（2014）在《虚拟货币本质上不是货币》中指出，比特币以及其他虚拟货币成不了一国的本位币，从而也成不了真正意义上的货币。第一，比特币缺乏国家信用支撑，难以作为本位币履行商品交换媒介职能。而且比特币没有法偿性和强制性，流通范围有限且不稳定。第二，比特币数量规模被设定了上限，难以适应现代经济发展需要。比特币有限的数量与不断扩大的社会生产和商品流通之间存在矛盾，若成为本位币，必然导致通货紧缩。第三，比特币缺少中央调节机制，与现代信用货币体系不相适应。比特币没有集中发行方，容易被过度炒作，导致价格波动过大，无法成为计价货币和流通手段。

宗涛（2014）认为虽然比特币具有很多货币的属性，但并不是货币，更不会成为国际货币。第一，无法避免被复制。比特币只是众多虚拟货币中的一种，据初步统计基于 P2P 的虚拟货币就有 60 种之多，比特币去中心化、点对点和发行数量封顶的核心特点，其他虚拟货币也可以实现。第二，无法防止犯罪活动。在比特币的

发展过程中，伴随着很多犯罪活动。对犯罪活动的打击不可能仅依靠网络完成，还需要建立在国家的权威之上。第三，无法维持公平性。主权货币的铸币税是掌握在国家手里，主要是取之于民、用之于民。相比之下，比特币主要限于少数玩家使用，大多数公众无法分享其增值。

参考文献

张雷、魏明：《比特币拥趸被套牢数百万》，《法制晚报》2014年2月27日。

王勇：《把银行流动性管理纳入监管制度规范》，《上海证券报》2014年2月21日。

盛松成、张璇：《虚拟货币本质上不是货币——以比特币为例》，《中国金融》2014年第1期。

牛娟娟：《比特币能否成为真正意义上的货币?》，《金融时报》2014年1月7日。

宗涛：《为什么比特币不是货币》，《金融博览》2014年第1期。

蒋明：《比特币，疯狂背后有隐忧》，《安徽日报》2013年12月9日．

中国人民银行等五部委：《关于防范比特币风险的通知》2013年12月5日。

特华博士后工作站课题组：《对当前金融业流动性紧张的分析研究与政策建议》，《经济研究参考》2013年第50期。

周茂清：《钱荒过后的思考》，《当代经济管理》2013年第9期。

船夫：《认定买卖非法　泰国首次封杀比特币》，《人民邮电报》2013年8月1日。

王勇：《找准流动性管理的着力点》，《中国金融》2013年第14期。

林采宜：《市场为什么闹"钱荒"?》，《第一财经日报》2013年6月21日。

张超：《新型虚拟货币比特币的发展现状及其对现实经济和金融影响的研究》，《时代金融》2013年第5期。

方轶强：《支付系统发展对货币政策操作效果的影响》，《上海金融》2010年第6期。

薛严清、黄巧霞、王潮端：《非现金支付工具发展对现金的替代作用研究》，《金融会计》2009年第9期。

庞贞燕、王桓：《支付体系与货币和货币政策基本关系研究》，《金融研究》2009年第3期。

黄志云、程皓、程雯：《虚拟货币对货币供给量和货币政策影响的研究》，《价格月刊》2008年第12期。

王宇：《充分发挥中国现代化支付系统在货币政策实施中的作用》，《生态经济》2008年第5期。

查全亚：《现代化支付体系对银行流动性及货币政策影响的实证分析》，《金融纵横》2008年第1期。

滑斌：《我国网络银行发展研究》，武汉大学硕士论文，2004年5月1日。

李健：《论金融创新对货币政策的影响》，《金融科学》1997年第4期。

专题报告 支付清算体系的比较考察与热点分析

Special Topics

B.8 全球及主要国家支付清算体系监管框架

一 全球支付清算体系监管框架

（一）支付清算体系的国际监管主体

支付清算体系的国际运行和监管规则制定者主要是支付结算体系委员会（CPSS），技术规则制定者则主要来自国际性的行业标准机构或领头机构。

支付结算体系委员会成立于1980年，最初是由十国集团中央

全球及主要国家支付清算体系监管框架

银行首脑组成的支付体系专家组,目的是共同推动解决十国集团电脑专家当时提出的支付体系问题。当前,CPSS 成为由各国央行组成的论坛,其功能已经扩展到监测和分析各国国内支付、清算和结算体系,以及跨境和多边货币结算问题。

CPSS 秘书处设立在国际清算银行,作为国际性专业组织,每年召开 3 次全球性会议。由于支付清算、结算体系与商业银行、中央银行、金融市场之间存在密切联系,所以 CPSS 致力于关注支付清算结算体系的效率、稳定、相关机制安排及其与金融市场的联系机制、与货币政策之间的传导机制等。CPSS 的日常活动机制包括:一是通过向其成员国中央银行提供一个共同交流的平台,就各国国内的支付、清算、结算体系以及跨境结算机制等问题进行深入研究和探讨。二是制定支付清算、结算体系的国际监管标准。通常是同国际证券监督管理委员会、巴塞尔银行监管委员会、金融稳定理事会等合作制订。CPSS 与全球主要的支付运营机构、各国支付清算协会和监管当局保持着密切联系,它制定的国际规则,已经成为全球支付清算体系的监管共识,并被各国监管当局所接纳,成为各国监管体制的重要标准。三是不定期发布支付清算领域的专业性研究报告。四是定期整理编辑出版"红皮书",用于详细展示其成员支付体系的相关信息,并联合发布非 CPSS 成员国家银行的支付清算体系概况。2009 年 7 月,CPSS 吸收了中国人民银行作为新成员。当前,CPSS 的成员遍布 24 个国家及地区。

(二)支付清算体系的国际监管规则

下文简单介绍 CPSS 及支付清算体系的国际规则。

1. 国际技术标准和规则

作为服务性行业,现代支付清算体系等金融基础设施的实际运行需高度依赖电子网络等通信技术,并且要遵循金融服务技术国际

标准,如表1。该套国际标准虽属于国际行业自律性质,但却具有国际权威性,内容条款涉及金融安全、证券和相关金融工具标准、银行核心业务标准、注册管理标准等。

表1 金融服务技术国际标准

序号	标准编号	英　文　名　称	中文名称
1	ISO 20022-1:2004	Financial Services—Universal Financial Industry Message Scheme—Part 1: Overall Methodology And Format Specifications For Inputs To And Outputs From The ISO 20022 Repository	金融服务 金融业通用报文方案 第1部分:库输入输出方法和格式规范
2	ISO 20022-2:2007	Financial Services—Universal Financial Industry Message Scheme—Part 2: Roles And Responsibilities Of The Registration Bodies	金融服务 金融业通用报文方案 第2部分:注册机构的角色及职责
3	ISO 20022-3:2004	Financial Services—Universal Financial Industry Message Scheme—Part 3: ISO 20022 Modelling Guidelines	金融服务 金融业通用报文方案 第3部分:建模导则
4	ISO 20022-4:2004	Financial Services—Universal Financial Industry Message Scheme—Part 4: ISO 20022 XML Design Rules	金融服务 金融业通用报文方案 第4部分:XML设计规则
5	ISO 20022-5:2004	Financial Services—Universal Financial Industry Message Scheme—Part 5: ISO 20022 Reverse Engineering	金融服务 金融业通用报文方案 第5部分:反向工程
6	ISO 20022-6:2009	Financial Services—Universal Financial Industry Message Scheme—Part 6: Message Transport Characteristics	金融服务 金融业通用报文方案 第6部分:报文传输特征
7	ISO 9564-1:2002	Banking—Personal Identification Number (PIN) Management And Security—Part 1: Basic Principles And Requirements For Online PIN Handling In ATM And POS Systems	银行业务 个人识别码的管理与安全 第1部分:ATM与POS系统中联机PIN处理的基本原则和要求

续表

序号	标准编号	英　文　名　称	中文名称
8	ISO 9564-3:2003	Banking—Personal Identification Number Management And Security—Part 3: Requirements For Offline PIN Handling In ATM And POS Systems	银行业务　个人识别码的管理与安全　第3部分:ATM和POS系统中脱机PIN处理要求
9	ISO/TR 9564-4:2004	Banking—Personal Identification Number (PIN) Management And Security—Part 4: Guidelines For PIN Handling In Open Networks	银行业务　个人识别码的管理与安全　第4部分:开放网络中的PIN处理指南
10	ISO 11568-1:2005	Banking—Key Management (Retail)—Part 1: Principles	银行业务　密钥管理(零售)　第1部分:一般原则
11	ISO 11568-2:2005	Banking—Key Management (Retail)—Part 2: Symmetric Ciphers, Their Key Management And Life Cycle	银行业务　密钥管理(零售)　第2部分:对称密码及其密钥管理和生命周期
12	ISO 11568-4:2007	Banking—Key Management (Retail)—Part 4: Asymmetric Cryptosystems—Key Management And Life Cycle	银行业务　密钥管理(零售)　第4部分:非对称密码密钥管理和生命周期
13	ISO 13491-1:2007	Banking—Secure Cryptographic Devices (Retail)—Part 1: Concepts, Requirements And Evaluation Methods	银行业务　安全加密设备(零售)　第1部分:概念、需求及评估方法
14	ISO 13491-2:2005	Banking—Secure Cryptographic Devices (Retail)—Part 2: Security Compliance Checklists For Devices Used In Financial Transactions	银行业务　安全加密设备(零售)　第2部分:金融交易中设备安全符合性检测清单
15	ISO 13492:2007	Financial Services—Key Management Related Data Element—Application And Usage Of ISO 8583 Data Elements 53 And 96	金融服务　密钥管理相关数据元ISO 8583数据元53和96的应用和用途

续表

序号	标准编号	英文名称	中文名称
16	ISO/TR 13569:2005	Financial Services—Information Security Guidelines	金融服务 信息安全指南
17	ISO/TR 14742:2010	Financial Services—Recommendations On Cryptographic Algorithms And Their Use	金融服务 推荐加密算法及其使用
18	ISO 15668:1999	Banking—Secure File Transfer(Retail)	银行业务 安全文档传输(零售业务)
19	ISO 15782-1:2009	Certificate Management For Financial Services—Part 1: Public Key Certificates	银行业务 证书管理 第1部分:公钥证书
20	ISO 15782-2:2001	Banking—Certificate Management—Part 2: Certificate Extensions	银行业务 证书管理 第2部分:证书扩展项
21	ISO 16609:2004	Banking—Requirements For Message Authentication Using Symmetric Techniques	银行业务 使用对称技术的报文认证要求
22	ISO/TR 19038:2005	Banking And Related Financial Services—Triple DEA—Modes Of Operation—Implementation Guidelines	银行业务与相关金融服务 三重DEA操作模式 实施指南
23	ISO 19092:2008	Financial Services—Biometrics—Security Framework	金融服务 生物特征识别 第1部分:安全框架
24	ISO 21188:2006	Public Key Infrastructure For Financial Services—Practices And Policy Framework	金融服务的公钥基础设施 惯例和策略框架
25	ISO 8583-1:2003	Financial Transaction Card Originated Messages—Interchange Message Specifications—Part 1: Messages, Data Elements And Code Values	产生报文的金融交易卡交换报文规范 第1部分:报文、数据元和代码值
26	ISO 8583-2:1998	Financial Transaction Card Originated Messages—Interchange Message Specifications—Part 2: Application And Registration Procedures For Institution Identification Codes(IIC)	产生报文的金融交易卡交换报文规范 第2部分:机构标识代码(IIC)的申请及注册规程

续表

序号	标准编号	英　文　名　称	中文名称
27	ISO 8583-3:2003	Financial Transaction Card Originated Messages—Interchange Message Specifications—Part 3: Maintenance Procedures For Messages, Data Elements And Code Values	产生报文的金融交易卡交换报文规范 第3部分:报文、数据元和代码值的维护规程
28	ISO 9992-1:1990	Financial Transaction Cards—Messages Between The Integrated Circuit Card And The Card Accepting Device—Part 1: Concepts And Structures	金融交易卡 集成电路卡与卡接受设备间的报文 第1部分:概念与结构
29	ISO 11649:2009	Financial Services—Core Banking—Structured Creditor Reference To Remittance Information	金融服务 银行核心业务 汇款信息中收款方参考号结构
30	ISO 13616-1:2007	Financial Services-International Bank Account Number(IBAN)—Part 1: Structure Of The IBAN	金融服务 国际银行账号(IBAN) 第1部分:IBAN的结构
31	ISO 13616-2:2007	Financial Services-International Bank Account Number(IBAN)—Part 2: Role And Responsibilities Of The Registration Authority	金融服务 国际银行账号(IBAN) 第2部分:注册机构的角色和职责
32	ISO 18245:2003	Retail Financial Services—Merchant Category Codes	金融零售业务 商户类别代码

资料来源:ISO,中国支付清算协会。

金融服务业的国际标准制定者包括SWIFT、ISO、NACHA、BIAN及TWIST等组织。

(1)国际标准组织(ISO)是由各国标准组织的代表组成的国际标准制定组织,负责颁布全球的专有工业及商业标准。

(2)NACHA是美国非营利组织,主要负责制定电子付款操作规则及商业惯例、美国企业对企业交易的电子付款的广泛标准等，其会员包括美国的 ACH（自动清算系统）网络等。美国 ACH 网络的监管机构 NACHA 于 2009 年 9 月采用了新的国际 ACH 交易（IAT）规则，以简化跨境交易手续。金融机构的跨境支付清算结算交易目前越来越多地开始使用 ACH 的规则。

（3）交易流程创新标准小组（TWIST）通过促进金融业标准的合理化、推行开放式标准，为供应链建立用户主导、非专有、在内部一致及基于 XML 的标准，以缩小实体及金融供应链的差距，支持多方机构进行互动并实现商业流程同步。

（4）银行业架构网络（BIAN）不是标准组织，其通过提倡共同的服务体系及采用语义标准来简化整合，从而加速面向服务的体系结构（SOA）在银行业的应用。

（5）SWIFT 拥有 9000 多个银行及金融机构成员，是全球最广泛的金融数据交换网络，其自身的运行规则就相当于行业的国际标准。国际银行业的通讯标准《金融业通用报文方案（ISO20022）》就是由 SWIFT 联合组织 XML 讯息标准（SWIFT XML，MX）、贸易产业标准 FIX 组织标准（FIXml）及金融衍生性商品交易讯息标准（FpML）共同形成。

2. CPSS 关于支付清算体系国际监管规则的主要内容

CPSS 自成立以来，围绕全球支付清算体系面临的主要难题，引导了相关国际运行规则、国际监管规则的制定。相继发布了《系统重要性支付体系核心原则》《证券结算体系相关建议》《中央对手相关建议》《中央银行对支付结算体系的监测》《国家支付体系发展指南》《金融市场基础设施原则》等重要的纲领性文件，具体见表 2。

2012 年，CPSS 与 IOSCO 联合发布《金融市场基础设施原则（Principles for Financial Market Infrastructures）》，成为当前各国金融

表2 支付清算体系国际监管规则

年份	英文名称	中文名称	制定者
2001	The Core Principles for Systemically Important Payment Systems	系统重要性支付体系核心原则	CPSS
2001	Recommendations for Securities Settlement Systems	证券结算体系相关建议	CPSS-IOSCO
2004	Recommendations for Central Counterparties	中央对手方相关建议	CPSS-IOSCO
2005	Central Bank Oversight of Payment and Settlement Systems	中央银行对支付结算体系的监测	CPSS
2006	General Guidance for National Payment System Development	国家支付体系发展指南	CPSS
2007	General Principles for International Remittance Services	国际汇款服务总则	CPSS
2012	Principles for Financial Market Infrastructures	金融市场基础设施原则	CPSS-IOSCO

资料来源：BIS，作者自行整理。

基础设施建设的纲领性文件。该原则适用于全球所有的系统重要性结算体系、中央证券托管体系、证券结算体系、中央对手方和交易信息中心等金融市场基础设施，旨在提高全球支付、清算和结算系统的国际标准，强化其抗风险和冲击的能力，推动全球进行强化金融基础设施建设。

3. 支付清算结算机构及活动的跨境监管规则（见表3）

表3 支付清算结算机构及活动的跨境监管规则

年份	英文名称	中文名称	制定者
1993	Central Bank Payment and Settlement Services with Respect to Cross-border and Multi-currency Transactions	中央银行跨境和多币种交易的支付和结算服务	CPSS
2002	Management and Supervision of Cross-Border Electronic Banking Activities	跨境电子银行活动的管理和监管	巴塞尔银行委员会（BCBS）

支付清算蓝皮书

续表

年份	英 文 名 称	中文名称	制定者
2006	Cross-border Collateral Arrangements	跨境抵押安排	CPSS
2009	Due Diligence and Transparency Regarding Cover Payment Messages Related to Cross-border Wire Transfers	跨境电汇支付信息的尽职调查和透明度要求	BCBS

资料来源：BIS，作者自行整理。

二 主要发达国家的支付清算体系监管框架

（一）欧盟地区

1999年欧洲央行的大额支付体系——TARGET正式启动、2002年欧元正式启动，开启了欧盟单一货币、单一支付（Single Euro Payments Area）的时代。欧盟与其他国家的不同之处在于：2002年开始使用统一的货币——欧元，并取代原有各国国家的主权货币。维持稳定的单一欧元支付体系（一种货币、一套支付工具、一个法律框架、多元竞争性服务商），是欧元作为一种货币的首要功能，这对于欧元在未来的存续和发展非常重要，这一使命自欧元诞生之日起就成为欧洲中央银行和各国中央银行的基本职责。除此之外，欧盟委员会、欧洲支付委员会和欧洲清算结算行业协会等自律机构也构成了主要的监管主体。

1. 监管主体及职责

（1）中央银行。包括欧洲中央银行（负责欧盟支付体系的稳健运行）和各国中央银行（保证各国国内支付体系的稳定高效）。欧洲央行和欧盟各国中央银行总体负责欧洲单一支付体系的稳定运行。

（2）欧盟委员会。致力于解除内部市场发展的障碍，并简化规则,如制订《支付服务指令》等。

(3) 自律式监管机构。一是欧洲支付委员会(European Payments Council),由欧洲信贷协会、欧洲银行业协会等构成,最初吸纳了 65 家欧洲商业银行,致力于构建行业规则,制订推动行业发展的政策建议等。二是欧洲清算和结算行业协会(European Clearing and Settlement Industry),由不同的金融基础设施供应商组成,包括卡处理机构、欧洲自动清算所协会、欧洲银行业协会等。

2. 主要的监管法律

欧洲委员会在该领域工作目标是稳步推动金融服务统一市场。大多数欧盟指令都是根据欧盟规范金融服务立法的拉姆法吕西立法程序建立的。先关指令一般可分两个层次:一方面,指令旨在建立指导性原则;另一方面,指令旨在落实具体执行措施。欧盟地区的支付体系法律法规由欧盟中央银行体系(即已经加入欧盟且已经使用欧元国家的中央银行)制定。

(1)《欧洲中央银行法》部分条约和章程。

有以下部分涉及支付体系:条款 105(2)(该条款提出促进并稳定支付体系的运行,是欧盟中央银行体系的基本任务)、条款 22(欧洲央行、欧盟各国中央银行可以提供便利,欧洲央行可以制订监管制度,以保证本地区和其他国家之间的支付清算体系有效、稳健运行;欧洲央行的监管制度在各成员国直接适用)、条款 127(2)(欧元体系的基本任务之一就是促进支付体系的平稳运行)。除此以外,欧盟委员会和欧洲议会制定了适用于各成员国的金融服务类法律指令,这些指令必须在各国国内强制执行。包括结算终结指令,跨境信用转换指令,电子货币指令,投资服务指令,欧盟地区跨境支付监管条例(2560/2001/EC)等。

(2) 1997 年《跨境银行转账指令(97/5/EC)》。

针对成员国之间金额不到五万欧元的跨境资金转账(大体上

就是零售业务）业务操作规定了透明度与最低标准。旨在确保个人和企业尤其是中小企业，能在欧盟地区间快速、可靠、便宜地进行信用转换。该指令适用的最高信用额度为50000欧元，并对消费者和信用转换本身提出了若干门槛条件。

（3）1998年《结算终结指令（98/26/EC）》。

旨在维护欧盟金融市场稳定运行，保证金融市场中抵消与轧差的有效性以及担保等问题。该指令包括适用于支付清算体系、个别参与者和抵押证券等条款。旨在消除支付和证券结算体系中的主要法律风险，考虑内在的系统性风险；保证支付清算体系的平稳运行、提高抵押品的法律确定性。

（4）2000年《电子货币指令（2000/46/EC）》。

对电子货币发行提出适中、审慎的规则和监管要求。旨在培养新型的电子货币市场，保证传统信贷机构和电子货币机构的稳健性，避免恶性竞争，稳定电子货币使用者的信心，同时保证货币政策的顺利运行。

（5）2001年《跨境支付监管条例（EC, No. 2560/2001）》。

旨在降低跨境支付成本，使跨境支付价格与国内支付价格持平。具体的要求包括提高跨境支付的透明度，为客户提供收费的初始信息；要求跨境支付服务商为客户提供相关服务的国际银行账户序号和银行识别码。

（6）2002年《抵押品指令（2002/47/EC）》。

回购市场在欧洲金融交易中发展迅速，本指令是关于中央对手方清算体系中抵押品供给的法律。

（7）2004年《金融工具市场指令（2004/39/EC）》。

代替了之前的投资支付指令（93/22/EEC）。投资支付指令通过废除欧盟各成员国的市场进入约束和对证券清算和结算服务机构的约束，旨在建立统一的欧盟支付和证券结算体系，使投资机构和信贷机构都能通过一体化的证券市场而获益。2008年全球金融危机之后，又新颁布了2009年11月《支付服务指令》和2009年《汇票支付服务指令》。

表4 欧盟关于支付清算体系监管的主要法律指令

1	《欧洲中央银行法》部分条约和章程(条款105(2)、127(2)、22)
2	1997年《跨境银行转账指令(97/5/EC)》
3	1998年《结算终结指令(98/26/EC)》
4	2000年《电子货币指令(2000/46/EC)》
5	2001年《跨境支付监管条例(EC, No. 2560/2001)》
6	2002年《抵押品指令(2002/47/EC)》
7	2004年《金融工具市场指令(2004/39/EC)》
8	2009年11月《支付服务指令》
9	2009年《汇票支付服务指令》

资料来源：作者自行总结。

除了一些正式的法律指令，欧盟委员会按照支付和结算委员会（CPSS）和国际证券委员会机构制定的相关国际标准，又制定了一些非正式监测标准或要求，作为支付清算体系监测的指导和参考，详见表5。

表5 欧元支付清算体系监测主要参考文件

支付体系	支付工具	证券清算和结算体系
2001年《系统重要性支付体系核心原则》	2009年《协调监测途径，制定支付工具监测标准》	《欧盟证券清算和结算体系建议》
2007年《系统重要性支付体系核心原则下的监测评估参考标准》		
2003年《欧元零售支付体系监测标准》	1998年《电子货币报告》	
	2003年《电子货币体系安全目标》	

续表

支付体系	支付工具	证券清算和结算体系
2006年《系统重要性支付体系商业连续性监管预期》	2008年《卡支付项目执行标准》	
2007年《系统重要性支付体系商业可持续性监测的评估总则》		
1998年《离岸欧元支付和结算体系相关政策》		2001《欧元区关于中央对手方清算的政策线路》
2007年《欧元对欧元支付交易结算基础设施设址和运行事宜的政策原则》		2008《欧元区关于中央对中央对手方、互用性和参考标准的声明》
2008年《欧元对欧元支付交易结算基础设施设址和运行事宜的政策原则》，关于法律上和实际运行都在欧元内的说明。		2008年《关于建立OTC信用衍生品中央对手方清算的决定》
2009年《跨境支付监管》		

资料来源：ECB（2009）。

（二）美国

作为最为关键的国际货币发行国和主要的国际金融市场所在国，美国的金融体系每日交易、结算、支付、清算量高达几万亿美元。这种高频和高额的交易，需要强大而稳健的支付、清算和结算（Payment，Clearing and Settlement，简称PCS）体系支撑，对金融基础设施及其监管主体都提出了非常高的要求。

1. 主要的监管主体

总体来看，美国PCS体系监管主体包括：美联储、美国证券交易委员会（SEC）、美国商品期货交易委员会（CFTC）等。

（1）美联储。同时充当市场服务商和监管者的角色，但其总的

全球及主要国家支付清算体系监管框架

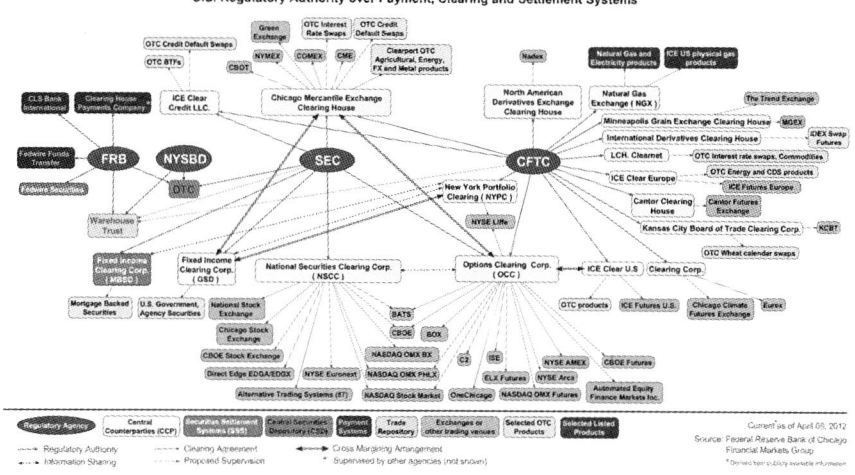

图1 美国支付清算体系的监管主体

* http://www.chicagofed.org/webpages/markets/us_reg_authority.cfm.
资料来源：美联储芝加哥分行*，2011年10月24日。

趋势是在直接提供服务方面逐步淡出，在2008年金融危机之后，其监管角色得到强化。美联储曾在1986年设立支付体系政策咨询委员会，该机构被延续至今，并且也是美联储发挥其监管职能的具体执行机构。该委员会由三位联储董事会成员和三位储备银行行长组成，主要就美国国内外支付结算相关问题提供政策和战略建议，包括分析整个支付清算体系面临的风险，并为私人机构管理支付清算风险提供建议；分析支付结算、清算体系与金融稳定的关系；分析支付清算工具及整个市场的发展趋势；直接为支付清算体系提供日间信贷服务；探讨与私人机构在零售支付和批发性支付领域的合作事宜等。

（2）美国证券交易委员会。美国证券交易委员会（SEC）主要监管资本市场上的二级证券交易所涉及的证券结算和清算机构，具体监管对象包括固定收益清算公司、国家证券清算公司、期权清算公司、芝加哥商品交易清算所、ICE清算信用有限责任公司、

DTC 和存储信托公司等。《多德—弗兰克华尔街改革与消费者保护法案》（以下简称《多德—弗兰克法案》）赋予 SEC 与美联储、金融稳定监测委员会共同商讨制定 SEC 管辖的清算机构和金融机构风险管理标准的权利。

表6　SEC 对支付清算体系的监管职责相关法律和文件

1934 年《1934 年证券交易法》
1980 年《1934 年证券交易法》补充清算机构的监管标准
1983 年《1934 年证券交易法》补充清算机构在 SEC 的注册问题
1998 年《1934 年证券交易法》补充证券交易的确认和批准
2004 年《1934 年证券交易法》补充证券交易结算问题
2011 年《多德—弗兰克法案》补充对清算主体风险管理的框架

资料来源：作者自行整理。

（3）美国商品期货交易委员会。美国商品期货交易委员会（CFTC）主要监管期货和期权交易，涵盖衍生品交易中的托管、结算和清算行为以及中央对手方的管理。在所有的监管主体中，CFTC 监管的清算、结算相关机构的范围最广，包括 ICE 清算信用有限责任公司、芝加哥商品交易清算所、纽约投资组合清算公司、期权清算公司、北美衍生品交易清算所、美国 ICE 清算公司、清算集团、天然气交易所、堪萨斯城交易清算公司、坎特清算所、ICE 欧洲清算、明尼阿波利斯谷物交易清算所、国际衍生品清算所、LCH 等等。

（4）州一级的监管机构——纽约州立金融服务局。纽约州立金融服务局（Department of Financial Services，DFS）的前身是纽约州立银行局（New York State Banking Department，NYSBD，1851 - 2011），后者是美国最古老的银行监管机构，设立于1851年。2011年《多德—弗兰克法案》生效后，保险监管的职责由联邦转向州，纽约州立银行局被废除。新成立的纽约州立金融服务局，在原有的银行监管职责上，新增保险监管职责。1829年，纽约州立银行局设立了纽约安全基金，由各州银行会员缴纳资金，用于应对银行破产造成的支付风险。目前，纽约金融服务局对PCS体系的监管客体主要包括存托清算公司（Depository Trust Company，DTC）和存储信托公司（Warehouse Trust Company）。DTC为金融市场证券交易提供托管、清算和结算服务，存储信托公司主要提供交易信息保管服务，二者隶属于存托清算公司（DTCC），为美国资本市场提供结算和清算服务。

（5）美联储、SEC和CFTC之间的监管协调问题。支付、清算和结算体系呈现复杂的网状关系，由以上多个、多种层次的机构进行监管，在降低风险的同时必然会出现现实的监管冲突问题。因此，在长期处理监管不协调的过程中，逐渐也形成了若干规则，《多德—弗兰克法案》对此进行了重新整合，大致包括如下几个方面：

①由美联储、财政部及其他金融监管机构组成金融稳定监测委员会，作为系统性风险监管者，并赋予金融稳定监测委员会总体协调的角色和权力。

②赋予美联储对系统重要性金融基础设施的基本监管权力，同时，SEC和CFTC可以对美联储制定的风险管理标准提出异议并给予解释。

③当某一家清算机构同时被SEC和CFTC划入监管范围时，二者必须择其一为监管机构，二者必须商讨决定哪一家机构将成为监管机构，而金融稳定监测委员会具有最终决定权。

④如果美联储认为SEC对PCS体系的审慎监管要求不够充分，可以对SEC提出完善措施；如果SEC不予采纳，金融稳定监测委员会组织投票，若三分之二票数通过，则SEC应该采纳。

⑤国会和美联储对SEC和CFTC采取的相关措施，应该遵守1934年《证券交易法》3C（a）部分的规定，不应超出此范围。

2. 主要的法律法规

（1）金融危机之前的相关法律法规

美国的支付体系受联邦和各州的法律、规章和案例法约束。各种法律监管的维度和依据既包括支付方式，也包括支付身份。主要的法律法规包括美联储相关规章（1913年的《联邦储备法》、1980年《货币管制法》、CC法规、E法规、J法规、Z法规），州一级的《统一商法典（UCC）》，国会通过的主要法律制度如1978年的《电子资金转账法》，1987年的《加速资金抵用法（EFAA）》，1996年《增加美元的托管库存办法（ECI）程序》。

在早期支付体系的市场化程度较低时，1913年《联邦储备法》赋予了美联储发行纸币、提供支付服务的基本职责。并通过E法规要求所有金融机构发行银行卡、使用程序及错误解决方案标准、财务披露做出规定；通过CC法规规定资金在CHIPS系统中的抵用实践，改进和加速吸收存款机构之间支票托收和退回过程；通过J法规对美联储Fedwire资金转账服务系统中，金融机构的权利和义务及美联储的权利和义务做出规定。

UCC中涉及支付结算活动的条款包括条款3（可转让票据）、条款4（银行存款和托收）、条款4A（资金转账含大额ACH贷记转账）、条款8（投资证券）、条款9（担保交易），各州法令以此为基本依据并据本地实际情况有所调整。

1978年颁布《电子资金转账法》对电子支付交易中消费者和金融机构的权利和义务划分做出了详细规定。1980年颁布《货币控制法》规定，美联储应该向存款类机构收取支付服务费用，包括支票托收、ACH、Fedwire和全国结算服务等，提出美联储应该按照"从长期来看其收费所得的收入应能抵消其提供支付服务所花费的成本"的原则制订收费政策。1996年颁布的《增加美元的托管库存办法（ECI）程序》，用来处理离岸美元的支付结算。美联储将ECI的场所选择离岸美元聚集的海外机构,将美元存放其金库中,但纽约联储银行进行实际的账簿记录和结存。

(2)金融危机之后新增的法律

主要包括于2010年7月21日开始生效的《多德—弗兰克法案》的第三章——《2010年支付、清算和结算监管法案》(Payment, Clearing, and Settlement Supervision Act of 2010)。与总法案一致的是,该法旨在通过缓释金融市场基础设施的系统性风险,促进金融体系稳定。该法赋予美联储在支付清算体系监管中更加强势的角色:①作为系统性风险管理的主导机构,美联储将对系统重要性金融机构和基础设施制定统一的风险管理标准;②贯彻国际社会普遍接受的风险管理原理和最低标准,强化金融市场基础设施的流动性管理;③强化对系统重要性金融机构支付、清算和结算活动的审慎管理。

(3)其他政策措施

除了制定相关法律,在美国国会的授权下,美国金融稳定监测委员会(Financial Stability Oversight Council)认定了8家从事支付、清算、结算活动的金融市场基础设(机构)具有系统重要性,并参照国际《系统重要性金融基础设施》的标准,以及美国对系统重要性金融机构和金融基础设施的监管要求,将其纳入新的宏观审慎监管框架。

表7 FSOC新认定的8家系统重要性基础设施(机构)

	机构名称	主要职责	监管主体
1	清算所支付公司(The Clearing House Payments Company)	运行银行间支付体系与清算	美联储
2	CLS Bank	外汇交易	美联储
3	芝加哥商品交易清(Chicago Mercantile Exchange Clearing)	信用违约互换和利率互换	美国商品期货交易委员会 Commodity Futures Trading Commission)

续表

	机构名称	主要职责	监管主体
4	存托公司（Depository Trust Company）	证券存托、记账和结算服务	美国证券交易委员会（Securities and Exchange Commission）
5	固定收益清算公司（Fixed Income Clearing Corporation）	运行政府证券分部以及抵押支持证券分部	美国证券交易委员会
6	ICE信托（ICE Trust）	信用违约互换	美国商品期货交易委员会
7	国家证券清算公司（National Securities Clearing Corporation）	为公司债券和市政债券提供清算和结算服务	美国证券交易委员会
8	期权清算公司（The Options Clearing Corporation）	股权衍生品	美国证券交易委员会

资料来源：FSOC《2012年度报告》。

（三）英国

英国是全球金融中心，每天都有巨量金融交易需要进行支付结算，因此与英国金融中心相匹配的支付清算体系框架结构也相当发达与完整。英国大型商业银行不仅建有相匹配的行内支付系统，而且这些商业银行也是跨行支付系统的直接参与者。更为重要的是，由于英国的跨行支付系统准入门槛较高，这些大型商业银行也是众多中小金融机构的结算银行，中小金融机构需通过在大型商业银行开立计算账户完成清算。

2009年《银行法》第5部分确立了英格兰银行是支付清算系统监管者的法律地位和总体监管框架。根据该法第185款确立的标准，财政部负责识别哪些具有系统重要性的支付清算系统，英格兰银行负责主要监管责任。被识别的系统重要性支付系统有以下7个。他们分别是：大额支付系统CHARPS，小额支付系统BACS，快捷支付服务系统 FPS，提供证券结算的 CREST 系统，提供股票、衍生品等结算的 LCH 系统，提供能源衍生品和信用违约掉期（CDS）结算的 ICE 系统，为降低外汇交易中本金风险提供结算的 CLS 系统。其中，CREST 系统、LCH 系统和 ICE 系统主要受金融服务局（FSA）监管，英格兰银行仅仅对以上三个系统行内支付安排（Embedded Payment）进行监管。英格兰银行和金融服务局通过达成谅解备忘录，就行内支付（Embedded Payment）安排和结算体系的监管分工做了规定。两机构通过经常性的联席会议，分享监管信息，达成监管和作事宜。下文针对性介绍英国支付清算体系框架结构。

1. 英国支付清算体系监管主体

除了由财政部负责识别具有系统重要性的支付清算系统，英格兰银行是最重要的监管主体。英格兰银行作为英国的中央银行，担负着最后付款人的角色，因此，英格兰银行成为英国支付清算体系核心监管主体有其独特优势。具体而言，英格兰银行的主要监管职责如下：一是负责监管支付清算体系可能发生的系统性风险。支付清算体系稳健运行对金融体系和经济的平稳运行至关重要。影响支付清算体系稳健运行的最大杀手莫过于爆发系统性风险，因此英格兰银行被赋予监管系统性风险的职责。二是负责监督支付清算体系运营商的基础设施是否完善。支付清算体系运营商为了降低营运成本，提高运营效率，会积极吸引更多客户，但往往可能对支付清算体系的技术投入不足，从而影响支付清算体系功能正常发挥。三是通过审慎监管力保支付清算体系的各种风险处于可控状态，以及保持支付清算体系运营商的公司治理结构发达与完善。

2. 主要的法律法规

英国支付清算体系的监管法律框架非常繁杂与丰富。这是因为英国具有极其特殊的身份，它是欧洲联盟的成员国，但不是欧元的成员国。英国属于普通法系重要成员以及具有全球金融中心地位，同时又是重要金融组织创始成员国。总而言之，以上多种身份为一体的实际情况，决定了与之相匹配支付清算体系法律框架包括欧盟相关支付清算体系监管法律、国际组织相关法律制度以及国内相关法律制度等。具体而言如下：

（1）相关多边支付清算体系的法律制度。在欧盟《中央证券托管条例》生效前，英格兰银行主要受国际清算协会和国际证券监管组织（CPSS-IOSCO Principle）确立的核心原则指导和约束。该《原理》包括24条核心原则，并对中央银行等监管主体的行为作出规定（详细内容可参阅《中国支付清算发展报告2013》）。

（2）相关欧盟支付清算体系法律制度。①《欧洲市场基础设施条例》。2012年8月，《欧洲市场基础设施条例》（EMIR）生效。2013年3月15日，EMIR的配套技术标准开始实行。该条例管辖范围涉及柜台衍生品、中央交易对手和交易回购。EMIR和其技术标准都可以在英国适用。②《中央证券托管条例》。欧盟委员会和欧洲议会正在制定规制《中央证券托管条例》（CSDR），规制范围将涵盖证券结算系统。作为可以直接适用的条例，他们将在必要或适当的时候纳入英国立法。

（3）英国国内相关法律支付清算体系法律制度。①《金融服务与市场法案》。证券结算系统和中央交易对手除了要符合2000年《金融服务与市场法案》第18章规定之外，作为被识别的清算所，还要符合英国"识别要求"。②《无纸化证券条例》。证券结算系统要符合2001年《无纸化证券条例》的规定。③《2009年银行法》。既设置专章规定英国支付清算体系监管问题，也明确确立了英国支付清算体系监管主体，赋予了英格兰银行对"被识别跨行支付清算体系"监管职能。④《2009年支付服务条例》。该条例是为实施《欧盟支付服务指令》（PSD）而制定。金融行为监管局

（FCA）是实施《欧盟支付服务指令》（PSD）相关要求的主要机构。

（四）加拿大

从20世纪90年代开始，加拿大的主要支付工具从现金转向非现金，支票目前的使用量居第一位，占非现金总规模的50%左右，其次是信用卡、借记卡、移动支付等电子货币，现金支付比例则占全部支付金额的不足20%。支付体系的演变对清算、结算机构提出了相应的要求，加拿大的清算和结算体系市场化程度非常高。面对如此市场化的金融基础设施，加拿大银行如何在效率和稳定之间保持合理的监管？我们可以从如下方面来深入剖析。

1. 主要的监管主体和职责

自20世纪80年代以来，加拿大支付协会和加拿大银行共同主导建设相应的监管体系。随着技术进步，支票在加拿大成为现金之外的最主要的支付工具，覆盖主要的中等和大型规模的支付领域。同时，非银行存款性机构积极创新并提供零售支付工具，借记卡和贷记卡等电子支付工具纷纷出现，种种创新因素都推动了监管体系的转变。1980年，政府颁布《加拿大支付协会法（Canadian Payments Association Act）》，赋予加拿大支付协会相应职责，从而吸收存款性机构作为其成员，建立并运行全国性的支付结算体系，这一职责在1983年正式开始履行。1984年，加拿大支付协会建立了自动清算结算体系，以应对电子支付工具的盛行。由此，《加拿大支付协会法》的实施对象主要针对大额转账系统、自动清算结算体系及其成员。

加拿大当前的支付清算结算监管框架延续了20世纪80年代的基本架构。加拿大银行和加拿大支付协会是主要的监管机构，其监管对象包括140多个存款性机构（银行、信托和贷款公司、信贷联盟和大众银行组织）。这些机构中，有13个直接清算机构（区域性支付清算中心），其余120多个为间接清算机构，这些机构须在直接清算机构开立账户，由后者完成最终清算。直接清算机构在加拿大清算体系中发挥核心功能，为间接清算机构和全球性结算机构如VISA、MasterCard等提供服务。

总之，从监管框架来看，加拿大的支付活动由加拿大银行和财政部共同管理。加拿大银行并不直接参与支付清算活动，但对支付清算体系负监管责任。财政部也有权监督加拿大支付协会及协会所管理的支付、清算和结算系统。加拿大银行业协会仍然兼具监管和构建的双重功能：既负责建立银行间清算所，也负责制定监管规则维护银行等支付结算机构的稳健。加拿大银行的咨询委员会（Advisory Committee）则主要发挥监管职责。政府在颁布其对支付清算体系的干预性政策、法律法规之前，会求助于咨询委员会。作为官方的咨询机构，该委员会主要由公共、私人机构成员以及支付领域的专家组成，还有来自加拿大银行金融部的高级官员。该委员会的主要职责是，对支付体系准入、结构、治理，以及支付体系的效率、安全问题和政策进行充分的讨论和论证。

从结构性的演变来看，加拿大银行等监管主体近两年对不同类型的支付工具的监管力度有所倾斜：开始对信用卡征收高额费用，对移动支付等创新工具则给予优惠政策支持，以通过结构性的监管态度变化，来鼓励支付创新。

2. 监管的法律法规

与其他国家相比，加拿大国内关于支付清算体系的监管法规相当完善。由于市场化程度较高，针对商业运营机构的各类法律都适用于支付清算和结算机构。作为G20的成员国，加拿大当局也积极借鉴相关的国际软法，在2008年次贷危机之后，推行国际软法监管标准的速度加快。

（1）加拿大国内的法律法规。加拿大支付系统的法律可以分为公法和私法。公法如图2所示的"外围"法律，公法具有强制执行效力，意在促进公共利益，包括《加拿大银行法》《通货法》《支付清算和结算法》《银行、金融市场和证券法》《竞争法》《消费者保护条例》《劳动和社会保障法》《破产法》《刑法》《税法》等。私法如图2所示的"内核"法律。私法建立在自愿执行基础上，意在规定和倡导个人权利和义务，规范市场竞争。包括《合同法：交易和担保》《财产、权力和抵押品条例》《民事侵权和损害条例》《商法》《公司法和信托》等。

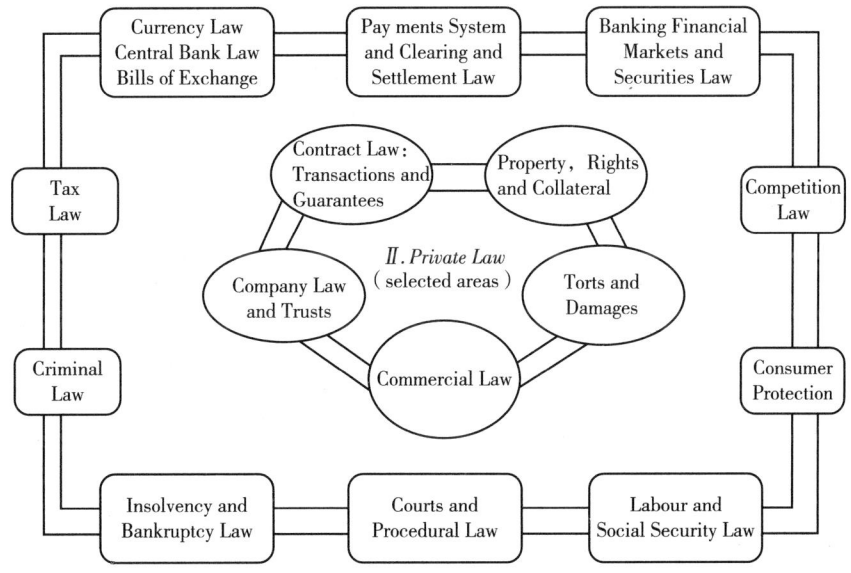

图2　加拿大支付清算体系的法律法规框架

资料来源：Staff of the Bank of Canada and the Department of Finance (1997)。

（2）国际软法。加拿大针对支付清算结算体系的国内法律法规已经相当完善。但是，这些法律可以约束某一项或一类支付、清算和结算活动，却无法有效应对整个支付清算、结算体系的系统性风险。由此，国际软法尤其是2008年金融危机之后出台的、针对系统性风险管理的软法，开始受到重视并在加拿大国内发挥辅助作用。在控制系统性风险方面，加拿大支付协会在构建大额转账系统和自动清算结算系统时，就依据《加拿大支付法》在其公司治理结构中附加了对系统性风险的内部监测和控制系统，实际上被赋予代表加拿大银行监测支付清算体系系统性风险的职责。比较而言，大额转账系统的系统性风险监测和控制系统运行效果较好，自动清算结算系统稍弱。针对此，监管当局提出，如果当局认为这些系统重要性金融基础设施机构内部存在系统性风险溢出的可能，国际软法——巴塞尔委员会于1999年颁布的《系统重要性支付体系核心原则草稿》、支付和结算体系委员会（CPSS）于2001年颁布的《系统重要性支付体系核心原则》，以及CPSS-IOSCO于2012年颁布的《金融市场基础设施基本原则》将开始适用生效。加拿大银行认定五家机构为系统重要性金融基础设施——大额转账系统（LVTS）、CDSX、加拿大衍生品清算服务公司（CDCS）、CLS银行、Swapclear，并依照最新的《金融市场基础设施基本原则》，对系统重要性金融基础设施机构提出最低标准的效率要求。

2008年之后，以宏观审慎理念为指导的国际金融监管体系已经影响到各国的监管实践。主要发达国家的监管框架不再以传统的银行、证券、保险分类，而是分为系统重要性银行、影子银行和系统重要性金融基础设施（涵盖OTC市场、中央对手方等）。鉴于各国都没有完善的金融基础设施监管规则，当前关于支付清算结算体系的国际软法将在一段时间内发挥主导作用。次贷危机之后，针对系统重要性支付体系、证券结算体系、中央证券托管、中央对手方、交易库等金融市场基础设施，加拿大银行按照《系统重要性金融基础设施核心原则（2012）》制定了与其风险管理、效率和透明度有关的24条原则。加拿大银行已经按最新的国际软法制定清算体系的基本监测标准（公平和公开进入、监测和监管、复苏和救助、紧急流动性支持等），将国际软法适用于国内并提升至辅助性硬法地位，足见其对金融市场基础设施风险管理的高度重视。

（五）日本

1. 监管主体及其职责分工

日本对支付清算体系并没有统一的监管主体和框架，具体涉及如下主体。

（1）日本金融服务局。从监管主体来看，金融危机之后，日本金融服务局成为首要的监管机构，致力于维持日本金融体系的稳定，保护金融消费者。为履行职责，其对支付清算体系相关服务提出监管要求，包括：根据《银行法》注册的银行提供的吸收存款服务和支付服务；根据《金融工具和交易法》开展业务的投资机构和银行提供的证券服务；非银行金融机构提供的支付服务以及根据《支付服务法》发行的预付支付工具。

（2）日本首相、大藏省大臣、司法大臣等。除了金融服务局之外，日本首相、大藏省大臣、司法大臣等都对金融体系负有监管职责。日本首相被赋予了监管金融体系的核心地位，因此，支付清算结算体系的核心监管主体是日本首相。首相负责监管全银数据通信系统①、中央对手方清算系统、交易信息库等，但首相往往会委派金融服务局的委员具体履行监管职责。大藏省大臣则全权负责与日本政府债券有关的所有事务。作为民商法的一部分，证券账簿划拨的法律规则由司法大臣负责制定。

（3）日本银行。从具体的监管框架来看，日本银行直接执行

---

① 全银数据通信系统（通常简称全银系统）是用于办理日本国内跨行转账结算业务的小额资金清算系统，采用净额结算（Netting）模式，由日本全国银行协会负责运营管理。从大型都市银行到农业互助合作社，几乎所有民营金融机构都加入全银系统。

监管系统重要性支付清算和结算体系，包括支付系统、证券结算系统、中央对手方机构，并与 CLS 和 SWIFT 联合监测、与外国央行联合监管离岸日元结算系统，以保证整个支付清算体系的安全和效率。还包括搜集和分析各类交易信息和统计数据、定期审查和评估各大系统，鼓励各大系统建立或改造其内部风险控制机制等，以及对在日本银行开户的各家金融机构进行现场稽核和非现场监控等等。

（4）其他金融行业自律组织。①日本银行家协会和其他区域性银行家协会。日本银行家协会除了实际参与运行东京清算所、海外日元清算体系之外，还致力于制定市场标准，以提高支付行业的安全性和效率。②日本证券交易商协会。作为完全自律性机构，协会的自律功能包括制定规则、实施规则，还有监察、监督、鉴定销售代理人和资格、调解争端，以及促进行业、政府和其他相关团体之间的对话。

2. 监管的法律法规

日本的支付和证券结算体系没有统一或综合性的法律。几部法律共同组成了支付和证券结算体系的法律基础。

（1）《日本银行法（Bank of Japan Law）》。《日本银行法》规定，为保证银行和其他金融机构之间资金顺利结算，日本银行提供日间透支以维持 RTGS 系统的高效运行。日本银行有责任维持金融体系有序运行，包括支付清算和结算体系。日本银行向社会提供多种支付和结算服务，负责支付结算系统的运营，并负责监管支付清算体系。

（2）《货币单位和硬币发行法（Unit of Currency and Issuance of Coins Law）》。关于硬币通货的支付行为，需遵守此法。

（3）《汇票法》和《支票法》。关于纸质汇票和支票的支付结算，需要遵守《汇票法》和《支票法》。

（4）《预付卡法》。关于类似电子货币的各类预付卡，需遵守《预付卡法》。

（5）《认购资本法（Capital Subscription Law）》。与存款有关的

行为，首先必须遵守此法。

（6）《银行法》。银行吸收存款及转移资金等行为，必须遵守《银行法》。非银行金融机构涉及上述行为，则必须遵守其专门的行业法律法规（如信用银行必须遵守《信用银行法（Shinkin Bank Law）》）。

（7）《邮政储蓄法（Postal Savings Law）》、《邮政转账法（Postal Giro Law）》和《邮政汇票法（Postal Money Order Law）》。邮政储蓄、邮政转账和邮政汇票，必须分别遵守上述三项法律。

（8）《民法》和《商法》。个人支付行为属于个人合约行为，需要遵从国内私法如《民法》和《商法》。证券结算行为如实物证券交割、更换证券持有人名称、证券入账登记、中央对手方的账簿处理等也必须遵守上述法律。

（9）证券结算相关法律。所有的证券结算行为必须遵守《账簿划拨法》。政府债券、股票和公司债券的发行，必须遵守《政府债券法》、《证券交易法》和《商法》。公司债券和其他债务证券的转让必须遵守《公司债券转让法》、《民法》、《商法》和《支票法》，等等。而且，不同类型的证券服务提供商还需遵守各自的行业法律。

（10）其他与清算有关的法律包括《金融机构参与特定金融交易的抛售轧差法》等。除此之外，日本银行根据CPSS发布的《系统重要性支付系统的核心原则（2001）》，对支付结算系统提出了基本的国际标准和要求。

三 主要新兴经济体的支付清算体系监管框架

（一）韩国

1. 监管主体及其职责分工

（1）韩国银行。管理国家支付系统，监管支付结算系统，制定有关支付系统的政策并开发新的支付安排，负责运营大额资金转账系统。同时，韩国银行可以以联合共组的方式，参加金融监管署对银行支付结算业务等进行现场稽核和审查。

（2）金融监管委员会和金融监管署。金融监管委员会目前是该国唯一的金融监管机构，接管了之前行业监管机构的大部分职责，负责监管韩国所有的金融机构和与金融有关的其他机构，包括负责维持支付清算体系的稳定，并由金融监管署具体负责对所有金融机构进行调查和稽核。

（3）金融部门信息化促进委员会。该委员会由韩国银行主导，且由来自银行、保险和证券行业的代表机构组成，负责制定基本政策、选择合资项目、评估系统性能并设计安全机制，以有效促进金融电子网络建设。

（4）韩国证券交易商协会。这是一家自律机构，对韩国证券市场和OTC市场进行管理，制定相关交易、结算和风险控制等政策，确保交易能公平进行。

（5）公平交易委员会。是韩国的反垄断管理机构，旨在废除包括支付和结算领域内妨碍公平竞争的法律政策。禁止金融机构相互串通价格政策，禁止金融机构在服务合同中强行加入霸王条款，有权制止垄断行为并征收罚款。

2. 监管的法律法规

（1）《韩国银行法》。自1998年修订后，《韩国银行法》赋予了韩国银行全权负责制定货币政策以及监管支付结算系统的职责，以及负责制定有关支付系统的政策并开发新的支付安排，负责运营大额资金转账系统等。但是，韩国银行把监管金融机构的职责移交给了金融监管委员会和金融监管署。

（2）《普通银行法》。这是管理普通商业银行的法律，规定了商业银行的经营范围以及经营支票业务的授权等。

(3)《汇票和期票法》和《支票法》。这两部法律主要管理韩国的汇票、期票和支票的签发、受票和兑付等业务。

(4)《信用金融业务特别法》。该法对所有与信用卡、借记卡和预付卡相关的业务做出了规定，并负责运营管理银行间间转账和银行间资金的其他转账业务。

(5)《促进信息化框架法》和《电子商务法和数字签名法》。这两部法规致力于推进和普及电子支付，从法律上保证电子商务使用电子单据和数字签名的合法合规性。

(6)《成立金融监管机构相关法》。该法致力于保证公平竞争、保护消费者权益，涵盖包括支付在内的各项金融消费服务。

(7)《证券交易法》。包含了对证券发行、交易、结算和风险控制等方面的法律规定。该法规定，只有获得了金融监管委员会的批准，韩国证券交易所、韩国证券交易商协会等机构才能制定、修改或废止内部实际操作规则。

(8)《建立金融监管机构法》。该法规定了金融监管委员会对支付清算体系稳定的基本职责。

（二）新加坡

作为主要的国际金融中心，新加坡的金融体系非常开放，其支付清算体系也具备了开放性特征。

1. 支付清算体系监管框架

(1) 核心监管机构——新加坡金融管理局。该机构在支付清算体系中充当三种角色：结算代理人、电子支付体系的运行者以及整个支付清算体系的监测者。新加坡金融管理局全面负责新加坡支付和结算体系等金融基础设施的安全和效率，对支付结算体系的运行者、结算机构、制定支付体系的参与者进行监管，共同促进支付结算行业发展。它还通过建立和运行实时总额结算体系，监测支

票、银行间、政府和银行间的转账系统。

（2）新加坡清算所协会。主要职责包括：制定不同清算体系的基本运行规则，管理会员的支票、债权、债务的清算服务和设施。监测新加坡自动清算所的活动，处理成员之间与支票清算和银行间转账有关的结算争端。

（3）新加坡银行协会。为成员银行的支付结算业务制定最低标准，并参与新加坡金融管理局关于金融行业问题和金融体系监管的讨论，参与支付和结算体系的法律规则制定工作等。

（4）认证机构控制者。在《电子交易法》的指导下，监测认证机构的活动。

（5）电子支付技术委员会。由信息技术标准委员会等机构联合建立，具体负责制定电子支付服务相关标准。

2. 支付工具和机构方面的法律法规

当前，新加坡金融管理局主要依据三部法律来监管支付结算体系：《2002年汇票法》，《2002年支付和结算体系法》和《2006年支付体系监测法》。新加坡金融管理局在2004年、2010年相继修订了《2002年汇票法》；在2007年7月、2013年3月和2013年4月，相继修订了《2006年支付体系监测法》。其中，《2002年汇票法》主要规定了汇票的发行、流通和承兑事宜。《2002年支付和结算体系法》主要规定了实时总额结算体系的运行规则等。《2006年支付体系监测法》主要规定了新加坡金融管理局的监管职责和权限等。

除此之外，新加坡的支付结算体系受到多部法律的监管：

（1）新加坡金融管理局也在《新加坡货币当局法》（条款29A）的指导下运行实时总额结算体系。

（2）《通货法》。通货的发行及相关问题需要遵守《通货法》。

（3）《银行法》。新加坡的银行实行混业经营，分为全能银行、批发银行和离岸银行。新加坡的商业银行可以处理完整的支付链条业务，是主要的支付结算机构，必须遵守《银行法》。该法还允许新加坡金融管理局联合各银行和有关机构共同建立清算所，以方便支票和其他信用工具的清算处理，确保清算所的正常运行。

（4）《银行业（清算所）条例》。规定了自动清算所的清算业务框架。

（5）《新加坡清算所协会条例》。规定了参加支票清算和直接转账业务的标准。

（6）《电子交易法》。规定了电子商务交易制度，支付的数字签名等问题。

（7）《证券和期货法》。规定了新加坡金融管理局对清算所的监管权利和监管体制。

（8）《开放贷款法案》和《政府证券法》，规定了新加坡政府证券的发行、管理、清算和结算等业务。

（三）中国香港

作为国际金融中心之一，中国香港金融管理局自20世纪90年代起，就致力于建立国际领先的金融基础设施，包括高效稳健的支付清算和结算体系，这也是现代国际金融中心的重要功能之一。

1. 监管主体及其职责分工

主要的监管机构是香港金融管理局。与其他中央银行不同，香港金融管理局没有发钞权，但有义务监测支付清算和结算体系，并致力于提高支付结算安排的效率、透明度、一体化和发展能力，降低金融体系的系统性风险和抗金融危机的能力，有责任维护香港作为国际金融中心的地位。除了作为主要的监管者，香港金融管理局也直接参与支付清算系统，管辖主要的支付清算基础设施，包括港元自动清算所转账机制，中央货币市场单位和香港交易信息库等。

香港作为国际金融中心之一，其对支付清算体系有着独特的监

管途径,包括:一是非现场评论、持续监测;二是现场检查;三是定期提供内部审计报告;四是与系统运行者的管理和结算机构的指定系统定期会晤;五是与跨境指定系统合作监测;六是跟踪行动。

此外,还有清算和结算体系上诉法庭。是按照2004年颁布的《清算和结算体系法令》依法建立,由一个法官和由中国香港特别行政区行政长官任命的、相互独立的成员组成的陪审团构成,主要为支付结算相关诉讼举行听证会,包括制定清算和结算体系,撤销指定,发出罚金证明书,暂停或撤销罚金证明书等。

2. 监管的法律法规

在2004年之前,香港没有对支付体系专门立法,有数部法律直接涉及支付工具和系统,包括《外汇基金条例》《法定纸币发行条例》《银行业条例》《电子交易条例》《汇票条例》《金融条例》《证券与期货委员会条例》等。

到2004年,颁布了《清算和结算体系法令(Clearing and Settlement System Ordinance)》,基于维持香港金融体系的稳定,以及作为国际金融中心的基本职责,该法令构建了货币当局指定和监测清算和结算体系的基本法律体制。

到2012年,香港金融管理局按照CPSS-IOSCO发布的《金融市场基础设施原则》,构建了金融市场基础设施的国际监管标准。在与各方充分交流之后,其在2013年修改了国际监管标准的总则。并在2013年,将香港的交易信息库纳入支付清算体系的监管范围。

四 对我国的启示和借鉴

(一)海外支付清算体系的监管特征

由于历史、国别、法律、人口等等因素的区别,中国和美国等海外经济体，尤其是发达经济体的支付清算和结算体系及其监管具有差异性：

（1）发达国家传统的支付工具——支票（纸质或电子的）在中国并不是主要的支付工具，现金、银行卡等占据主流，因此其私人和公共清算机构数量居多。

（2）发达国家和新兴经济体的国际金融中心，其结算和清算机制多面向全球，跨境清算机制比中国发达。

（3）在新一轮的电子支付创新潮流中，中国的电子支付机构和工具创新发展迅速和势头不亚于发达国家，对此，必须有针对自身支付创新的有效监管机制。

（4）发达国家的证券结算和清算体系远比中国的复杂、庞大，也具备较为完善的系统性风险防范机制。中国的内需一旦被完全启动，支付体系将更为活跃和发达，国内的结算和清算机制、监管机制若依然保持原有的结构、不改变现有的制度框架，既可能影响支付体系的效率，也有可能会产生某些监管真空从而酝酿系统性风险，对支付清算体系的发展而言不是最优选择。

（二）海外支付清算体系监管的经验与教训

明晰的监管框架必须有基本的监管理念和逻辑，各个国家的支付清算体系监管对此提供了有益的启示，即：支付清算和结算体系具有系统重要性，需要宏观审慎监管框架来补充原有的微观审慎监管框架，必须有明晰的监管主体和详细的监管措施，针对支付、清算和结算的各类监管主体应该建立制度化的协调机制，以达到少而有效而不是多而无效的监管。

在本轮金融危机还没有见底情况下，发达国家就开始紧锣密鼓地制定金融监管立法，包括支付清算体系监管框架立法，发展中国家的步伐都比较缓慢。发达国家的立法非常及时，理念非常先进，

这些都值得深入剖析和学习。

在发达国家中，加拿大的支付清算体系发展没有非常明确的特征，但其监管体系和法律法规却相当完善，能根据市场发展及时调整，其监管模式有值得借鉴之处。首先，加拿大的支付清算体系发展模式及其监管模式的组合非常典型——高度市场化的发展模式、不断更新设计的监管体系，这些很值得借鉴。其监管主体一直非常关注并鼓励支付市场创新发展，并且历来注重主观能动地及时更新监管体系和政策。据IMF（2012）评估，在全球范围内，加拿大金融体系的发展相当成熟，其联邦政府、13家地方省级监管以及联邦机构共同主导的金融监管框架设计合理，审慎监管框架比较完善。其次，结构性的监管政策也经常出现在加拿大支付清算体系中，事实证明也行之有效，这种监管方式值得参考。通常是为了降低风险或提高效率，监管主体通过法律法规的细微调整来改变公众的支付行为，再用后期跟踪调研反过来验证这一政策的有效性，继而再调整政策。

（三）对我国的启示

不能忽视的一点是，中国的支付体系处于蓄势待发的新时期——新的机构、工具、网络等环境已经形成，金融监测、监管目前需要实时更新，在防范短期风险的同时也需要长期战略性的规划，例如，提高中国国内清算、结算机构的跨境清算、结算效率，以助推跨境支付的发展，以及支撑人民币国际化等。因此，中国的支付清算体系面对的不仅仅是短期的规范、监管问题，还有中长期的发展问题，监管当局应该同时考虑二者及其关系。监管只是美国等发达国家的支付清算体系发展的一个支撑机制。发达国家在过去的几十年已经跨越了国内发展和国际化的发展阶段，服务于支付体系的清算、结算机制以及相关的法律法规等都较为发达和完善，其发展的历程和积累的经验更加值得借鉴。

当前，中国正在加快推进上海国际金融中心和上海自贸区的建设。金融中心是金融机构、金融市场和金融交易的聚集地，它集中表现为一定范围内金融资源和金融功能在特定地理范围内高度集聚。这样的中心也必然是支付清算基础设施极为发达的地方。完善支付清算体系，对国际金融中心的维护形成和发展具有非常重要的意义。发达国家尤其是主要国际金融中心的支付清算体系都非常发达，这对其维持国际金融中心地位起着至关重要的作用。中国在推进上海成为国际金融中心建设方面，首先应该促使上海成为国际上重要的资金清算和结算中心。

参考文献

安德鲁·贝利：《危机后的英国金融监管改革》，《中国金融》2010 年第 18 期。

胡滨、尹振涛：《英国的金融监管改革》，《中国金融》2009 年第 17 期。

十国集团中央银行支付结算体系委员会：《发达经济体支付结算体系（中译本）》，中国金融出版社，2006。

A Guide to the Bank of England's Real Time Gross Settlement System, http://www.bankofengland.co.uk.

Bank of Canada (2002): Guideline Related to Bank of Canada Oversight Activities Under the Payment Clearing and Settlement Act. Available at < http://www.bankofcanada.ca > under Publications and Research.

Banking Act 2009, Part 5, www.parliament.uk/legislation.

Committee on Payment and Settlement Systems and Technical Committee of the International Organization of Securities Commissions (CPSS&IOSCO) (2012): Principles for Financial Market Infrastructures. (April).

CPSS (2001): The Core Principles for Systemically Important Payment Systems.

CPSS (2003): International Payment Arrangements.

CPSS (2003): Payment System in HongKong, CPSS Red Book.

CPSS (2003): Payment System in Japan, CPSS Red Book.

CPSS (2003): Payment System in Korea, CPSS Red Book.

CPSS (2003): Payment System in Singapore, CPSS Red Book.

CPSS (2012): Payment, Clearing and Settlement System in the CPSS Countries. Volume 2.

Dingle, J. (2003): *Planning An Evolution: The Story of the Canadian Payments Association, 1980 - 2002.* A Joint Publication of the Bank of Canada and the Canadian Payments Association.

ECB (2007): Blue Book: Payments and Securities Settlement System in the European Union.

ECB (2009): A Single Currency-An Integrated Market Infrastructure.

ECB (2009): Eurosystem Oversight Policy Framework.

Hong Kong Monetary Authority (2013): Oversight of Financial Market Infrastructures.

IMF (2000): Report on the Observance of Standards and Codes——Canada.

IMF (2012): World Economic Outlook, October.

International Center for Monetary and Banking Studies (2009): The Fundamental Principles of Financial Regulation, Geneva Reports on the World Economy 11.

Jackson, J. (2013): Financial Market Supervision: Canada's Perspective. Canadian Congressional Research Service.

Monetary Management and Infrastructure Department (2003): Hong Kong Monetary Authority Quarterly Bulletin, March.

Rios, F. (2010): "The Payment, Clearing, and Settlement Supervision Act of 2010: Mitigating Systemic Risk Through Consolidated Regulatory Supervision", *Review of Banking and Financial Law*, 30, 584 -594.

Staff of the Bank of Canada and the Department of Finance (1997): The Payments System in Canada: An Overview of Concepts and Structures.

U. S. C (2010): Dodd-Frank Wall Street Reform and Consumer Protection Act.

U. S. C. (2010): Payment, Clearing, and Settlement Supervision Act of 2010.

B.9 电子支付创新：动力、形式、风险与监管

全球电子支付创新还能走多远，目前的发展处于什么阶段？了解促进各国电子支付创新的源动力及其形式，才能明晰目前的创新水平和发展阶段，这对于身处电子支付时代的传统金融机构和新兴金融机构来说都非常重要。

一 促进电子支付创新的动力分析

当前市场上已经存在的电子支付创新，其基本的发展模式源自互联网与传统商业交易初步结合形成的电子商务。基于新型商品交易的电子商务的繁荣兴盛是电子支付创新的基础，但整个支付体系的创新依赖多种因素，多重动力推动了电子支付领域的发展：信息技术革命冲击、基于互联网的金融服务升级需求、商业环境和商业模式的创新和改变、各国基本的政策支持等。

（一）计算机与信息革命的冲击力与创新

计算机在被发明之初，并没有特定的用途，从20世纪60年代的自动批量计算和处理数据、20世纪70年代小型可移动的数据通信系统、20世纪80年代出现的个人电脑及其微处理器和操作系统等，直到互联网的出现，计算机找到了其最佳用途——作为一种新的信息媒介的载体。

通信系统是整个经济体系的中枢神经系统,作为一种沟通方式,将不同的资源联系在经济体内。第一次工业革命时期,新闻媒体是主要的信息传播工具;第二次工业革命时期,电话、电视等构成社会核心信息网络。互联网信息技术将成为未来第三次工业革命的信息媒介,这种信息媒介的主要技术,是分散式合作技术。

科学技术的进步,发展到什么程度才能引发经济革命?直观上来讲,只有到了改变人类生活方式、生活标准、加速企业的创新程度,才能称之为产业革命。诺思指出,经济革命的本质大致包括两方面的内涵:一是知识存量的重大变化所引起的社会生产潜力的重大变化,二是为实现那种生产潜力而在组织上必然发生的、同样是基本的变化。从结果来看,产业革命之所以是革命,指的是它们改变了市场经济的资源配置方式,从而改变了产量的长期供给曲线的斜率,使人口的不断增长不致承受古典经济模型的悲观后果。

互联网有没有带来上述变化?计算机的发明逐步带来软件、网络通信系统等新的、独立的产业,而信息网络技术已经成为知识经济时代必不可少的科技需求。对于个人而言,自然人在网络上实现"镜像",可以在家中通过网络进行工作,可以组成网络家庭聚会。人类的很多行为可以分散化进行,而去中心化网络技术即点对点(Peer-to-Peer,简称P2P),让人们的消费和交易行为可以通过互联网直接交互、相互有偿提供资源,避开大网站等互联网中介,甚至形成产销结合体。基于网络的电子商务成为服务行业的新秀。

如果说互联网早期的发展类似于第二次工业革命中电的发明的话,那么下一步,互联网与云计算和大数据的融合,将带来各种电商企业、产品和模式的创新,并且将会进入一个高度应用性的发展阶段,这是未来电子支付发展的基本技术动力。

（二）基于互联网的金融服务需求

互联网经济高速发展时期，正值全球金融服务行业高速发展的阶段。基于平民化的金融需求、财富管理在各国尤其是新兴市场国家兴起，人们比以前更加关注能够实现财富增值的各项金融服务，而支付服务便是其中之一。在互联网和金融的融合过程中，"互联网一代"对金融服务提出了基本要求——在任何时间、任何地点，获得任何方式的金融服务提供。资金转移所依托的载体、途径、安全保障等，都遇到了前所未有的"跨越时空"的市场需求，反过来直接对支付的安全性、真实性提出了更高的技术和制度要求。

网络信息技术的进步改变了人类的经济交易、消费模式。互联网提供了新的在线交易、消费方式，改变了流通环节、改变了人们的消费体验和消费习惯，支付方式也随之改变。电子支付迅速发展：从传统的现金、卡基转向电子账户、网基支付，以及虚拟的支付货币如点币、金币、比特币（Bitcoin），无一不是基于市场的需求而发展的。

（三）不断改变的商业环境和商业模式

20 世纪 90 年代兴起了电子商务，国际商会将电子商务定义为：整个贸易活动的电子化，即交易的各方以电子贸易的方式而不是通过当面交换或直接面谈方式进行的商业交易活动；从技术角度来看，电子商务是一种多技术应用的集合，包括交换数据、获得数据以及自动捕获数据（条形码、二维码）。电子商务最初的交易模式包括 Business-to-Consumer（B2C），Business-to-Business（B2B）等，现在已经发展到了 O2O（Online to Offline）模式。

B2C 即商家对顾客模式、企业通过互联网直接面向消费者销售产品和提供服务，消费者进行网络购物、在线支付。与传统实体

市场的交易模式相比，B2C 模式节省了客户和企业的交易时间和空间，大幅提高了交易效率。

B2B 是指进行电子商务交易的供需双方的商家通过各种商务网络平台，使用 Internet 的技术完成商务交易的过程。B2B 分为面向制造业或面向商业的垂直模式，以及面向中间交易市场的综合模式，行业龙头企业自建模式，以及整合综合模式和垂直模式的关联模式。关联模式的行业 B2B 是当前实践比较成功的模式。

O2O 模式是指将线下商务服务与互联网结合在一起，让互联网成为线下交易的前台。实现网上和网下优势的完美结合。目前，二维码与 O2O 结合的模式成功实现利用读取二维码将线上的用户引流给线下的商家。国外 O2O 模式比较成功的案例包括 Uber 私家车搭乘服务、Getaround 租车服务、Jetsetter 旅行社服务、Airbnb 民居短租服务、Zaarly 等各类同城服务，等等。

O2O 商务模式将网络革命推动下的定制服务推动到高潮阶段，其核心是在线预付。随着电子商务模式的不断升级，支付服务及其供应商也发生巨大变化。从功能上来看，电子商务的出现，使商品供给链上的传统中间商被技术性消除，交易效率提高，交易成本下降，整个商业交易的资金链变短。但是，中间商的减少也带来了信用体系的萎缩，电子商务需要新的信用体系和信用中介。一些电子商务机构利用自身掌握的大数据，实时转型，从最初的支付服务机构开始向信用中介转型，这对支付清算体系、金融体系都是革命性的变化。

（四）政府将电子支付作为一种产业进行推动

电子支付产业最初的拓荒被证明是成功的，既提高了商业交易的效率，扩大了交易的路径和范围，也给企业、政府带来了经济效益。因此，在电子支付产业经历最初的拓荒式发展之后，绝大多数国家选择扶植其深入发展,基本的举措就是推动行业服务标准的统一、出台优惠政策、建立适宜的法律监管制度。

以亚洲电子支付行业的龙头——韩国为例。韩国政府为本国电子支付行业发展创造了诸多公共基础设施条件,包括大力发展电子政务、由政府主导大型信息化项目、出台政策鼓励信息化发展来促进本国信息产业的发展。目前,韩国电子商务基础设施在国际社会被公认为世界级水平,无线宽带普及率在2012年已经达到100%,居世界第一位。这些都为电子支付的发展提供了良好的基础。

以电子商务法律制度较为先进的欧盟为例。欧盟地区试图将移动支付作为一种产业,在本地区进行推广,实现统一的泛欧移动支付服务网络。为此,欧盟建立了完整的配套制度,促进泛欧移动支付网络的建立,包括:支持移动支付服务研究、设计和其他创新活动;调整法律和监管框架,为移动支付网络建设提供宽松的发展环境。例如,欧盟议会在1999年颁布《欧盟电子签名统一框架指令》(1999/93/EC),很好地保护了电子支付私人供应商;于2000年5月4日又通过了《电子商务指令》,全面规范了关于开放电子商务的市场、电子交易、电子商务服务提供者的责任等关键问题。

二 电子支付创新的主要形式

电子支付的基本含义是:客户通过各类电子服务终端,直接或间接向支付机构发出相关支付命令,实现货币支付与资金的转移。按电子支付指令发起方式区分,电子支付的基本途径包括网上在线支付、电话支付、移动支付、销售点终端支付、自动柜员机支付等。随着电子支付的飞跃式发展,各国电子支付创新涵盖了工具、渠道、机构等创新方式。

表1 各国电子支付创新的形式

	支付工具创新	支付渠道创新		支付机构创新
电子账户	借记卡	POS		专业收单机构
	信用卡	ATM		专业化支付机构
	预付费卡			网络第三方支付机构
	电子钱包	电话支付		
	第三方机构电子账户	网络支付		
		非接触式支付		
电子货币	电子现金	移动支付	远程支付	
	数字贵金属		近场支付	
	比特币			

资料来源：作者整理。

（一）支付工具创新

基于电子商务网络交易的需求，出现了新的非现金支付工具或者载体，包括电子账户和电子现金。这些载体的基本特征就是虚拟化，由各种软硬件加密系统保障其存在性，以及不能随意创造和派生。

1. 电子账户

传统支付工具在网络空间的延伸，使普通个人账户变为电子账户，出现了借记卡、预付卡、信用卡、第三方支付机构账户等。

（1）借记卡出现于20世纪70年代中期，在90年代获得迅猛发展。基本原理是，用户在支付服务商用借记方法处开设账户，被授权使用该账户进行支付。借记卡的种类包括签名借记卡和密码借记卡，一般都是二者同时混合使用，以增加安全性。电子借记卡可以在网络或线下实现存取现金、消费购物、转账结算、ATM、电话银行等功能。

（2）预付费卡，是一种先购买再消费的卡，包括各种购物卡、礼品卡、旅行卡、转账卡、预付费电话卡等。预付费卡可以分为封闭式和开放式，封闭式预付费卡使用专有的硬件和网络，卡片只能在特定商户范围内使用，后来出现了可以在一种或几种商户网点使用的封闭式复合商户卡，例如美国的通用卡、中国的万通卡。开放式预付费卡突破了使用范围限制，更加灵活，可以有多种用途，而且可以在发行机构全球的 ATM 和 POS 终端进行交易、支付。目前，各国都有不同类型和用途的预付费卡，例如新西兰的 Visa Cash Passport，西班牙的 Hal-Cash。有很多国家的预付费卡与借记卡系统相通，可以从 ATM 取款，如澳大利亚、新西兰、西班牙等。

（3）信用卡在1915年起源于美国，指发卡银行基于客户基本信息和长期的交易数据，给予持卡人一定的信用额度，允许持卡人在信用额度内先消费然后在约定时间内还款。信用卡的本质是赊销、赊购记账，充分利用了客户和消费者的信用，提供现场支付、延期还款的便捷服务。信用卡在很多发达国家如美国、英国，都已经超过借记卡成为最重要的支付工具。信用卡在另外一些发达国家如德国则没有得到广泛推广，原因在于消费习惯等主观因素；还有一些国家没有大幅度增加使用，则缘于文化因素，透支、"寅吃卯粮"在一些亚洲国家的消费群体中没有被广泛接受。信用卡分为一般用途信用卡和有私有标识的信用卡。前者包括商业银行和专业信用卡公司如 VISA、万事达、运通等发行的普通信用卡，后者包括一些零售商和加油站发行的、只能在内部或有限范围内使用的信用卡。全球著名的信用卡网络包括 Visa、MasterCard、American Express、Diners Club、JCB 以及 Discover 等。

（4）电子钱包。国际清算银行支付和结算委员会（CPSS）对其定义为：一种可以反复登录、存有多种预付卡或直接将电子货币存于一张电子卡片中的账户，一般代替硬币用于小额零售支付。电子钱包本质是一种软件、电子账户管理系统，内置各种电子现金、电子银行卡等，用于各种小额支付。全球典型的电子钱包系统包括Visa Cash 和 Mondex 两大电子钱包服务系统，其他电子钱包服务系统还有 MasterCard Cash、EuroPay 的 Clip 和比利时的 Proton 等。

（5）第三方电子账户。一般意义的第三方电子账户是指，独立于第三方支付机构创建的、只具有支付功能的电子账户，作为交易双方的资金转移中介和信用中介，保证双方合法权益。新型的第三方电子账户是一种既提供资金转移服务又能同时增值的电子支付账户。例如，我们多次提到，中国的第三方支付机构——支付宝，于2013年6月推出的余额宝账户，服务于各类电子商务交易，同时与货币市场基金账户等联合，享有高于活期存款利息的收益。

2. 电子货币

Chaum 在 1983 年最早研究并提出电子现金系统方案[①]。电子货币是传统货币的等价物，只是形态是数字形式。它具备货币的各项基本功能：价值尺度、流通手段、贮藏手段、支付手段等，只是流通的途径是互联网。基本运行原理是，用户从电子货币发行商处购买代币（或者证书、钱币、数据包等），并以数字形式存储在网络账户或者智能卡中，可在线、可离线匿名支付，且能直接对商家进行支付，无须中间商和平台。电子现金在互联网上等同于现金，国际上典型的电子现金支付系统包括 E-Cash，NetCash，Mondex，Payword，MicroMint 等。

数字贵金属（Digital Precious Metals），是含有贵金属期权的电子货币，基本功能是以一定价格投资贵金属。持有者可以转让、交易数字贵金属，也可以将其兑换为普通贵金属，或兑换外汇。最古老的数字贵金属是 E-gold 公司的数字贵金属（该公司已经被多国

---

① Chaum, D.: "Blind Signatures for Untraceable Payments in Advances in Cryptology-Crypto' 82", *Springer-Verlag*, 199 – 203.

电子支付创新：动力、形式、风险与监管

界定为非法跨国传销组织）。

另外，前面章节也已提到，近年来网络上出现了另外一种新型的电子货币——比特币，不同于普通的电子现金和数字贵金属，自行创建了独立于现有各国政府信用货币的网络电子货币体系，由于其机制设计非常具有革命性，但同时价格又大起大落，所以也引起了广泛的争议。

（二）支付渠道创新

基于传统商务和电子商务的场景变化，使得支付渠道的创新不断加快，出现了多种场景使用的、不同层次的非现金支付渠道和网络，包括 POS（Point of Sales）、ATM（Automatic Teller Machine，Automated Banking Machine）、电话支付、网络支付、移动支付等。

（1）POS。即销售点情报管理系统，是一种能识别条码或光字符码的终端阅读器。当 POS 终端为银行所用时，它指的是，由银行设置在商业网点或特约商户的信用卡授权终端机和银行计算机系统中通过公用数据交换网联机构成的电子转账服务系统，实现借记卡扣账或信用记账服务。

（2）ATM。ATM 全称自动取款机，是一种技术高度精密的机电一体化配置，其基本原理是利用磁性代码卡或智能卡，实现传统金融交易的自助服务，最终代替银行柜台人员的相关工作，如提现、查询账户余额、账户之间的资金划拨、现金存款、存折补登、缴费中间业务等。

（3）电话支付。电话支付是电子支付的一种实现形式，指的是消费者使用电话（固定电话、手机、小灵通）或其他有电话功能的终端设备，向商业银行发出相关指令，从个人的银行账户中直接完成交易付款的方式。电话支付比传统的电话通信体系增加了安全加密功能，成为一个多功能、自助式的支付终端。从普通的座机演变为无线电话之后,结合不断发展的无线网络,电话支付网络逐步让位于网络支付,以及升级版的移动支付网络。

(4) 网络支付。网络支付指的是基于电子银行账户或其他非银行机构的账户,通过网络操作进行资金转移的活动。网络支付账户从银行账户转变为与银行账户绑定的网络第三方支付机构账户、独立的第三方支付机构账户。网络支付账户的形成依赖于支付功能与其他商业银行功能的分离,以及支付机构的专业化过程。

(5) 移动支付(Mobile Payment)。移动支付是指用户通过移动终端(移动电话、掌上电脑、平板电脑以及其他移动终端设备)发出数字化指令为其消费的商品或服务进行资金支付、转账等资金流动活动。移动支付主要包括远程支付和近场支付(非接触式支付)两种。前者是指终端用户通过手机登录银行或电子商务网页、通过下载客户端、发送短信或代码等完成支付;后者是指终端用户使用预装有一种采用近距离通信技术(Near Field Communication,简称NFC)或双面SIM卡(Double Interface SIM,简称DISIM)的智能卡片手机(手机同时是电子资金账户),通过射频、红外、蓝牙等通道,在商家通过"刷手机"的方式进行支付,卡和读卡机之间的交易过程被严格加密。这种移动非接触式支付是一种比传统支票更为高级便捷的支付方式,但两种支付方式内在的基本交易关系结构没有任何差别。非接触式支付在国外也被戏称为"Wave and Pay"、"Tap and Go",以示其在小额支付领域的快捷性和便利性。

移动支付大大缩短了交易时间(10%～40%),对消费者而言非常便捷、安全高效、免除记忆信用卡密码;对商户而言,交易时间缩短,提高资金流通速度,增加了交易额,从而提高了商家的运作效率和服务水平。在运营安全方面,各国运营商不断改进技术,如绑定手机和手机密码、采用手机指纹技术等。

全球移动支付和非接触式支付的首例都发生在1997年的美国。

当时，可口可乐公司推出了移动购买模式，即消费者投币即可自动获取商品，这是移动支付的首例。而美国的移动加油站则首推了一种非接触式支付工具。随着 NFC 技术的发展，现代移动支付市场开始依托并高度依赖手机普及率和银行卡普及率，使移动支付从一个革命性概念变成可以普及的支付方式。但市场是否活跃也取决于其他各种因素，如人们对于新型支付方式的基本判断和接受程度。移动支付在美国和欧洲发展相对缓慢，并未成为支付的主流方式。但自从国际 EMV 规范[①]颁布以来，非接触式移动支付在各国逐步兴起，近两年在各类支付机构的竞争和合作推动下，呈现飞跃式发展趋势。2011~2013 年以来，欧美市场的非接触式支付已经开始活跃并快速增长，主要由通信公司联合手机制造商（HTC、Samsung、Google、LG 等）、国际卡组织、商业银行等共同推出，如 VISA 推出的 PayWave 非接触式借记卡和万事达的 PayPass，再比如法国移动运营商 Orange 和 VISA 联合推出的智能手机非接触式支付，还有英国在其车站、快餐店如麦当劳和星巴克等推出了非接触式支付服务等。相比来看，移动支付在整个亚洲发展迅速，当前亚洲市场约占据全球 60% 的市场份额，尤其是韩国、日本、中国的移动支付呈现快速发展趋势，中国的银行机构也相继推出非接触式支付卡，如中国工商银行和百盛集团共同发行了牡丹百盛信用卡等等。

在中国新兴的移动电子商务和支付市场上，主要的三大类参与者是：中国银联和银行、移动运营商（中国移动、中国电信和中国联通）、在线第三方供应商（支付宝、财付通、易宝支付等）。这些机构都已经相继拿到第三方支付牌照。目前，人民币业务对境

---

① EMV 是 Europay、MasterCard、VISA 三大国际银行卡组织共同制定的芯片卡统一的技术标准规范，是芯片卡与芯片终端之间的交互对话机制。国际组织于 1996 年发布了 EMV96 标准，2000 年发布了 EMV2000 标准，目前最新版本是 EMV2000 4.1。

外支付业务提供商尚未开放,在此政策约束下,移动互联网支付市场还未对国际支付公司如 Visa、万事达卡和 PayPal 等开放。

一种新型支付方式如果能在一段时期内成为稳定的支付方式,必须多方位符合商业模式变化需求、科学技术进步,以及消费者需求。目前,消费者对于支付方式的自主选择、自主支配感增加,消费者尤其是年轻群体对于单一支付功能的工具兴趣降低,而对于支付只作为其功能之一的综合化方式越来越感兴趣,如目前的移动支付、非接触式支付等。未来的支付方式创新将继续跟随年轻人的消费、生活方式及其对支付的需求而不断升级,任何一种新型支付方式不及时完善服务都将只是"昙花一现",而传统支付机构如商业银行和新型支付机构、通信公司、卡组织之间的合作模式也必将不断翻新。

(三)支付机构创新

全球支付行业目前正在由传统的供给导向型逐步转变为需求导向型,行业里开始出现大量的专业化支付机构和第三方支付机构。

(1) 基于信用卡的专业化收单机构。伴随着信用卡的推广使用,大量非银行专业化收单机构(第三方机构或是商业银行成立的独立专业化机构)出现,分离出商业银行的信用卡处理业务,成为主要的市场经营者。这些机构采用高效的收单技术,集中化、规模化处理支付交易数据。

(2) 专业化支付机构(第三方支付机构)。由于买卖双方通过虚拟的网络进行交易,没有最基本的信用体系,支付问题曾经成为电子商务发展的瓶颈之一,为满足同步交换的市场需求,第三方支付应运而生。在2005年瑞士达沃斯世界经济论坛上马云首先提出第三方支付平台的概念。第三方支付机构的本质是,在网络交易双方没有相关信用机构和法律支持的情形下,第三方支付机构充当信用担保中介，作为资金支付平台，暂时保存买方支付的资金，待交易结束、双方均对交易无异议时，再将资金从支付平台转给卖家。

（四）小结

在互联网技术、商业模式、金融服务需求和政府外部政策等动力作用下，上述电子支付工具和渠道涵盖了互联网自诞生至发展应用时期的创新，具有开拓性的意义。但从整个互联网行业发展来看，移动互联网、云计算和大数据等技术将出现进一步融合的趋势，互联网的应用性发展将进入新的发展阶段[①]。在此背景下，电子支付行业一方面会基于前期发展，出现差异化竞争、优胜劣汰；另一方面，新的支付机构、支付工具、方式和渠道也将层出不穷，联合化、多元化、开放化、规模化、专业化将是电子支付行业今后的发展趋势。

当前的电子支付行业已经不是单纯的金融业，而是信息和金融混合行业。更多的先进信息技术为支付行业所用，非银行支付机构异军突起，突出了数据信息在支付行业中越来越重要的作用。基于信息的电子支付增值服务将逐步超越传统的清算结算服务，成为与电子商务同步发展和获利的业务。此外，随着支付体系结构的演变，零售支付清算业务的重心将从传统清算机构——中央银行转向市场化的第三方清算机构。

享受支付服务的个体，很容易适应新的电子支付技术，并开始改变支付习惯。但是，支付体系的监管主体却不容易迅速适应和敏捷反应。毫无疑问，现有的监管主体、监管框架、支付清算机构等都会受到来自电子支付行业的挑战。

---

① 田溯宁认为，"现在云计算、移动互联网，大数据非常像工业革命的后期电的发明，电一旦发明之后，最激动人心的应用开始了。" http：//finance.sina.com.cn/review/jcgc/20121129/171013843472.shtml。

三 电子支付创新的潜在风险

金融创新带来了支付效率的提高，但同时也蕴涵着风险。创新以其创造性的发展方式，突破了原有的监管体制和其他规范性框架，带来了新的服务、新的机构和新的技术等。因其最初的逐利过程往往不受约束，道德风险随即产生，其他与创新有关的风险也接踵而至。

当前各国的电子支付工具、方式和机构等创新，依赖于卡片密码付款网络（Chip and PIN Network），密码系统的有限保护能力（如密码一般可以有三次试错）决定了这种网络也无法避免潜在风险。而且，随着全球化程度的提高，原本给金融交易带来便利的一切有利条件，也可能为一些欺诈、犯罪行为所用。一旦为这些组织所用，将同样以更加扩大化和便捷的范式扩大风险、加重损失。因此，必须实时防范电子支付创新引发的各类新型潜在风险。总体来看，电子支付创新带来的新型潜在风险大致包括洗钱风险（Money Laundering Risk）、操作风险、法律风险、黑客袭击风险等。

（一）洗钱风险

洗钱一般指为了掩盖犯罪收入的真实来源和存在，通过各种手段使其合法化的过程。洗钱与腐败、恐怖主义、犯罪、欺诈等相关联，借助各类支付工具完成交易过程，是金融机构面临的重要风险。洗钱风险可以归为一种操作风险，但因其独特的重要性，所以此处单列分析。

自各类电子支付工具产生后，过去十多年里，通过新型电子支付工具洗钱的案例层出不穷，其特点是花样翻新速度快，作案技术复杂。传统有形的洗钱犯罪借助无形、快捷的电子支付工具，很快转移至虚拟空间,演变为电子货币洗钱,从而加剧了反洗钱的难度,成为电子支付领域必须防范的首要风险。

传统洗钱一般有三个阶段——放置阶段、分离阶段、整合阶段。电子货币洗钱也包括上述三阶段,只是每一个阶段都比传统洗钱更为便捷。以电子商务为背景的案例:在放置阶段,犯罪分子只需将非法收益中的现金,通过自己注册的一家网店,利用电子商务购买一般商品,然后通过另外的电子账户转账,从而消除原有账户的痕迹,完成分离阶段。在最后的整合阶段,将账户资金分配于各种在线商务的匿名电子支付并迅速转出,此过程反复进行,最终完成电子货币洗钱。在此过程中,洗钱者只需成立若干虚拟网店,建立若干虚假电子支付账户即可。

在电子支付体系中,银行借记卡、信用卡、转账、汇兑、各类储值卡等都是常用的洗钱工具。这些电子支付工具的匿名特征,被洗钱者大肆利用,使洗钱更为隐匿,从而降低了整个交易的透明度,使系统无法准确识别单笔交易的真实属性及当事人情况。而技术上的复杂性也使司法机关无法有效执法等,都放大了洗钱风险。

(二)操作风险

巴塞尔资本协议将操作风险界定为:因为内部流程、人力和系统的不足或者失误,以及外部事件冲击导致的直接或者间接损失风险。电子支付的操作风险指的是一切与电子支付操作有关的风险,如电子支付系统的信息泄露、电子支付工具的错误使用、电子支付过程中的错误操作导致的损失风险等。

电子支付体系的操作风险既包括客观错误行为导致的风险,也包括主观道德风险产生的操作风险。操作系统和信息系统本身的技术化完善和风险防范机制(设置防火墙、完善加密和身份认证技术、打补丁、升级系统等)设计等可以规避第一类风险,但对于

主动窃取、泄露电子支付信息等道德风险,并非完善技术所能消除的,必须从人事管理和安排、整个内部风险控制系统设计、员工忠诚度培训等等方面综合入手治理。

(三)法律风险

法律风险主要指现代金融监管的相关法律制度无法完全覆盖电子支付创新交易和工具的风险,从而可能使各类创新交易和工具游离于现有监管体系之外而产生的风险。从创新的角度而言,金融创新往往走在金融监管之前,而且有一类金融创新主要是为了规避原有监管体系的约束。例如,早在自由银行业时期,支票就是为了规避当时对活期存款账户的约束而发明的创新支付工具。

当前,电子支付工具创新在全球各国都非常普遍,但支付机构等载体的活动不限于单一的支付服务。因此,对于以机构监管为主的分业监管体制而言,其监管的法律法规往往无法完全覆盖所有的支付业务。而且各国政府大都支持鼓励电子支付创新,在创新初期多数不会出台严格的监管约束政策,行业标准也并不完善,这符合新兴行业生命周期运行的规律。因此,在电子支付新型工具发展初期,往往面临较大的法律风险。

(四)黑客袭击风险

支付体系的黑客袭击风险包括各类支付、清算和结算机构遭遇黑客袭击,而导致机构和个人支付信息被盗取的风险;也包括黑客通过电子邮件或其他木马程序进入个人电脑,窃取个人支付信息的风险。当前的黑客袭击范围来自全球,只要支付工具可以接触的领域,都可能引发黑客袭击风险。黑客袭击的目的一方面是破坏交易系统,另一方面主要是窃取账户信息,盗用客户资金。除了公开拍卖客户金融信息获利之外,敲诈勒索客户换取赎金、直接盗用客户

电子支付创新：动力、形式、风险与监管

资金都是支付体系黑客常用的违法获利方式。例如，2008年，皇家苏格兰银行在美国的机构遭遇的黑客袭击事件。其电脑系统遭遇黑客入侵，直接导致150万张支付卡信息泄露，然后黑客将信息散布给其全球同伙。后者通过伪造支付卡，同时由黑客控制皇家苏格兰银行的Worldpay网络，在12个小时内，在全球280多个城市的ATM机上提取了900万美元。黑客团伙最后试图消除其入侵信息但并未成功，也暴露了此次支付卡盗刷事件的真正原因。近期，全球各国再次出现信用卡跨境盗刷事件，而且呈现团伙作案、集体被盗刷特征，性质非常恶劣。但鉴于网络转账的跨境、隐匿性和复杂性，当事人所在国的监管机构很难单独快速处理此类事件，更加凸显了电子支付创新体系面临的巨大风险。

四 电子支付创新的监管问题

支付清算作为中央银行发挥最后贷款人作用的根本途径，是现代中央银行产生的根本原因。从性质来看，电子支付和卡支付是典型的非现金支付形式，一直都在各国中央银行监管范围之内。例如，美联储在1913年成立时，就被美国国会赋予监测非现金支付体系的重任，故此，在美国，电子支付体系自产生就在美联储的监测范围中。但移动支付、第三方支付、互联网金融的快速发展，远远超出现有监管体系的发展和完善。针对新型电子支付工具出现的各类风险，现有的监管体系基本与传统支付体系的监管内容没有太大差异。行业自律组织、国内、国际监管层面都需要密切关注电子支付风险，及时完善监管规则。

（一）行业自律

在一个行业进入创新活跃期时，最初的市场秩序维护者一般是行业协会等自律组织。自律组织发挥准监管职责，能根据行业发展程度和出现的问题，综合制定适中的行业标准，从而以市场化的手段规范各类创新行为。行业自律主要是制定并完善统一的行业标准，标准的统一可以减少行业发展中的混乱现象和欺诈行为，也可以减少监管套利带来的诸多风险。

为防范电子支付创新带来的各类风险，国际电子支付行业制定了相关标准，包括金融行业的技术标准、安全标准（支付卡行业的数据安全标准，Payment Card Industry Data Security Standards，简称 PCI DSS）和监管标准等（具体内容可参见第 8 章），为相关机构和活动制定合规标准。行业标准的制定者多为国际性行业机构的"领头羊"，或者由主要行业机构组成的行业协会（如支付卡行业安全标准委员会），或者是 CPSS 这样的国际监管组织。行业标准是行业的准监管规则，在不断完善后，很容易被各国监管机构作为监管依据和标准。事实证明，电子支付行业的国际标准有助于规范行业有序竞争，推动行业合规健康发展。

（二）民间和官方监测

2008 年次贷危机的教训之一就是，各国官方机构不应一味放松监管、放纵场外交易，以美国《多德—弗兰克华尔街改革与消费者保护法案》为代表，多国开始要求对场外衍生品交易保持基本的数据流量监测，为未来是否监管或如何设计监管体系做准备。而监测金融市场交易的基本入口，就是支付清算体系和证券结算系统。对于中央银行主导支付清算体系的国家而言，原有的官方监测职能已经很强，只需特别关注和分析某类具有潜在风险的交易；而对于类似加拿大这样支付清算体系几乎完全市场化的国家而言，则需要重新考虑强化官方监测的途径，比如中央银行进入市场作为支付清算体系的交易对手方，等等。

在实践中，监管者对电子支付体系的监测一般是官方监测和民间监测并行。例如，(1) 欧盟地区。欧洲中央银行成立了电子支付体系观测系统（Electronic Payments Systems Observatory，ePSO），获取较为完善的数据，以对该地区的电子支付体系进行监测。(2) 美国。美国通过支付体系风险政策（Payment System Risk Policy）框架对其电子支付体系保持监测，具体的政策建议和执行者为美联储支付体系政策建议委员会（Federal Reserve's Payments System Policy Advisory Committee）。(3) 中国。中国商务部及民间机构易观国际和艾瑞咨询等，都跟随中国新型电子支付机构和工具的发展，实现了长期的跟踪式监测，为市场交易主体提供了透明、及时的市场信息，减少了信息不对称，有利于行业有序竞争和健康发展。

（三）国内监管和国际监管合作

借助高端的互联网技术和各国放松的监管政策，现代电子支付工具和运行机制基本超越了时空，可在全球实现"3A"支付——Anywhere，Anytime，Anyway，这种特征决定了其产生的各类风险一般都具有跨境、国际性特征，从而，除了各国官方监管之外，国际监管合作是题中应有之义。

以反洗钱为例，针对电子支付的洗钱风险，国际组织早在20世纪80年代就采取了相应的反洗钱行动。作为一个法律概念，1988年12月19日《联合国反对非法交易麻醉药品和精神病药物公约》最早正式提出并定义了洗钱："为隐瞒或掩饰由制造、贩卖、运输任何麻醉药品或精神药物等行为所得的非法财产，而将该类财产转换或转移。"随后，联合国、巴塞尔银行监管委员会、国际货币基金组织和世界银行等都相继联合颁布相关反洗钱法律或规范，主要的反洗钱国际法律制度包括：联合国颁布的《禁止非法贩运麻醉药品和精神药物公约》《与犯罪收益有关的洗钱、没收和国际合作示范法》《制止向恐怖主义提供资助的国际公约》《打击跨国有组织犯罪公约》《反腐败公约》，及反洗钱金融行动特别工作组颁布的《四十条建议》《反恐融资九条特别建议》和巴塞尔银行监管委员会颁布的《关于防止犯罪分子利用银行系统洗钱的声明》。除此之外，各地基本都颁布了《反洗钱法》。如欧盟的《The Directive 2001/97/EC》条例§1（C）、《1956 Money Laundering of USA Patriot Act》，美国的《1956 USA Patriot Act》的条例（a）（1）（B），中国颁布的《中华人民共和国反洗钱法》等。通过限制交易额度、可疑交易自动报告系统、可疑账户跟踪系统等措施，不断完善对电子支付洗钱风险的监管。

全球主要发达国家对电子支付创新的监管目标较为一致，即试图保持电子支付体系风险可控、便捷高效和权责统一，从而促进经济和金融的发展活力。在主要的发达国家中，欧盟和美国对电子支付创新工具和第三方支付机构等创新的法律监管制度更新速度较快，总体监管框架较为完整。目前，中国也在强化和完善电子支付创新的法律监管体制。

1. 欧盟

欧盟通过对电子货币统一立法，规范电子货币的发行及运用，从而构建统一的电子支付监管框架，并推行机构监管的原则。对于第三方支付机构，欧盟倾向于给出明确的界定，并通过不同层次的立法予以监督。

欧盟早在2000年通过立法将电子货币的发行权收归欧洲中央银行。2000年1月，欧盟颁布《电子签名共同框架指引》《电子货币指引》以及《电子货币机构指引》等，确认了电子签名的合法性和有效性，并规定非银行电子支付服务商取得各层次营业牌照——包括完全的银行业执照、有限银行业执照以及电子货币机构执照的相关要求。欧盟规定，电子货币发行机构的管理机构是中央银行，此类机构须在央行保留存款准备金并限制客户资金进行投资。

欧盟对第三方支付具体法律监管内容如下：一是确立欧洲中央银行是第三方支付机构的监管主体。二是提出获取资质原则，即第三方支付机构必须获得银行执业牌照或电子货币公司的牌照才能开展业务。三是提出最低资本要求。《2009∣110∣EC指令》要求电子货币发行机构的初始资本金不得低于35万欧元，而且不能随意减少初始资本金。四是明确规定第三方支付机构的沉淀资金属于负债，投资范围等要遵守相关规定。五是为滞留资金建立风险准备金制度，第三方支付机构留存资金放置在欧洲央行开设的专门账户中，以抵御和防范相关金融风险。六是建立消费者权益保护制度。明确规定第三方支付机构应该向相关当事人披露信息，并通过划分责任切实保护消费者的合法权益。

2. 美国

作为全球电子商务的发源地，美国官方一直大力鼓励创新、放松管制，给第三方支付机构提供相对宽松的发展空间。总体而言，美国通过联邦和州两个层次，对第三方支付机构实行功能监管。联邦层次的主要监管权限是：第三方支付机构登记、注册及适宜的监督检查，州层次的监管权限主要是为第三方支付货币转移业务发放经营牌照。

与欧盟相比，美国的监管重点是第三方支付交易过程，监管原则是功能监管。但美国并没有制定专门的法律制度，其对第三方支付机构的监管法律体现在对现有法律制度的补充完善：一是明确规定第三方支付机构的性质。1999年颁布《金融服务现代化法》将第三方支付机构定性为货币服务机构，即第三方支付机构只是货币转账企业或是货币服务企业，不是商业银行。二是明确规定了第三方支付机构的市场退出制度。美国《统一货币服务法》提出，在特定条件下，相关监管机构可以终止、撤销第三方支付机构的业务许可，或有权要求从事货币汇兑等相关电子支付业务的机构退出市场。三是反洗钱监管。美国的《爱国者法案》要求第三方支付机构须在财政部的金融犯罪执行网络注册，同时要接受联邦和州政府的反洗钱管理。四是明确禁止第三方支付机构从事的业务范围。美国《统一货币服务法》规定了货币服务机构不得从事完全类似商业银行的存款业务和贷款业务、不得擅自留存、挪用客户的相关交易资金，投资活动必须得到相关许可。五是规定第三方支付机构沉淀资金的性质。美国联邦存款保险公司（简称 FDIC）并未赋予第三方支付机构金融机构的身份，认为滞留在该类机构或平台的沉淀资金只是负债，不能算作存款。FDIC 有权监管第三方支付机构的滞留资金，并规定该平台的滞留资金须存入 FDIC 的无息账户，FDIC 则为其提供上限为 10 万美元的保险服务。六是对滞留资金进行监管。FDIC 通过提供与存款相关的保险服务，对滞留资金进行监管，而相关保险费用则由滞留资金产生的利息来支付。

3. 中国

在国内，中国人民银行已经有序规范了第三方支付机构，完善了相关规章制度。而且，电子商务行业内部也出台了一些自律性规范。中国人民银行于 2010 年 5 月 19 日发布《非金融机构支付服务管理办法》（人行〔2010〕2 号令 0614）及实施细则（20101201），这是目前为止我国规范第三方支付机构的主要法律。从《非金融机构支付服务管理办法》的基本诉求可以看出，我国货币当局肯定了第三方支付机构的专业化功能，目前为降低风险，将其功能限制为单一支付，并要求其巨额沉淀资金存入商业银行账户，从而削弱其类银行化发展。

从整个支付清算体系角度而言，国内对第三方支付机构监管的法律制度明显不足，具体表现在三个方面：第一，《非金融机构支付服务管理办法》（人行〔2010〕2 号令 0614）及实施细则（20101201）仅仅是中国人民银行的部门规章，法律效力比较低。

第二,《管理办法》只是原则性地规定了第三方支付机构开业条件、沉淀资金要求、反洗钱要求等,日常动态监管规则还有所缺位,实际操作性还需进一步落实。第三,没有对第三方支付机构违法违规制定具体和明确的法律责任规定。因此,为确保国内第三方支付机构运行的风险可控和高效便捷,非常有必要继续完善相应的法律制度。

参考文献

诺思·道格拉斯:(1981):《经济史上的结构和变革(中译本)》,商务印书馆,2010。

徐超:《第三方支付体系:兴起、宏观效应及国际监管》,《经济问题》2013年第12期。

Basel Committee on Banking Supervision (BCBS) (1998): Risk Management for Electronic Banking and Electronic Money Activities.

Basel Committee on Banking Supervision (BCBS) (2003): Initiatives by the BCBS, IAIS and IOSCO to Combat Money Laundering and the Financing of Terrorism.

Capgemini, RBS and EFMA (2013): World Payment Report 2013.

Chaum, D.: "Blind Signatures for Untraceable Payments in Advances in Cryptology-Crypto'82", *Springer-Verlag*, 199 – 203.

Committee on Payment and Settlement Systems (CPSS) (2004): Survey of Developments in Electronic Money and Internet and Mobile Payments.

CPSS (2001): The Core Principles for Systemically Important Payment Systems.

European Commission (2004): Application of the E-money Directive to mobile operators, Consultation papers of DG Internal Market.

Financial Action Task Force on Money Laundering (FATF) (2001): FATF-XII Report on Money Laundering Typologies 2000 – 2001.

Financial Action Task Force on Money Laundering (FATF) (2004): Report on Money Laundering Typologies, 2003 – 2004.

U. S. Treasury (2003): The 2003 National Money Laundering Strategy.

Ramasastry, A., "E-Money Regulation in the United States". In: Electronic Payment Systems Observatory-Newsletter, ePSONewsletter, No. 11, December.

B.10
国际金融视角下的中国
支付清算体系发展

作为实现商品与服务交易、债务清偿、资金转移的载体，支付清算体系是世界各国经济社会发展的核心金融基础设施。一旦支付清算体系遭到破坏，势必引发流动性风险，进而引起系统性风险[①]。因此，支付清算体系的安全高效运转，对于国际货币金融体系和全球经济的正常运转具有极为重要的战略意义。在金融业进一步扩大对外开放、人民币国际化趋势日益明显、我国国际金融中心建设亟待加速的现实背景之下，我们有必要从国际金融的视角来思考中国支付体系的发展战略问题。

本章首先分析支付清算体系与货币国际化战略之间的关系，随后讨论支付清算系统在国际金融中心建设进程中发挥的作用，最后在上述分析的基础之上提出中国支付清算体系国际化发展战略的若干政策建议。

一 支付清算体系与货币国际化战略

支付清算系统委员会（CPSS）在2006年公布的《国家支付体系发展的一般指引》中认为，支付体系是为发起和转移对中央银行或商业银行的货币债权而形成的基础设施、组织机构及相关制

---

① 李扬、张晓晶：《失衡与再平衡——塑造全球治理新框架》，社会科学文献出版社，2013。

度，以及三者的有机融合。支付清算体系当中应包括支付工具、支付基础设施、各类金融机构、市场结构安排、法律标准和实施细则等基本要素①。

人民币国际化是我国经济发展、金融崛起的重要战略，也是我国应对外部冲击的重要途径。当前，有关人民币国际化条件是否成熟的问题，在国内外理论界成为争论的热门话题，有许多学者提出，中国经济总量节节攀升，常年维持平均8%的高位增长率（见图1）。同时，中国国内通货膨胀率也未出现大幅波动，对外贸易稳定增长，外汇储备2013年末已达3.82万亿美元。另外，中国政治稳定、社会基本和谐，人民币国际化的"物质基础"似乎已经非常坚实。因此，有关加速推进人民币国际化的声音越来越高涨。

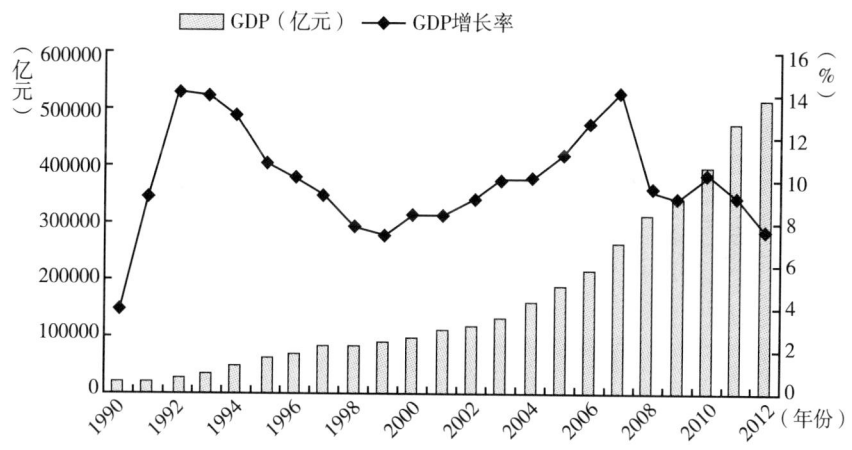

图1 中国历年GDP总量及其增长率

数据来源：国家统计局数据库。

然而，货币国际化是需求决定型的（Demand-Dominated），一种货币最终实现国际化，首先要有国际市场对该货币的需求。而

---

① CPSS："General Guidance for National Payment System Development"，BIS，2006.

205

决定货币国际需求的最主要因素除了该货币的价值以外,还有该货币的价格——市场化的利率和汇率。中国尚未实现利率市场化,也未实现汇率的自由浮动,这样就难以产生货币的市场价格,导致人民币价格信号失真,给人民币金融产品定价造成困难。另外,尽管我国是对外贸易大国,出口世界第一,但是我国在国际贸易定价权的争夺上处于明显劣势,这一方面由于我国的贸易结构是以加工贸易为主,另一方面也是因为我国出口企业大部分是外商投资企业。综合两方面原因,导致我国在出口贸易上难以有效实现人民币结算,人民币跨境贸易结算中的"跛足"格局非常明显。再者,我国至今尚未实现资本项目完全开放,金融市场深度距离美国、日本等国还有很大差距,使得投资者缺乏长期持有人民币的动机。对于人民币国际化的条件,从以上这些角度来看又不甚满足。

我们认为,长期来看,随着我国国内经济持续增长,对外贸易规模不断扩大,金融市场深度、广度不断提高,人民币最终走向世界是必然的。中短期内来看,可以通过离岸金融市场的建设发展,绕开人民币资本项目不开放的制度壁垒,从局部推动人民币的国际化。但是,这一尝试必须加快过渡,毕竟一国主动支持在海外发展本币离岸市场的情况并不多见。要尽快在加快国内金融市场建设和改革的同时,逐步提升人民币区域影响力,加强区域汇率协调合作机制,稳步实现人民币区域化,给人民币国际化打下坚实基础。

(一)人民币国际化现状

国内外学者对人民币国际化仍处于初级阶段基本没有异议,比如李瑶在2004年运用本币范围指数、本币境外流量指数、本币境外储备指数构造了货币国际度指数,计算得出2000年美元的国际度指数为 9.11、欧元为 1.7、日元为 1.05。① 借鉴李瑶的方法，中国社会科学院财经战略研究院课题组对 2010 年和 2011 年人民币国际化指数进行测算，结果分别为 0.1949 和 0.1957。可见，即便与 10 年前的日元相比，如今的人民币国际化指数仍然相当低②。

彼得森经济研究所教授 Subramanian 2012 认为，人民币将在 2022 年取代美元。也有学者认为人民币国际化应该暂停，如余永定认为央行应该暂停以"人民币国际化"的名义，进一步放松对资本跨境流动的管制③。可见，我们应仔细分析人民币国际化的利弊得失，只有对中国金融体系的现状进行客观合理的评价，才能够找出目前制约人民币国际化的真正因素以及合理有序平稳推进人民币国际化的有效途径。

1. 跨境贸易人民币结算增长迅速，但后劲不稳

如图 2 所示，自 2009 年开展人民币跨境贸易结算试点以来，人民币跨境结算量呈现井喷态势，2009 年第四季度仅有 32 亿元人民币，2012 年第四季度已达 8900 亿元，总额已达 2.94 万亿元。然而，正如许多学者所研究的那样，我国跨境人民币贸易结算呈现明显的跛足格局，也就是说跨境贸易人民币实付量远大于跨境人民币实收量，收付比小于 1。

跛足格局的一个典型矛盾，就是我国进口支付的人民币要远大于出口所收人民币，在人民币相对升值的情况下，我国不断地向海外输出高价值的人民币，与此同时，又持续通过出口扩张来积累美元储备，形成"双顺差格局"同时，大量的外汇占款又导致央行不断地投放基础货币来结售汇，造成国内货币供应量剧增，一定程

---

① 李瑶：《人民币资本项目可兑换研究》，社会科学文献出版社，2004。
② 中国社会科学院财经战略研究院课题组，2013：《人民币国际化对我国银行业的影响——基于 SCP 范式的研究》，研究报告。
③ 余永定：《从当前汇率波动看人民币国际化》，《国际经济评论》2012 年第 1 期。

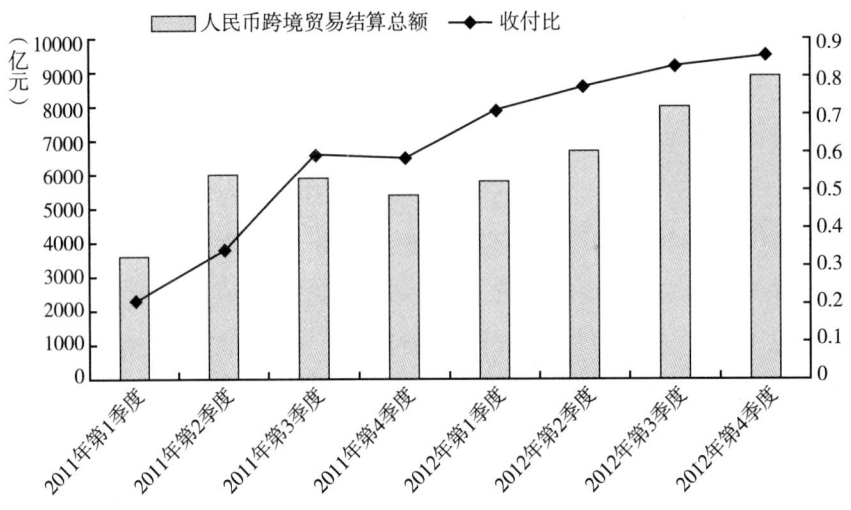

图 2 人民币跨境贸易结算"跛足"格局

资料来源：根据央行货币政策执行报告中相关数据计算整理。

度上推高了通胀率。建立在人民币升值预期基础上的跨境贸易人民币结算，一旦升值预期不再，结算量必将停滞甚至逆转，人民币通过这种渠道输出海外，更多地体现了一种投机性。

2. 资本项目下人民币走出去艰难起步

2010 年，我国首先在新疆启动了跨境直接投资人民币结算试点，接着到 2011 年初，又公开发布了《境外直接投资人民币结算试点管理办法》，明确表示允许境内机构使用人民币进行境外直接投资，也允许境内金融机构向境内机构在境外投资的项目发放人民币贷款[①]。管理办法规定，所有跨境贸易人民币结算试点地区的银行和企业均可以开展人民币 ODI，又由于 2012 年跨境贸易人民币结算已经推广至全国进出口企业，因此，人民币 ODI 在全国范围内很快拓展开来。2012 年银行累计办理人民币跨境直接投资结算业务 2840.2 亿元，其

---

① 刘肯：《境外直接投资人民币结算便利化》，《中国金融》2012 年第 19 期。

中对外直接投资（人民币ODI）结算金额304亿元，外商直接投资（人民币FDI）结算金额2535.8亿元①。到2013年，全年直接投资人民币结算业务为5337亿元，较上年同比增90%。

人民币ODI的放开，使得人民币国际化成为贸易、投资双轮驱动，有助于强化人民币国际贸易结算职能，也是人民币资本输出的排头兵，对人民币国际化意义重大。尽管人民币ODI从2011年开始成长迅速，但从数据中可以看出人民币ODI与人民币FDI相比还是比较小的，如图3所示，人民币ODI与人民币FDI形成鲜明的对比，FDI要明显多于ODI，意味着人民币"涌进来"要比"走出去"多得多。

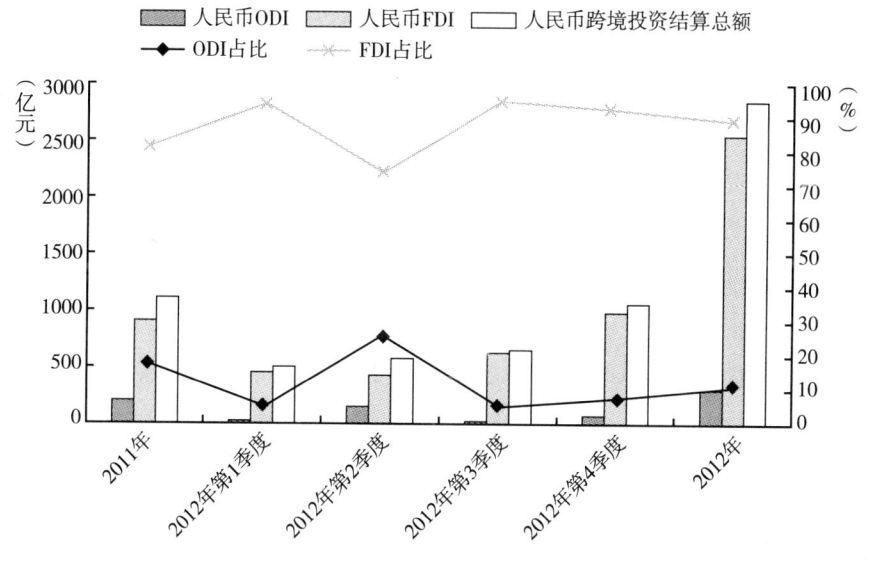

图3 跨境直接投资人民币结算量

数据来源：央行2011年第四季度及2012年各季度货币政策执行报告。

造成FDI与日俱增的原因主要有：①人民币海外金融产品匮乏。人民币海外持有者没有更多投资选择和标的，只能选择回流。

---

① 2012年第四季度中国货币政策执行报告。

②人民币持续升值预期。③境内外人民币利差。

而与此相反，制约人民币 ODI 持续增长的原因主要有：①对外直接投资相关法律法规及配套措施不健全。②人民币缺乏全球清算支付系统的支持。如美元全球清算支付系统——CHIPS 使得美元可以全球流通结算。

综上所述，人民币 ODI 仍然面临诸多困难，还仅仅是刚刚起步，未来还有很长的路要走。

3. 人民币货币互换如火如荼，但要警惕偿债风险

货币互换是交易双方签订货币互换协议，规定互相交换不同币种但本金大致相当的两种货币，并支付利息，到期后再换回各自货币的交易。货币互换在企业之间主要用于降低融资成本和规避汇率波动风险，而各国央行之间的货币互换，主要是为了提供流动性支持以共同应对金融危机，促进地区金融稳定。亚洲金融危机之后，我国在《清迈协议》框架下与泰国银行签署了 20 亿美元的货币互换协议，此货币互换协议是我国第一份对外签署的央行之间的货币互换协议。在 2008 年国际金融危机之后，我国开始大力推动与周边地区签署货币互换协议，目前已达 19 个国家和地区，总计共 2 万亿元人民币左右（如图 4 所示），世界上许多国家和地区迫切要求与中国央行签署货币互换协议，比如伦敦、中国台湾、新加坡、韩国。然而，尽管人民币货币互换进展得如火如荼，但正如 Gustavo Piga 研究指出的，央行利用货币互换进行资产负债管理等于是将衍生品的固有风险引入央行资产负债表中，有极大的财务风险，货币互换归根结底仍然是一种衍生品。另外，由于某些协议国家自身经济状况和财政状况不佳，很有可能造成偿债风险的集中暴露。①

---

① Gustavo Piga. "Derivatives and Public Debt Management". ISMA working paper, 2001.

国际金融视角下的中国支付清算体系发展

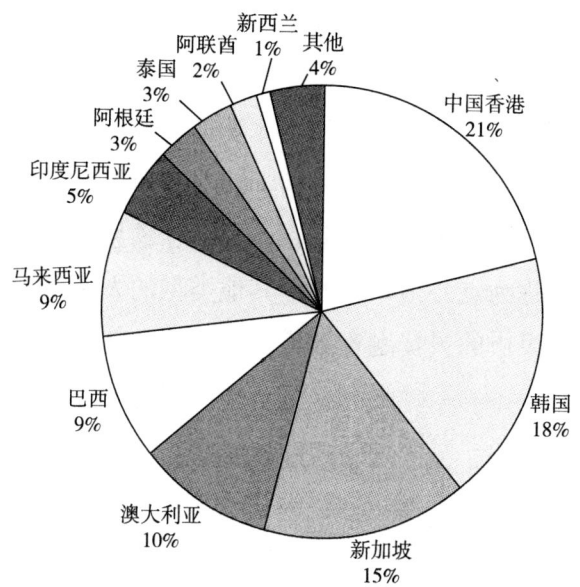

图4 与中国签订货币互换协议的国家和地区所持人民币比重

数据来源：根据中国人民银行数据整理。

4. 人民币债券规模不断扩大，其他人民币产品仍然匮乏

2007年，人民币离岸债券市场在香港正式启动。然而人民币离岸债券市场最初的发展并不尽如人意，2008年仅有中国进出口银行和中国银行分别发行30亿元和10亿元债券[1]。2009年，跨境贸易结算试点范围扩大，在港人民币存款额增加等利好因素使人民币离岸债券市场从2010年7月开始进入高速增长阶段。据汤森路透旗下IFR统计，2012年香港人民币债券（点心债，不含存款证）发行额已达1482.2亿元人民币。另据国家发改委的不完全统计，截至2013年底，香港人民币债券发行共计约4000亿元，其中境内机构和财政部累计在港发行人民币债券

---

[1] 何帆、张斌、张明、徐奇渊、郑联盛：《香港离岸人民币金融市场的现状、前景、问题与风险》，《国际经济评论》2011年第3期。

1745亿元。①

图 5 显示了香港人民币离岸债券指数变化的基本态势。近年来,香港人民币离岸市场的发债主体从最初的内地金融机构扩大到财政部、香港银行、国际金融机构、跨国公司等多类型主体。尽管人民币债券市场发展迅速,但其在人民币存款总额中所占份额仍然较小,因此被称为点心债。同时,其他类型的人民币金融产品十分匮乏,海外人民币的投资融资渠道依然狭窄,造成人民币长期持有的动机不强。

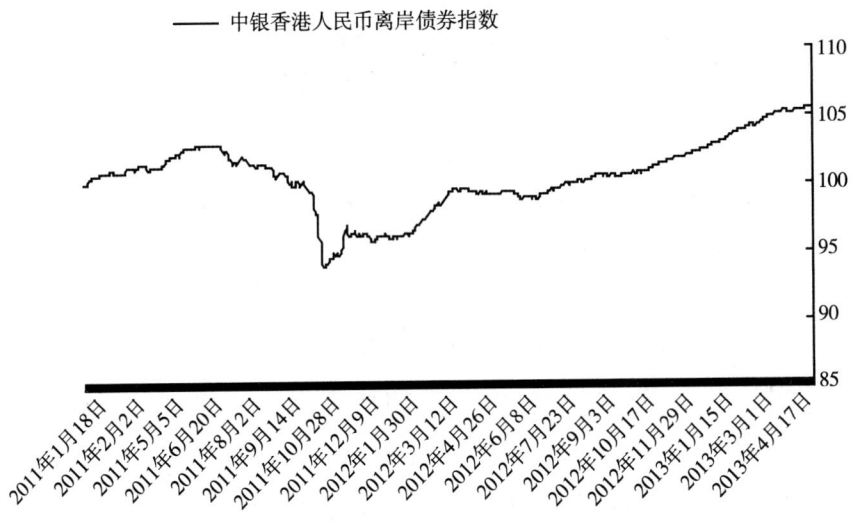

图 5 香港人民币债券指数变化情况

数据来源：BOCHK。

(二)人民币跨境支付结算的现状及特征

人民币国际化的基本内涵既包括人民币能够流出境外,也包括

---

① 《香港人民币债券已发行约 4000 亿元》,中国新闻网 http://www.chinanews.com/, 2014 年 1 月 24 日。

还能够顺利流回到境内市场，高效安全的支付清算体系是支撑人民币自由流动的必不可少的基础设施。正如上文所言，目前人民币国际化的主要模式是跨境贸易人民币结算。现阶段，我国人民币跨境支付主要有两种渠道：代理行模式、清算行模式。

1. 代理行模式

代理行模式是指两国商业银行签订本币代理结算协议，通过互开同业往来账户的方式完成跨境交易本币结算。基本做法是贸易双方分别在各自所在国银行开立本币账户，双方所在地银行间再开立同业往来账户，涉及资金划转时，收付指令的传递是通过SWIFT网络。以人民币跨境支付为例，首先，境外行需要在我国境内选择一家银行作为其代理行，且该代理行应为CNAPS成员行。其次，境外收付指令通过SWIFT网络到达国内代理行，代理行清算人员根据SWIFT收付指令，手工转换成CNAPS指令，发送到国内大额支付系统，人民币跨境信息纳入人民币跨境收付信息管理系统。最后，为防范汇率风险，两国商业银行可以选择用类似于美元这样的国际化货币进行资金余额的平盘处理。代理行模式多用于边境贸易结算及东盟与我国之间的贸易结算（具体流程如图6所示）。

2. 清算行模式

清算行模式是指中国央行与对方国家中央银行签订协议，允许经批准的对方国家的特定商业银行作为境外清算行远程接入本国的实时全额结算系统，并在中国央行开立结算账户。两国的其他银行则可通过本国清算行代理，利用对方国家的实时全额结算系统办理业务。目前，我国的境外人民币清算行主要有中银香港、中银澳门、工银新加坡。以中银香港为例，其先在人民银行深圳分行开立人民币清算账户，而境外参与行又在中银香港开立人民币账户办理资金汇划业务。中银香港作为直接参与者接入我国大额支付系统，办理与我国内地银行机构间的人民币资金汇划业务（具体流程如图7所示）。

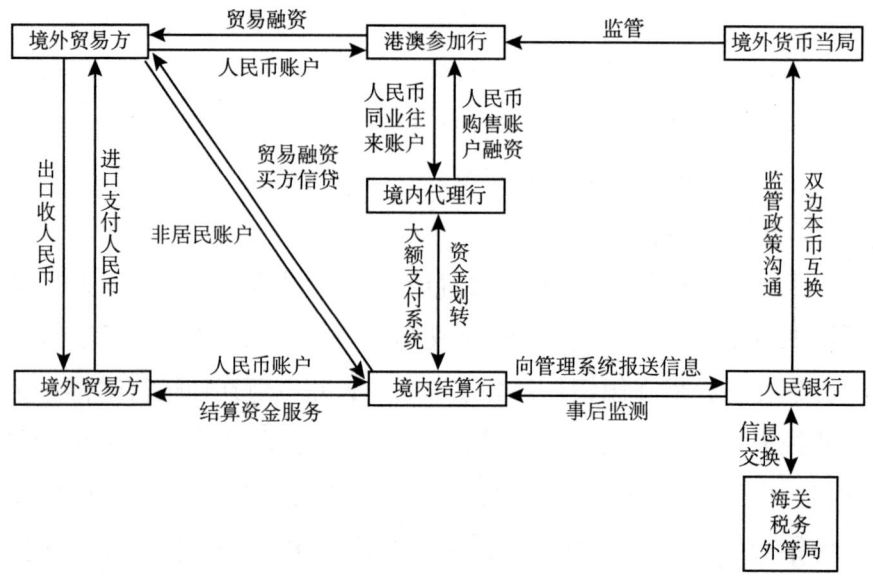

图 6　代理行模式基本流程

资料来源：参考王雪：《人民币跨境结算模式的比较与选择》，《上海金融》2013 年第 9 期。

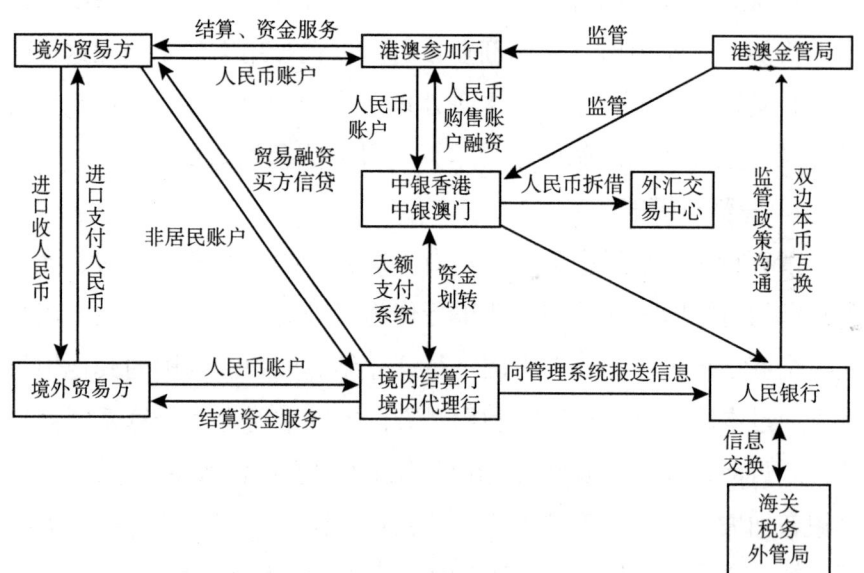

图 7　清算行模式

资料来源：参考王雪《人民币跨境结算模式的比较与选择》，《上海金融》2013 年第 9 期。

（三）人民币跨境支付清算模式及问题

未来，在人民币资本项目基本开放后，目前的人民币跨境支付清算模式将不具备可持续性，系统的框架也将发生改变。这是因为，如果资本项目管制取消，则没有必要再为清算行和代理行提供人民币购售额度，外汇管制取消后，境内和离岸的外汇市场可以提供充分的人民币和外币的流动性，没有必要继续以清算行和代理行模式为客户提供人民币。另外，资本项目可兑换后，也就同样不必继续为清算行提供在境内银行间拆借市场拆借人民币资金的额度，境外人民币拆借市场、人民币外汇市场的流动性都将有明显提高，境内外的人民币拆借市场也基本打通，即清算行进行境内拆借的额度就没有必要保留。再者，资本项目可兑换之后，境外人民币不必再依赖清算行实现回流，离岸人民币市场与在岸市场的价格差异将进一步缩小。因此，可以预计目前的跨境人民币支付清算模式将不再具有持续存在的基础，势必将发生变化。①

除了资本项目可兑换这个大背景之外，目前的跨境人民币清算模式的弊端也值得注意，例如，人民币大额支付系统与境内、境外支付清算之间缺乏防火墙等隔离措施。再如目前的大额支付系统存在系统运行时间的限制，工作时间为国内正常的 8 小时工作制，导致其他时差较大国家完全无法同步，这可能会造成双方银行在记账时出现问题，造成效率损失。另外，大额支付系统的主要任务是满足境内人民币的支付清算，但是大额支付系统并没有与境内外币支付系统、证券清算系统实现互联互通，如，境内外币支付系统至今仍然未能实现与境内商业银行间的互联互通，

---

① 马骏：《建立新的跨境人民币支付系统》，《国际融资》2012 年第 6 期。

特别是城商行等中小型金融机构没有加入该系统，且该系统所能支持的清算币种太少，仅为8个，很多银行甚至仅参与了部分币种的结算，外币清算能力和清算效率大打折扣。再如，一般来讲，国际上主要国家的大额支付系统应该与证券结算系统互联互通，正因为此，证券结算才能够实现券款对付（DVP），支付风险和流动性风险才能够被显著降低。目前，我国中央债券综合业务系统已与大额支付系统相互连接，但股票结算系统仍然与大额支付系统相互独立运行。以上情况易造成因付款方资金状况发生变故而形成资金结算信用风险。最后，无论是代理行模式，还是清算行模式均存在较大局限，比如SWIFT并不支持中文报文，与大额支付系统不兼容，在一定程度上影响了清算效率；清算行模式仅仅是人民币资本项目管制下的一种过渡性安排，不具有可持续发展性。

二 支付清算体系与国际金融中心建设

（一）主要国际金融中心支付清算体系比较

支付清算体系是一国金融有效运行和发展的基石。良好的支付清算体系，能够保证资金运行和配置的高效率，显著节约金融市场参与者的交易成本。同时，支付清算体系的完善与否，也在很大程度上影响金融市场参与主体风险管理水平的高低，也影响着金融产品的创新。可以说，支付清算体系的效率高低、完善程度，将会深刻影响一国或地区金融的深度和广度，进而影响金融资源的集聚程度，包括金融机构的集聚程度、金融产品的丰富程度、金融市场主体的集聚程度。因此，世界各主要国际金融中心，无不非常重视支付清算体系的建设。

1. 纽约国际金融中心与美元支付清算体系

纽约是美国重要支付清算系统的核心聚集地，拥有美元实时全额清算系统（Real Time Gross Settlement，简称 RTGS），而且实现了外汇清算系统、证券清算系统与美元支付清算系统的券款对付①连接（即 DVP 式连接，Delivery Versus Payment），因此可实现外汇、证券的交割与美元清算同步进行，大大提高了美国金融市场的资金运行效率，也有效降低了美元的汇率风险。

纽约支付清算体系还体现出多层次、多元化的特征。现已形成了以美联储为主导，联邦储备电子资金调拨系统（FEDWIRE）、纽约清算行同业银行支付系统（CHIPS）为框架，涵盖自动清算所系统（ACH）、小型银行资金清算 FSI 系统、支票转账系统、各商业银行内部资金清算系统的多层次系统，共同构筑成四通八达的跨国支付清算体系。其中，CHIPS 是世界上最大的美元支付清算系统，承担着世界 95% 的美元结算，为清算成员提供支付指令的交换和记账。CHIPS 最新发布的支付清算报告显示，2013 年的 251 个交易日中，CHIPS 年美元交易量达 380 万亿美元。② CHIPS 成员之间的净差额的清算通过 FEDWIRE 进行最终清算，FEDWIRE 是由美联储负责的一个覆盖全球、实时交易的资金清算系统，为美联储的货币政策传导、稳定市场提供了平台。FEDWIRE 系统包含资金转移系统和簿记证券系统两大组成部分，资金结算和证券交易可以同步进行，具有极高的处理效率和运行效率。另外，国际公认的四大全球证券托管组织之一的 DTCC（全美证券托管清算银行）也位于纽约，这使得美国纽约自然成为全球的资本市场中心。

---

① 券款对付：是指债券交易达成后，债券和资金在双方制定的结算日同步进行相对交收并互为交割条件的一种结算方式。
② 数据来源：CHIP 官方网站，http://www.chips.org/。

2. 伦敦国际金融中心及其支付清算体系

伦敦是世界著名的金融中心，即便有纽约、东京等城市的竞争，伦敦依然在世界金融市场中保持着重要地位。伦敦是欧洲美元市场的实际所在地，伦敦银行间同业拆借利率 Libor 甚至是全球美元利率的定价基础，同时，伦敦还是全球外汇交易市场的枢纽所在。究其原因，仍然是其具有发达的支付清算体系，特别是外汇清算系统，即著名的多币种清算系统 CLS，该系统的诞生使得全球各地的银行均无须再依赖于单个跨国银行的外汇清算渠道，而是通过 CLS 直接接入国际外汇清算网络。CLS 的另一大优点是支持不同时区的不间断清算，而且多种货币的交易和清算可以在同一个系统内完成。此外，参与 CLS 清算的各币种必须拥有自己的 RTGS 清算系统，并通过它们及时弥补清算成员头寸的不足，因此最大限度地降低了全球外汇交易的市场风险。

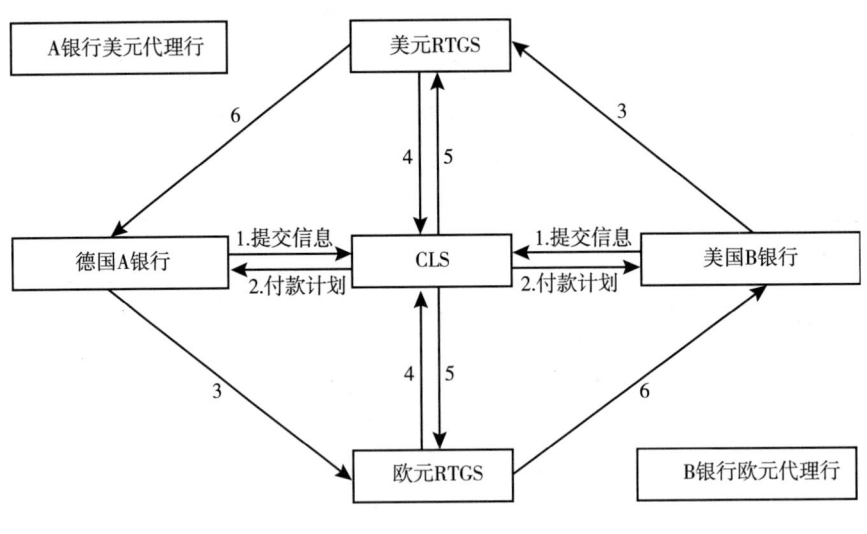

图8 CLS 清算流程

除了 CLS 系统外，伦敦还拥有著名的服务于金融市场交易的独立运作清算所——伦敦清算所（LCH.Clearnet），其提供中央对手清算服务的领域包括证券、衍生品等各类交易，服务对象既包括卢森堡股票交易所、伦敦股票交易所、伦敦国际金融期货交易所、伦敦金属交易所、香港联交所、新加坡交易所等数十家交易所，也包括全球的场外交易市场。

（二）支付清算体系在打造国际金融中心中的作用

一般而言，国际金融中心相对于其他非国际金融中心城市的特点主要体现在其满足金融市场参与主体的金融需求方面的服务能力上。金融市场参与主体的主要需求包括支付清算、融资、投资、资产配置和风险管理等方面，而支付清算恰恰是其中最为基础而且也是其他各个方面有效实现的保证。无论任何金融交易，基本都会涉及资金的划转和结算清算，而这一切的有效实现都得依靠良好的支付清算体系，特别是在国际金融中心，市场参与主体不仅有境内主体，还有数量众多的境外主体或非居民，因此，还会涉及外汇的买卖和清算、境内外金融机构的同业拆借、离岸债券和股票的发行和交易、非居民的FDI和FODI等业务，同时还包括各种与国际市场保持实时联动的资金价格体系，以及以此为基础的各种金融衍生品的交易，都会对国际金融中心的支付清算体系提出很高的要求。

正如上文所言，国际金融中心承担着诸多重要金融功能，这些功能的有效实现是有多种条件的。除了稳定的政治环境、开放的政策之外，金融因素更为重要，总的来说，金融因素包括：①金融机构集聚，金融中介服务体系发达；②金融市场体系完善，拥有多层次的金融市场；③金融主体多元化需求能够得到有效满足，且是全流程的综合性金融需求得到满足。

正如本文前述，支付系统的高效运转是某国或某地区经济金融有序健康发展的保证。具体来看，支付清算体系至少在三个方面发挥着作用：其一，支付清算体系是一国金融体系的核心基础，是货币履行职能的基础平台，为交易主体提供支付工具、支付信用、支付信息传递渠道和资金转移通道，并为主体间复杂的债权债务提供清算和结算服务；其二，支付清算体系是社会资金运动的主要渠道，体系的安全、稳定、高效决定了资金转移的安全和效率，也影响着央行货币政策的传导效果；其三，支付清算体系是金融市场蓬勃发展的基础，也是金融创新的基础。除了现金支付以外，任何金融交易均要涉及资金的清算和结算，特别是在国际经济交往过程中，资金的清算和结算更是依赖强大的支付清算系统。因此，总的来说，支付清算体系完善与否，将在很大程度上决定某国或地区的经济地位和金融地位。

（三）支付清算体系支撑我国国际金融中心建设

当前，国际金融中心所在地、所在国的支付清算体系已经表现出"国际化、标准化、同步化、集中化、银行化"的特征，支付工具和服务不断丰富、运营成本大幅缩减。另外，国际金融中心支付清算体系一个更为显著的变化是将各类金融市场统一起来，并且提高了跨国界的资金流转效率。

在我国城市当中，从金融发展程度来看，只有上海相对而言较为符合金融中心城市的要求，在最新公布的《2013新华－道琼斯国际金融中心发展指数报告》中，上海位于世界主要国际金融中心城市的第六位，排名仅次于纽约、伦敦、香港、东京和新加坡[①]。国际金融中心发展指数包括金融市场建设、成长发展能力、产业支撑力度、城市服务水平及国家环境等五个方面。调查人员通过对金融中心城市进行全面考察，运用客观测度和主观评价相结合的方式对全球45个主要城市进行排名。上海不仅位于前十名，也是亚太地区最具成长性的金融中心城市，在金砖国家中，上海在信

---

① 《2013新华—道琼斯国际金融中心发展指数报告》，新华社，2013年9月10日。

心、资金吸引力、人才吸引力、金融产品丰富程度、金融创新程度、融资便利性方面都位居第一。然而,必须认识到上海与纽约、伦敦和香港等一流的国际金融中心仍然存在较大差距,特别是在产业支撑、服务水平等方面存在劣势。导致这些劣势的原因是多方面的,但是上海所依托的国内支付清算体系与国际一流金融中心存在差距是其中一个重要方面。上海的支付清算设施主要由大额实时支付清算系统(HVPS)、小额批量支付清算系统(BEPS)、上海区域性票据交换系统(LCH)以及中资商业银行行内汇兑系统构成,这也是目前其人民币支付清算设施的四条主干道。此外,还有全国性的城市商业银行资金清算系统、中国银联信息处理系统以及相关全国性金融市场的内部结算系统等等,但以上所有系统均纳入全国支付清算组织体系进行统一管理,由于我国支付清算体系是以"北京－全国"为主要建设模式,从而导致上海支付清算体系的辐射面非常狭窄,以上海为基点的直联式全国支付清算网络还没有,相关市场间的脱节、分割现象也比较突出。

表1 历年排名前10位的国际金融中心城市

名次	2013年	2012年	2011年	2010年
1	纽约	纽约	纽约	纽约
2	伦敦	伦敦	伦敦	伦敦
3	香港	东京	东京	东京
4	东京	香港	香港	香港
5	新加坡	新加坡	新加坡	巴黎
6	上海	上海	上海	新加坡
7	巴黎	法兰克福	巴黎	法兰克福
8	法兰克福	巴黎	法兰克福	上海
9	芝加哥	苏黎世	悉尼	华盛顿
10	悉尼	芝加哥	阿姆斯特丹	悉尼

资料来源:《新华－道琼斯国际金融中心发展指数报告2013》。

支付清算蓝皮书

三 我国支付清算体系的国际化发展战略

从以上分析可以看出,随着我国经济金融的发展以及对外开放的进一步加深,无论是基于人民币国际化的需求,还是从建设国际金融中心的需求来看,我国支付清算体系都必须从内、外两个方面来不断加以变革和调整,以适应未来经济发展的需求。在我们看来,以下三点需要尽快认真研究。前两点侧重于内部支付清算体系建设,第三点主要涉及跨境支付清算体系建设。

(一)推动混合支付系统建设,提高跨行支付清算效率

近几十年来,在技术进步的推动之下,中央银行跨行支付清算系统经历了手工票据清分系统、自动票据清分系统、延时净额结算系统、实时全额结算系统、混合支付系统等五个发展阶段。值得强调的是,混合支付系统综合了延时净额结算系统和实时全额结算系统的长处,同时具有安全性较好、支付效率较高、运行成本较低等特点,受到了世界各国金融机构的青睐,代表着跨行支付系统的未来发展方向[①]。早在2005年,混合支付系统处理的跨行支付金额占比已近1/3。由此可见,混合支付系统已经成为当前主流的跨行支付模式之一。

为了推动人民币国际化,扩大人民币代理结算业务,我国中央银行需要研究如何将混合支付模式引入金融体系,从而适度降低商业银行日间头寸的要求,减少对商业银行清算资金的占用量,降低系统运行成本。为此,我们需要广泛借鉴美元CHIPS系统、日元

[①] 冯菊萍:《建立与上海国际金融中心地位相适应的支付清算体系》,《金融时报》,2011年8月1日。

RTGS-XG 系统、欧元 TARGET2 系统等成型的国际经验，结合我国实际情况，积极探索中国混合支付系统建设方案。

（二）完善证券结算机制，提升金融市场支付清算水平

证券结算系统是金融市场持续健康发展的核心基础设施。随着金融开放的不断深化，跨行支付系统和证券结算系统之间的互动越来越频繁、密切。实现两者的高效对接与协调配合事关金融稳定大局。

在我国，尽管大额支付结算系统与证券结算系统互联互通的呼声已有多年，但至今仍然未实现，仍然是两个独立的系统。目前我国股票结算是通过中证登与银行连接，然后再由银行进行清算，相当于是一种二级清算系统。《证券法》中规定"证券公司客户的交易结算资金应当存放在商业银行，以每个客户的名义单独立户管理。证券公司不得将客户的交易结算资金和证券归入其自有财产。禁止任何单位或者个人以任何形式挪用客户的交易结算资金和证券。"① 中央银行完全没有参与其中，从而导致资金结算与证券交割无法真正做到券款对付。

国际金融中心建设和离岸市场发展对国内金融市场的稳定提出了更高的要求。为此，各金融主管部门应加强协调配合，全盘规划证券市场的支付体系建设，积极探索相应的改革方案，使得交易所市场能够早日实现真正意义上的 DVP 结算。

（三）完善人民币跨境支付系统，保障人民币国际化稳步实现

从国际金融视角看，人民币跨境支付系统的建设问题需要着重

---

① 《证券法》第 139 条规定。

研究。不同于国际上成熟货币的跨境支付体系，人民币跨境支付缺乏统一的制度规则，业务流程曲折低效，安全性也不足。（当然这一点在第二代支付系统建成之后有所缓解）因此，建设一条人民币境内外高速流转又安全便捷的清算桥梁的需求十分迫切。

2011年中国人民银行为满足人民币跨境支付业务的发展需要，开始着手开发独立的人民币跨境支付系统（CIPS），CIPS主要比照纽约清算所银行同业支付系统来设计。2012年4月，央行发布的《人民币跨境支付系统（CIPS）的有关说明》中指出，CIPS的主要功能是连接境内外直接参与者，处理人民币贸易类、投资类等跨境支付业务，满足跨境人民币业务不断发展的需要[1]。

SWIFT近日发布的公告显示，2014年1月份人民币已成为全球第七大支付货币，并连续三个月成为全球十大支付货币之一，市场占有率为1.39%，超越瑞士法郎的1.38%，且人民币作为全球支付货币的增长率高达30.6%，但是报告同时也指出，以人民币为支付货币的地区仍然集中于香港，占比约为73%[2]。之所以产生这种情况，很大程度上是因为当前的人民币跨境支付清算仍然依赖于港澳清算行的模式，人民币在境外的使用渠道非常有限。为推动人民币国际化，提升人民币跨境支付效率势在必行，因此CIPS系统的建设必须加快推进。

从目前情况来看，CIPS在功能上可以比照本文前述的CHIPS（即纽约清算所银行同业支付系统）来理解。

首先，从整体架构方面来看，CIPS业务处理时间和业务类型均独立于CNAPS（人民币大额支付系统）。CNAPS可以对应美国的Fedwire（即美联储支付系统），而CIPS可参照美元的CHIPS。

---

[1] 《央行表示将开发独立的人民币跨境支付系统CIPS》，《每日经济新闻》2012年4月12日。
[2] 资料来源：《SWIFT：人民币连续两月成为全球十大支付货币》，新浪财经，2014年1月24日。

未来，CNAPS 与 CIPS 相互独立以保证风险可控，但又可互联互通。

其次，从清算模式方面来看，CIPS 系统作为人民币支付清算的核心系统之一，其风险防范标准自然不能低于小额支付系统，必须尽可能防范资金敞口风险。因此，可以参考 CHIPS 系统的做法，从清算账户①中圈存一笔资金，可以将该笔资金看作人民币跨境支付系统的"清算账户"，参加该系统的商业银行将该笔资金作为清算资金，进行日间清算。

再次，从流动性管理方面来看，支付清算系统能够良好运行的一个重要前提条件是有效解决流动性风险敞口，特别是内源性流动性风险敞口，即无净借记限额的净额轧差、有净借记限额但超出圈存资金余额的净额轧差、同业拆借。为此，应参考 CHIPS 系统的经验，在双边和多边撮合的基础上，提供双边和多边授信机制，该机制相对于一般的日间透支而言，明确了各参与者相互之间的风险敞口上限，从而实现了对系统风险敞口的精细化管理。

最后，从参与者方面来看，直接参与者的参与门槛和参与数量是 CIPS 安全有效运行的重要条件。日间实时多边撮合对计算机处理能力有很高要求，一般情况下，类似于 CHIPS 的系统都将直接参与者的数量保持在较低的水平，通常会选择实力雄厚、信誉较高的大银行。同时，直接参与者必须有境内分支机构，以便满足支付系统的日常运行管理和维护需求。

当然，除了以上问题之外，还必须理顺 CIPS 与境内支付系统之间的关系。例如，如何降低重复建设率，如何降低商业银行在两个系统上的运营成本和资金成本，如何有效划分两个系统的业务范

---

① 即 CHIPS 系统中的预付资金余额账户，是指 CHIPS 的直接参与者需要在纽联储开立一个预付资金余额账户，纽联储管理所有余额账户，并根据 CHIPS 系统的支付指令进行专门结算。该账户能够确保资金划转的头寸需求，能够有效弥补日间清算资金的不足。

围、实现良好的分工与合作,所有这些都将是未来需要继续探讨的问题。

参考文献

褚伟:《国际金融中心支付清算体系比较及对上海的启示》,《上海金融》2007年第1期。

冯菊萍:《建立与上海国际金融中心地位相适应的支付清算体系》,《金融时报》,2011年8月1日。

高洪民:《国际金融中心未来竞争趋势与上海的战略选择》,《财经研究》2009年第7期。

何帆、张斌、张明、徐奇渊、郑联盛:《香港离岸人民币金融市场的现状、前景、问题与风险》,《国际经济评论》2011年第3期。

李扬、张晓晶:《失衡与再平衡——塑造全球治理新框架》,社会科学文献出版社,2013。

李瑶:《人民币资本项目可兑换研究》,社会科学文献出版社,2004。

李瑶:《非国际货币、货币国际化与资本项目可兑换》,《金融研究》2003年第8期。

刘肯:《境外直接投资人民币结算便利化》,《中国金融》2012年第19期。

王雪、陈平:《人民币跨境结算模式的比较与选择》,《上海金融》2013年第9期。

余永定:《从当前汇率波动看人民币国际化》,《国际经济评论》2012年第1期。

中国人民大学国际货币研究所:《人民币国际化报告(2012)》,中国人民大学出版社,2012。

B.11 我国银行核心业务系统的建设与运行

在中央银行支付清算体系的各个子系统中，银行业金融机构行内支付系统占据非常重要的地位，需要进行更深入的研究和关注，因此我们在这里单独进行讨论。

这一子系统与银行核心业务系统（Bank Core Business System）基本兼容，后者则是银行业金融机构处理包括客户信息、存款产品、贷款产品、支付结算服务、业务和财务总账等核心业务的系统。银行核心业务系统的参数化配置和模块化理念提供了一个灵活的产品设计平台，能够使银行在对数据、风险、客户资源进行统一配置的基础上，建立差异化的核心竞争力。

一 银行核心业务系统的基本情况

银行核心业务系统主要由存款业务、贷款业务、结算业务、中间业务、投资业务等模块子系统组成，同时内嵌了柜员管理、凭证管理、现金管理、机构管理、额度管理、产品管理、费用管理、利率管理、汇率管理以及外部接口等模块，并与人民银行支付系统、中国银联、信贷登记、代理业务等业务模块实现对接。

银行核心业务系统不同于传统的交易系统和会计系统，是以适应记账货币交换为目的，从传统交易系统、资金收付系统、会计系统、信用卡系统等分离出的账务系统。为保持网络畅通，使

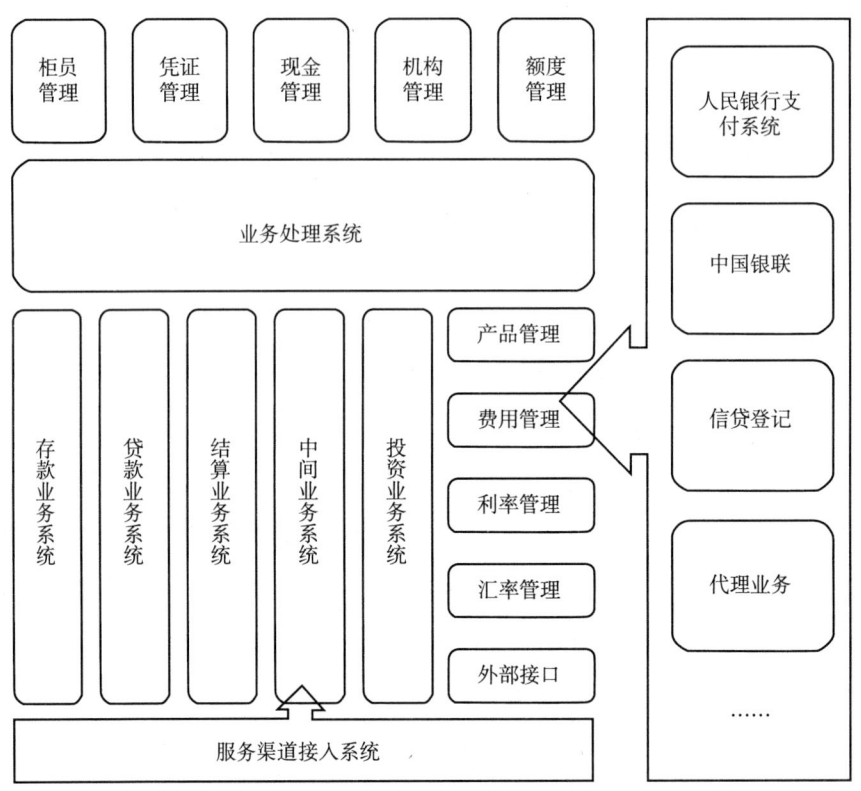

图1 银行核心业务系统简单结构图

其不会被非记账货币交换信息堵塞，核心业务系统在设计过程中，会将交易、资金收付、会计、信用卡等非账务信息迁移至系统外部，并设立各种标准接口，使外部金融产品和交易信息可以很方便地对接到系统当中，以满足使用者完成日常会计核算、信息处理和统计分析等工作的需要。同时，核心业务系统也需要有严格的风险控制机制，保证其能够在安全稳定的环境下健康运营。

核心业务系统与其他系统之间也有着密切联系。以金融产品业务系统为例，存款、贷款、信用卡等金融业务通过各自独立的系统进行交易相关预处理，形成账务分录传送至核心业务系统进行集中

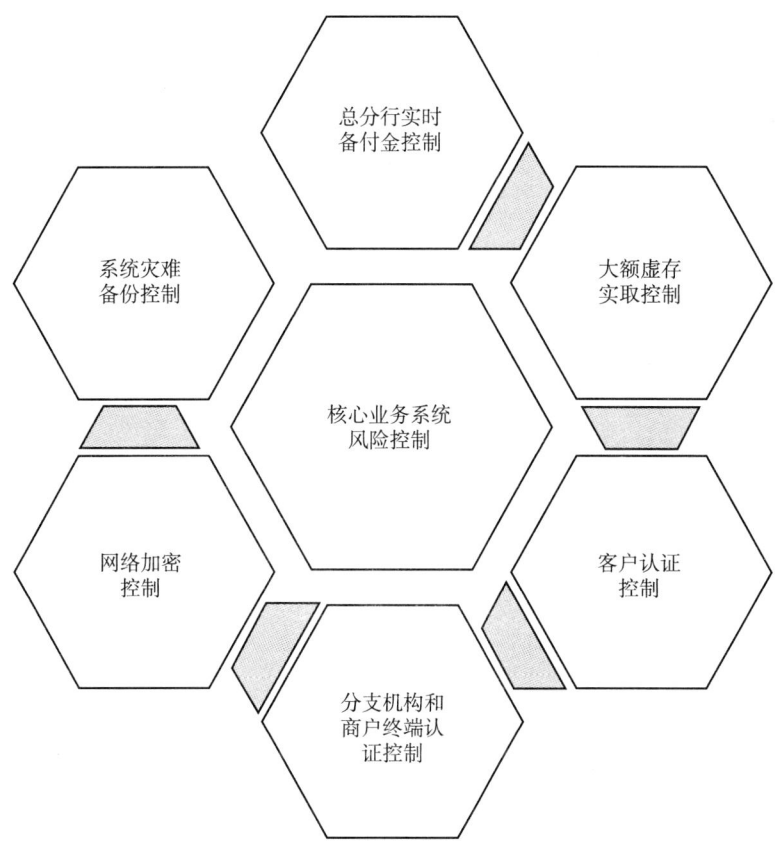

图 2　核心业务系统的风险控制系统

处理,再传送至相关管理会计系统进行处理。而与传统会计系统也有所不同的是,核心业务系统可以对资金收付进行快速反应,包含批发、零售、中间业务以及银行完整资产负债损益账户的整体账务系统,而会计系统主要负责进行财务核算和管理会计的处理,同时提供信息收集整理和统计分析功能,属于核心业务系统周边的财务管理系统。

近年来,银行业金融机构核心业务系统发展迅速,处理业务规模快速增长(图3)。

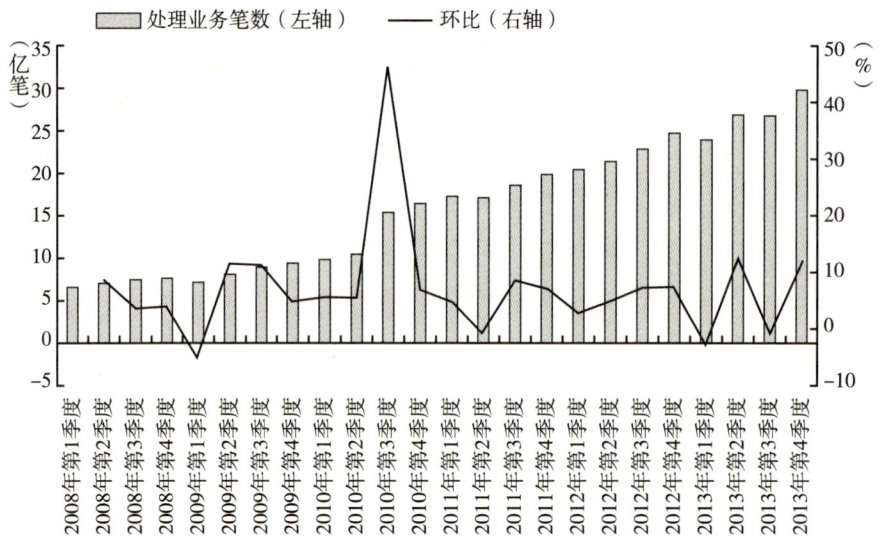

图3 2008~2013年银行核心业务系统处理业务笔数情况

数据来源:人民银行。

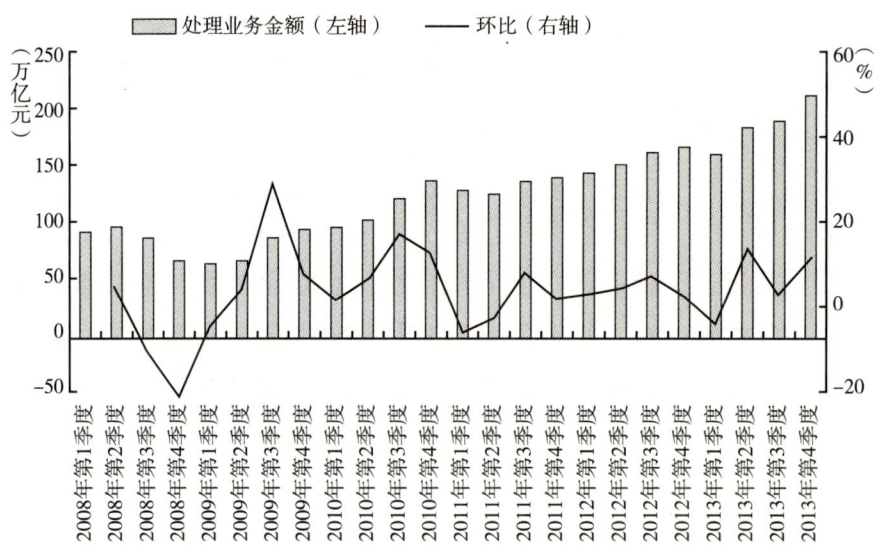

图4 2008~2013年银行核心业务系统处理业务金额情况

数据来源:人民银行。

二 银行核心业务系统的发展历程

(一)国际银行核心业务系统的发展

从国际上看,银行核心业务系统大体上经历了四个发展阶段:第一代核心业务系统产生于20世纪中期,随着电子自动化浪潮的兴起,欧美主要商业银行纷纷开始采用电子化手段代替人工记账,相应产生了以会计记账系统为主体的第一代核心业务系统。此后,银行开始探索将会计系统与结算系统合二为一,逐渐发展形成了"钱账合一"的第二代核心业务系统。20世纪70年代,核心业务系统的功能逐渐丰富,存取款、贷款、利息支付与结算、中间业务等银行基本业务都开始可以通过核心业务系统实现,基于产品和业务交易处理,具有现代意义的第三代核心业务系统正式形成。20

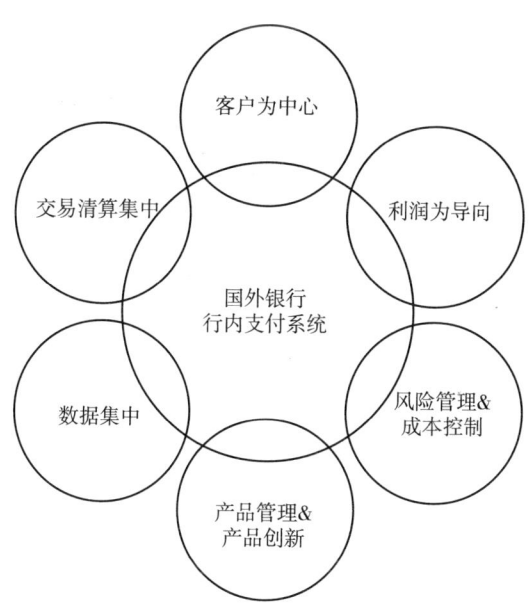

图5 现代国际银行支付系统

世纪末，随着 IT 技术的突飞猛进，金融信息化步伐大大加快，核心业务系统的技术平台得以进一步提升，同时，商业银行的竞争焦点也逐渐从传统的存贷款业务转向客户服务和风险管理，竞争焦点的变化带动核心业务系统新功能的开发，客户关系管理及个性化服务、风险预警和管理、资源配置等功能被嵌套入第四代核心业务系统当中，有效降低了商业银行经营管理风险和展业成本，提高了银行为客户提供专业化、个性化、创新化产品和服务的能力，真正实现了以"客户为中心、利润为导向"的发展理念。

（二）我国银行核心业务系统的发展

我国商业银行核心业务系统产生于 20 世纪 80 年代，在三十多年的发展历程中，核心业务系统覆盖范围从最初的单一机构、网点发展到跨区域、跨银行交易，业务种类从传统的存贷款业务增加到理财、托管、代理代销、金融衍生品交易等各类中间业务和表外业务，实现了从无到有，从弱到强的跨越式发展，成为现代银行经营发展的核心业务支撑系统。然而，与国际先进核心业务系统相较，虽然部分银行的距离已逐渐缩小甚至平行，但就大多数银行而言，其核心业务系统仍属于面向账户的交易系统和账务系统，而非面向客户的经营管理系统。

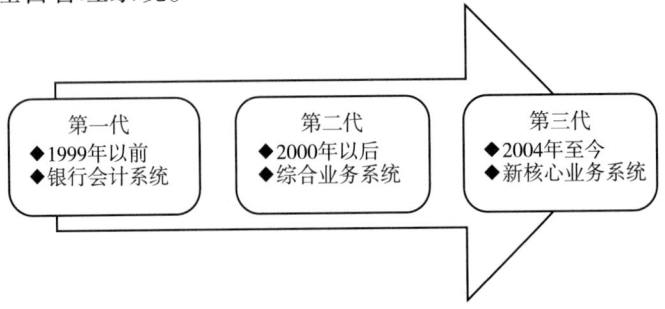

图 6 我国银行核心业务系统发展的三个阶段

1. 第一代核心业务系统（20 世纪 80 年代至 90 年代中期）

20 世纪 80 年代开始，我国银行在实现独立经营的同时，开始逐渐探索建立核心业务系统。在这一阶段，核心业务系统基本上仅是替代手工登记和操作的电算化登记簿，功能上也仅相当于银行会计系统。从覆盖范围上看，虽然大部分商业银行使用了集中网络系统，但部分中小商业银行，特别是很多农村信用社还没有实现联网，系统停留在单机版状态。

2. 第二代核心业务系统（20 世纪 90 年代中期至 21 世纪初）

随着我国商业银行数量的增加和竞争的加剧，核心业务系统开始向第二代过渡。相较于第一代核心业务系统，第二代核心业务系统在会计系统的基础上增加了交易处理的功能，在交易处理中实现会计核算和支付清算，同时可以支持必要的事中流程管理，建立了综合业务信息系统、信贷管理系统、中间业务系统等内嵌模块，拓展了网上银行、电话银行等电子化营销渠道，并且在外围与其他业务平台实现了对接。从覆盖范围上看，商业银行基本建立了覆盖全行各个层级网点的计算机网络。这一阶段的核心业务系统无论在功能上还是数据上都有了较大的丰富和完善，因此也得名"综合业务系统"。

虽然增加的业务功能在一定程度上体现了面向客户的经营理念，但从本质上来讲，第二代核心业务系统还是基于交易处理的系统，以客户为中心，以利润为导向的发展理念并未成为系统开发和建设的核心观念，也并未在前中后台业务条线中得到充分反映，这与当时我国商业银行的发展阶段也有密不可分的联系。同时，在与国际接轨方面，当时有调查结果显示，超过 8 成的受访者认为国内厂商开发的核心业务系统难以适应银行国际化发展的需要。

3. 第三代核心业务系统（21 世纪初至今）

随着我国信息科技的不断发展，商业银行在竞争发展中也越发重视信息技术在银行经营管理中的应用，第二代核心业务系统上线后，又开始着手进行第三代系统的开发。相较于第二代核心业务系统而言，第三代系统更多地体现了以客户为中心、按产品进行管理的理念，实现了模块化设置，在规模上也不再一味求大求全，而是根据银行实际需要和战略进行定位，与国际先进核心业务系统的差距逐渐缩小。

例如，下图展示了工商银行三代核心业务系统的建设发展情况。

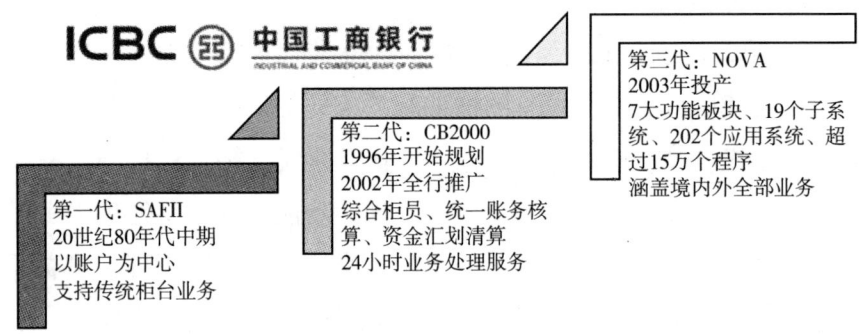

图7　工商银行三代核心业务系统发展

此外，目前国内很多大中型商业银行正在开发第四代核心业务系统。

埃森哲公司进行的一项关于核心银行系统的调查显示，推动银行进行核心业务系统改造的原因主要体现在三个方面：一是"竞争"，新机构的设立和日益激烈的市场竞争使得商业银行必须充分利用新技术、新手段，为客户提供更新更全面的金融产品和服务。二是"整合"，为提高经营管理效率，商业银行开始越来越多地注重机构整合、业务整合和人员整合，并希望通过核心业务系统的建设降低运营成本，提高运营效率；同时，银行客户对金融服务的需求也趋于"一体化"，这也需要新的核心业务系统提供支持。三是"国际化"，在全球一体化发展的背景下，商业银行的经营范围不再局限于一国一地，相应对于核心业务系统的国际化接轨程度要求也逐渐提升。

我国银行核心业务系统的建设与运行

在第二代、第三代核心业务系统开发的过程中，国内商业银行选择的开发方式也出现了差别：部分商业银行选择联合IT企业进行自主开发，而部分商业银行则倾向于直接引进国际先进银行的核心业务系统模式，我们将在第三部分和第四部分分别对两种模式进行论述。同时，也出现了"胖核心"和"瘦核心"两个概念。其中，"胖核心"类似于第二代"综合业务系统"的概念，是目前国内大部分商业银行核心业务系统的主要模式。相较于"胖核心"系统，"瘦核心"系统的内容则较为单一，它在剥离了大部分事后管理职能和辅助业务模块的基础上，集中于完成专业化的存贷款业务、支付结算业务和账务处理功能。对于这两种核心业务系统模式，将在本章第六部分进行论述。

三 自主开发的模式选择

按照商业银行与IT企业分工的不同和商业银行在系统开发中参与程度的差异，可以将自主开发模式进一步细分为联合开发、个性化处理和完全外包三种。

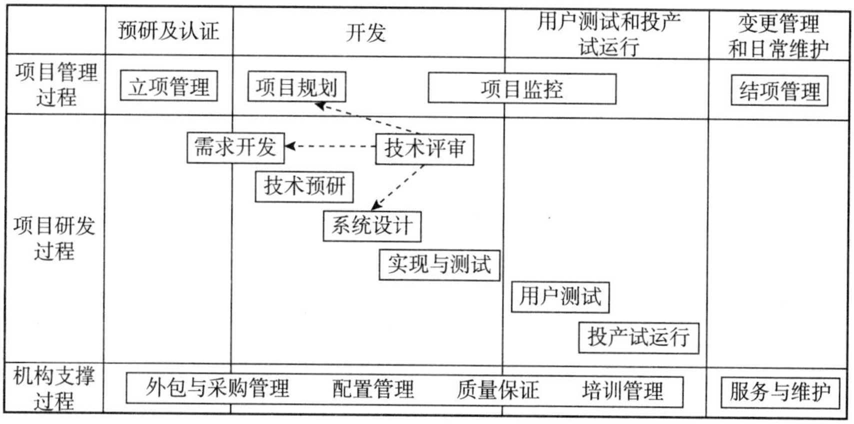

	预研及认证	开发	用户测试和投产试运行	变更管理和日常维护
项目管理过程	立项管理	项目规划	项目监控	结项管理
项目研发过程		需求开发 ← 技术评审 技术预研 系统设计 实现与测试	用户测试 投产试运行	
机构支撑过程	外包与采购管理	配置管理	质量保证　培训管理	服务与维护

图8　核心业务系统的一般开发过程

（一）联合开发模式

在联合开发模式中，商业银行的介入程度最高。银行的各个业务条线部门和信息科技部门全程参与核心业务系统的开发过程，完成从需求整理、架构设计、系统开发到测试上线的全流程工作，并在系统开发过程中承担主要责任。IT企业则主要负责提供技术支持和信息服务。这种开发模式要求银行拥有大量信息技术人才，并需要根据核心业务系统对内部业务流程和组织架构进行相应调整，而这种开发模式的优势在于银行的独立性和掌控性较高，能够全面掌握核心业务系统的各项技术，从而使最终上线的系统能够较为符合商业银行的实际需求。

（二）个性化处理模式

在这一模式中，IT企业占据相对主导的地位，商业银行的工作量和参与程度相对下降，主要负责整理本行的业务需求并提供给IT企业，IT企业根据银行的需求对已有系统模式和软件包进行个性化处理，系统测试和上线工作仍由银行和IT企业共同实施。从国际经验看，由于这一模式降低了商业银行的投入成本，能够帮助银行实现部分开发风险的转移，是国外大多数银行倾向于选择的主要模式。

（三）完全外包模式

在这一模式中，商业银行只需要研究本行核心业务系统的总体战略定位和具体需求规划，而把系统的设计、开发、测试、维护、升级管理等工作全部外包给IT企业进行。对于银行而言，这一模式虽然能够大大降低系统开发的人员投入成本，但银行对系统开发和运营的独立掌控能力也相应下降，不得不依赖IT企业的外包服务，同时，有实力提供如此全面服务的IT企业数量也相对较少，因此，国际上这一模式并非主流选择。

我国银行核心业务系统的建设与运行

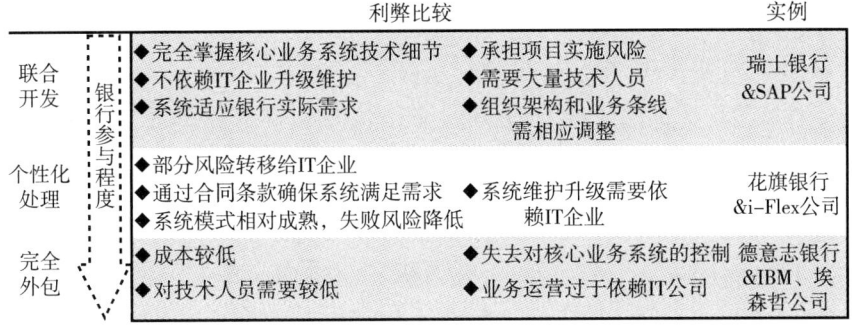

图9 三类自主开发模式比较

四 "引进"与"自建"的选择困惑

第三部分简要介绍了商业银行自主开发核心业务系统的几种模式,我们看到,通过自主开发,可以使银行充分掌握核心技术,同时有利于后续系统维护和升级,但与此同时,这对银行的信息科技管理能力提出了更高的要求,并且要有较长的开发建设周期。对于部分银行,特别是大部分中小银行而言,自建系统的成本高昂,技术人才相对匮乏,IT基础相对薄弱,需要引进国际先进系统以应对日益激烈的市场竞争环境。

在国内银行中,国家开发银行率先引进了新加坡SA公司提供的核心业务系统,此后,青岛城市商业银行引进了马来西亚Silver Lake公司的核心业务系统,

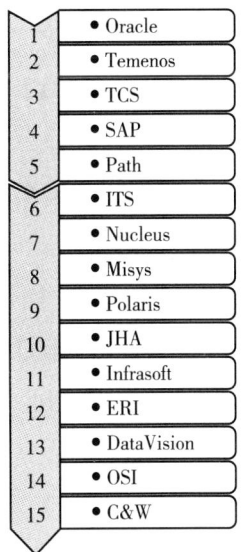

图10 全球银行核心系统供应商排名

资料来源:Oliver Wyman。

上海银行、中信银行、民生银行分别与Temenos、Fiserv、SAP等公司合作，陆续实施国际先进核心业务系统本土化改造工作，引进系统工作于21世纪前十年在众多商业银行之间如火如荼地开展起来。

从当时我国商业银行的发展情况看，与国外的先进银行相比，国内银行在传统业务的开展和柜台客户服务方面并没有明显差距，在某些方面的本土化特色甚至更为明显。然而，涉及风险管理、成本控制、绩效考核、模型测算等对信息数据依赖度较高的领域则仍显滞后，核心业务系统在信息采集、分析和处理方面的短板也随之凸显。因此，在核心业务系统的改造升级过程中，商业银行大量选择引进国际先进系统而非自建系统，确实不失为一种可以实现跳跃式发展的便捷方式。然而在实践中，国外银行核心业务系统的直接引进也存在一些问题：

一是在系统设计理念方面，如前文所述，国内银行核心业务系统通常基于传统会计交易体系而设计，而国外银行核心业务系统则着重于面对客户的服务模式，国内商业银行在引进国外核心业务系统的过程中，必然要适应系统设计理念的变化，由原有的以会计交易类系统为核心转变成以客户服务类系统为核心。而系统变化必然需要银行业务架构和组织结构相应发生变化，这种变化不仅需要时间，而且也会遇到不可忽视的阻力。

二是在确定设计理念后，选择国外银行核心业务系统提供商也是一个重要环节。除了要充分考虑到本行的业务需求、软硬件条件和数据库模式外，还要考虑国内银行运营发展的特殊环境，还需要考虑核心业务系统提供商的经营情况、已有成功案例、设计理念、技术水平、能够提供的系统的完备性和先进性等一系列因素。同时，国外信息获取的成本和获取完备信息的难度也大于国内。

三是在选定系统提供商后，到了具体的实施过程中，银行还需要解决系统本地化问题，即怎样使银行核心业务系统更适应于国内的运营环境和监管体系。虽然国外的商业银行核心业务系统在功能和架构上往往比国内更先进，但国内银行与国外银行无论是在外部宏观环境还是内部经营管理模式上都有较大差异，在引进国际银行核心业务系统时，需要进行较大程度的修改，甚至可能只留下框架，而主要功能模块都需要重新建立，工作量同样较大。

事实上，在引进国外核心业务系统的过程中，也不乏遇挫案例。如中信银行2002年11月与美国Fiserv公司签约拟建设第三代核心业务系统项目（C3），但历经数年迟迟未上线，相关项目负责人亦已离职，这也从特定的侧面反映出了我国引入国际核心业务系统所面临的困境。

理念差异
● 希望通过改变业务主动适应国外先进系统
● 与"业务部门先提需求再进行系统改造"的传统做法相悖

人员差异
● 业务部门执行力度相对欠缺
● 跨部门协调沟通存在障碍

习惯差异
● 难以适应国际银行的管理理念
● 难以适应引进系统的操作习惯

图11　中信银行引进Fiserv公司银行核心业务系统C3遇挫原因分析

"淮南为橘，淮北为枳"，引进国际先进的银行核心业务系统固然可以为中国银行业带来国际先进技术、经验和管理模式，但国际系统能否在中国特定的环境中得以良好地生存发展，发挥其应有作用，还需要进行大量的本土化改进工作。无论是"引进"与"自建"，都是中国银行业在核心业务系统建设道路上的有益探索和尝试，也是中国银行业战略发展转型中必须要经历的过程之一。

五 银行核心业务系统目前存在的几个问题

埃森哲和SAP完成的一项针对全球核心银行系统的抽样调查结果显示,在对银行主管级管理者层面的调查中,70%的受访者认为在满足客户需求方面缺乏灵活性是银行核心业务系统的最大问题,47%的受访者认为成本较高和与新应用系统整合困难是主要问题。

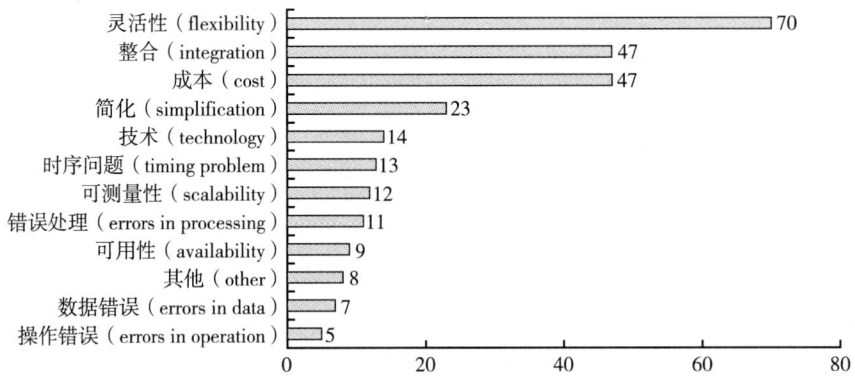

图12 银行管理者认为银行核心业务系统存在的主要问题

数据来源:Accenture & SAP。

从目前我国银行核心业务系统的发展情况看,无论是自主开发系统还是引进国际先进银行系统,都或多或少地存在以下问题。

一是相对注重交易和账务处理。如前所述,目前国内多数银行的核心业务系统主要基于会计账务系统,注重于对基本借贷关系的交易记录,主要为了实现财务会计和管理会计需要,而对于客户信息、业务信息的整合处理,业务流程的改进优化,产品服务的创新支持等关注相对较少。

二是难以提供风险管理所需的全面信息。由于注重对借贷关系信息的处理,在核心业务系统的数据录入时就省略了借贷交易记录中非必要的数据信息,如在产品销售和客户维护中的经办机构、交易来源、展业渠道、产品类别等结构性信息,使得核心业务系统中的数据信息难以对银行全流程风险管理、产品研发和绩效考核提供全面、客观、有效的数据支撑。

三是难以提供市场营销所需的客户信息。与上个问题类似,目前我国银行的核心业务系统对于客户信息的收集、整理、维护均相对滞后,这些信息通常散布于系统的不同部分,银行缺乏对客户数据的有效整合和组织分析,难以提供面向客户的市场营销所必需的客户信息,这也从一个角度反映出目前部分银行的运营模式仍属于以产品为主导,而非以客户为中心。

四是相对注重流程自动化的实现。目前国内银行普遍偏好实现流程处理的自动化,这使得银行信息科技部门在设计开发和改进核心业务系统时,为了满足不同部门的自动化需求,不得不在现有系统上添加各种接口和业务模块,使得核心业务系统中形成了诸多垂直、冗杂且大同小异的系统条线,不仅不符合典型业务系统横向、多层次的结构设计原则,同时大大增加了系统开发的时间和费用、降低了系统灵活性和弹性。

五是物理布局结构有待集中。我国地理幅员辽阔,为了支持不同地区分支机构的业务需要,很多全国性商业银行的核心业务系统在物理分布上也相对分散,这与目前系统数据和信息集中的发展趋势不尽相符,未来还需要经过较大幅度的系统改造和功能调整才能使核心业务系统满足集中化、一体化的运营发展需要。

六 未来发展方向

早期的银行核心业务系统建设往往追求"大而全",希望只通过一个系统就能解决银行面临的所有问题。但是近年来,商业银行的产品、渠道、营销模式不断创新,业务规模不断增长,也促使其核心业务系统也逐渐向更为专业的方向发展,即所谓"瘦核心"化发展。从趋势上看,商业银行逐渐按照重要性、安全性、稳定性、普遍性和时效性的原则,把原有核心业务系统所承载的复杂功能进行分割,在业务层面上推动系统功能的简化,提高数据信息的处理效率,并且对核心业务系统及其他应用系统间的业务流程进行重新设计,以更加灵活、开放的方式重新布局银行各类应用系统。

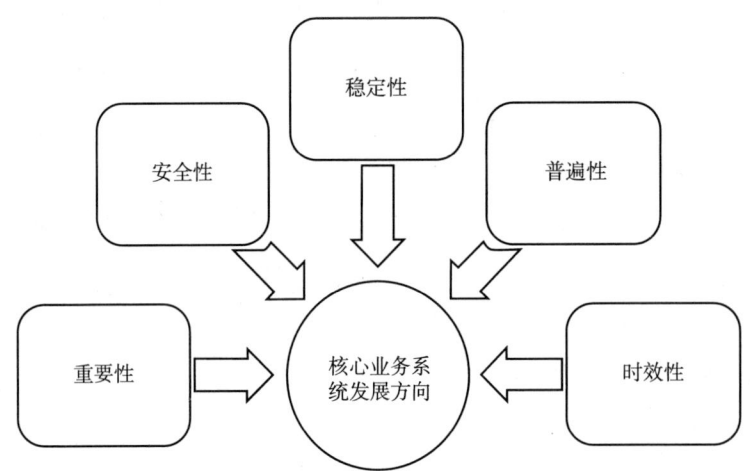

图13 核心业务系统发展的"五性"原则

具体而言,"瘦核心"的业务系统将呈现以下特征:

第一,先进的经营管理理念。先进的核心业务系统理念在管理层面体现为集中化的发展趋势,即业务数据集中和客户信息集中;在业务层面体现为以客户为中心的经营理念,通过分析客户信息数据,研究客户实际需求,实现以客户需求为导向的产品和服务创新;在风控层面体现为风险防范关口的前移和对业务流程的模式化标准化处理,尽可能降低人为因素所产生的操作风险;在流程层面

我国银行核心业务系统的建设与运行

体现为满足银行由部门银行向流程银行转变的架构重组需求，实现前、中、后台之间，总行与分支机构之间的业务流程关系转变。

第二，灵活的整体解决方案。核心业务系统由大而全向小而专方向发展，提供更为灵活的一体化业务需求解决方案，由一系列软件应用和业务模块共同实现核心业务功能。同时，通过对银行业务、产品和服务进行标准化定义，实现具体应用程序的模块化组合。这种灵活、模式化、可拓展的整体解决方案，一方面可以使银行将有限的人力物力集中于核心业务系统关键环节的建设，另一方面也可以使银行能够更好地适应瞬息万变的市场需求和客户需求，提升核心竞争力。

第三，清晰的业务边界。"瘦核心"业务系统将信贷管理系统、银行卡业务系统、资金业务系统等专业性较强、业务结构较为复杂、需要进行流程审批的业务模块从核心业务系统中剥离出来，交由其他专业应用系统进行处理。同时，建立与核心业务系统平行运营的会计总账系统和管理信息系统，使核心业务系统功能更加单一化和专业化，更加能够适应银行的业务流程再造，避免由于银行产品和服务不断创新而带来的核心业务系统不断升级，增强核心业务系统的适应性和稳定性。

第四，提升风险管理能力。从计算机应用的角度，可以将银行的风险管理需求分为操作型和分析型两大类。从操作型风险管理功能角度讲，"瘦核心"业务系统能够提供更为多样和全面的操作风险管理支持，如额度管理、抵押品管理、业务流程管理、风险预警、交易安全保障、信息安全锁定等。从分析型风险管理功能角度讲，"瘦核心"业务系统能够为银行风险的分析、测试和处理提供更为丰富的基础数据和基础信息，帮助银行提升风险管理能力。

第五，提升金融产品开发效率和国际化程度。核心银行业务系统的专业化、集中化、标准化发展，能够帮助银行缩短金融产品从设计、研发到推向市场的时间，同时，全参数化设计使金融产品开发过程中所涉及的定义、价格、机构、币种、交易模式、会计处理等各方面都能够得到标准化处理，提高金融产品开发效率。同时，逐渐支持多语言、多地区、多币种发展的核心业务系统使得各地分支机构可以使用本地话的语言、货币进行业务处理，支持银行更好地进行国际化战略发展。

参考文献

Oliver Wyman：《2010年全球银行核心系统供应商排名》，2010。

巴曙松、吕建：《关于银行引进核心业务系统的反思及建议》，《中国金融电脑》2006年第2期。

成俊：《银行核心系统"瘦身"后重新定义》，《银行家》2008年第5期。

邓波：《后大集中时代的银行信息化建设》，《中国金融电脑》2012年第3期。

付谦：《银行核心业务系统开发模式》，《中国金融电脑》2004年第7期。

李庆莉：《聚焦国内银行核心业务系统》，《中国金融电脑》2006年第1期。

王彬彬：《换"心"风云——商业银行新一代核心系统建设》，《华南金融电脑》2010年第2期。

徐平：《浅谈银行的核心系统》，《国际金融》2004年第5期。

于泳：《核心系统全球调查》，《软件世界》2006年第23期。

吴兴莲：《浅谈银行核心系统的创新点》，《计算机光盘软件与应用》2013年第3期。

张帆：《新一代商业银行核心业务系统实施的机遇与挑战》，《商场现代化》2006年第5期。

张明莉：《打造高效的核心银行系统》，《银行家》2005年第12期。

张胜等：《银行核心业务系统的三层服务架构》，《金融理论与实践》2010年第3期。

中国人民银行网站 http://www.pbc.gov.cn。

权威报告　热点资讯　海量资源

当代中国与世界发展的高端智库平台

皮书数据库　www.pishu.com.cn

皮书数据库是专业的人文社会科学综合学术资源总库,以大型连续性图书——皮书系列为基础,整合国内外相关资讯构建而成。该数据库包含七大子库,涵盖两百多个主题,囊括了近十几年间中国与世界经济社会发展报告,覆盖经济、社会、政治、文化、教育、国际问题等多个领域。

皮书数据库以篇章为基本单位,方便用户对皮书内容的阅读需求。用户可进行全文检索,也可对文献题目、内容提要、作者名称、作者单位、关键字等基本信息进行检索,还可对检索到的篇章再作二次筛选,进行在线阅读或下载阅读。智能多维度导航,可使用户根据自己熟知的分类标准进行分类导航筛选,使查找和检索更高效、便捷。

权威的研究报告、独特的调研数据、前沿的热点资讯,皮书数据库已发展成为国内最具影响力的关于中国与世界现实问题研究的成果库和资讯库。

皮书俱乐部会员服务指南

1. 谁能成为皮书俱乐部成员?
- 皮书作者自动成为俱乐部会员
- 购买了皮书产品(纸质皮书、电子书)的个人用户

2. 会员可以享受的增值服务
- 加入皮书俱乐部,免费获赠该纸质图书的电子书
- 免费获赠皮书数据库100元充值卡
- 免费定期获赠皮书电子期刊
- 优先参与各类皮书学术活动
- 优先享受皮书产品的最新优惠

卡号: 0685030783407649
密码:

3. 如何享受增值服务?

(1)加入皮书俱乐部,获赠该书的电子书

第1步 登录我社官网(www.ssap.com.cn),注册账号;

第2步 登录并进入"会员中心"—"皮书俱乐部",提交加入皮书俱乐部申请;

第3步 审核通过后,自动进入俱乐部服务环节,填写相关购书信息即可自动兑换相应电子书。

(2)免费获赠皮书数据库100元充值卡

100元充值卡只能在皮书数据库中充值和使用

第1步 刮开附赠充值的涂层(左下);

第2步 登录皮书数据库网站(www.pishu.com.cn),注册账号;

第3步 登录并进入"会员中心"—"在线充值"—"充值卡充值",充值成功后即可使用。

4. 声明

解释权归社会科学文献出版社所有

皮书俱乐部会员可享受社会科学文献出版社其他相关免费增值服务,有任何疑问,均可与我们联系

联系电话: 010-59367227　企业QQ: 800045692　邮箱: pishuclub@ssap.cn

欢迎登录社会科学文献出版社官网(www.ssap.com.cn)和中国皮书网(www.pishu.cn)了解更多信息

法 律 声 明

"皮书系列"（含蓝皮书、绿皮书、黄皮书）由社会科学文献出版社最早使用并对外推广，现已成为中国图书市场上流行的品牌，是社会科学文献出版社的品牌图书。社会科学文献出版社拥有该系列图书的专有出版权和网络传播权，其LOGO（ ）与"经济蓝皮书"、"社会蓝皮书"等皮书名称已在中华人民共和国工商行政管理总局商标局登记注册，社会科学文献出版社合法拥有其商标专用权。

未经社会科学文献出版社的授权和许可，任何复制、模仿或以其他方式侵害"皮书系列"和LOGO（ ）、"经济蓝皮书"、"社会蓝皮书"等皮书名称商标专用权的行为均属于侵权行为，社会科学文献出版社将采取法律手段追究其法律责任，维护合法权益。

欢迎社会各界人士对侵犯社会科学文献出版社上述权利的违法行为进行举报。电话：010-59367121，电子邮箱：fawubu@ssap.cn。

社会科学文献出版社

权威·前沿·原创

社会科学文献出版社

皮书系列

2014年

盘点年度资讯 预测时代前程

社会科学文献出版社 学术传播中心 编制

社会科学文献出版社
SOCIAL SCIENCES ACADEMIC PRESS (CHINA)

社会科学文献出版社成立于1985年,是直属于中国社会科学院的人文社会科学专业学术出版机构。

成立以来,特别是1998年实施第二次创业以来,依托于中国社会科学院丰厚的学术出版和专家学者两大资源,坚持"创社科经典,出传世文献"的出版理念和"权威、前沿、原创"的产品定位,社科文献立足内涵式发展道路,从战略层面推动学术出版的五大能力建设,逐步走上了学术产品的系列化、规模化、数字化、国际化、市场化经营道路。

先后策划出版了著名的图书品牌和学术品牌"皮书"系列、"列国志"、"社科文献精品译库"、"中国史话"、"全球化译丛"、"气候变化与人类发展译丛""近世中国"等一大批既有学术影响又有市场价值的系列图书。形成了较强的学术出版能力和资源整合能力,年发稿3.5亿字,年出版新书1200余种,承印发行中国社科院院属期刊近70种。

2012年,《社会科学文献出版社学术著作出版规范》修订完成。同年10月,社会科学文献出版社参加了由新闻出版总署召开加强学术著作出版规范座谈会,并代表50多家出版社发起实施学术著作出版规范的倡议。2013年,社会科学文献出版社参与新闻出版总署学术著作规范国家标准的起草工作。

依托于雄厚的出版资源整合能力,社会科学文献出版社长期以来一直致力于从内容资源和数字平台两个方面实现传统出版的再造,并先后推出了皮书数据库、列国志数据库、中国田野调查数据库等一系列数字产品。

在国内原创著作、国外名家经典著作大量出版,数字出版突飞猛进的同时,社会科学文献出版社在学术出版国际化方面也取得了不俗的成绩。先后与荷兰博睿等十余家国际出版机构合作面向海外推出了《经济蓝皮书》《社会蓝皮书》等十余种皮书的英文版、俄文版、日文版等。

此外,社会科学文献出版社积极与中央和地方各类媒体合作,联合大型书店、学术书店、机场书店、网络书店、图书馆,逐步构建起了强大的学术图书的内容传播和社会影响力,学术图书的媒体曝光率居全国之首,图书馆藏率居于全国出版机构前十位。

作为已经开启第三次创业梦想的人文社会科学学术出版机构,社会科学文献出版社结合社会需求、自身的条件以及行业发展,提出了新的创业目标:精心打造人文社会科学成果推广平台,发展成为一家集图书、期刊、声像电子和数字出版物为一体,面向海内外高端读者和客户,具备独特竞争力的人文社会科学内容资源供应商和海内外知名的专业学术出版机构。

社长致辞

我们是图书出版者,更是人文社会科学内容资源供应商;

我们背靠中国社会科学院,面向中国与世界人文社会科学界,坚持为人文社会科学的繁荣与发展服务;

我们精心打造权威信息资源整合平台,坚持为中国经济与社会的繁荣与发展提供决策咨询服务;

我们以读者定位自身,立志让爱书人读到好书,让求知者获得知识;

我们精心编辑、设计每一本好书以形成品牌张力,以优秀的品牌形象服务读者,开拓市场;

我们始终坚持"创社科经典,出传世文献"的经营理念,坚持"权威、前沿、原创"的产品特色;

我们"以人为本",提倡阳光下创业,员工与企业共享发展之成果;

我们立足于现实,认真对待我们的优势、劣势,我们更着眼于未来,以不断的学习与创新适应不断变化的世界,以不断的努力提升自己的实力;

我们愿与社会各界友好合作,共享人文社会科学发展之成果,共同推动中国学术出版乃至内容产业的繁荣与发展。

社会科学文献出版社社长
中国社会学会秘书长

2014 年 1 月

社会科学文献出版社　　皮书系列

"皮书"起源于十七、十八世纪的英国，主要指官方或社会组织正式发表的重要文件或报告，多以"白皮书"命名。在中国，"皮书"这一概念被社会广泛接受，并被成功运作、发展成为一种全新的出版形态，则源于中国社会科学院社会科学文献出版社。

皮书是对中国与世界发展状况和热点问题进行年度监测，以专家和学术的视角，针对某一领域或区域现状与发展态势展开分析和预测，具备权威性、前沿性、原创性、实证性、时效性等特点的连续性公开出版物，由一系列权威研究报告组成。皮书系列是社会科学文献出版社编辑出版的蓝皮书、绿皮书、黄皮书等的统称。

皮书系列的作者以中国社会科学院、著名高校、地方社会科学院的研究人员为主，多为国内一流研究机构的权威专家学者，他们的看法和观点代表了学界对中国与世界的现实和未来最高水平的解读与分析。

自20世纪90年代末推出以经济蓝皮书为开端的皮书系列以来，至今已出版皮书近1000余部，内容涵盖经济、社会、政法、文化传媒、行业、地方发展、国际形势等领域。皮书系列已成为社会科学文献出版社的著名图书品牌和中国社会科学院的知名学术品牌。

皮书系列在数字出版和国际出版方面成就斐然。皮书数据库被评为"2008~2009年度数字出版知名品牌"；经济蓝皮书、社会蓝皮书等十几种皮书每年还由国外知名学术出版机构出版英文版、俄文版、韩文版和日文版，面向全球发行。

2011年，皮书系列正式列入"十二五"国家重点出版规划项目，一年一度的皮书年会升格由中国社会科学院主办；2012年，部分重点皮书列入中国社会科学院承担的国家哲学社会科学创新工程项目。

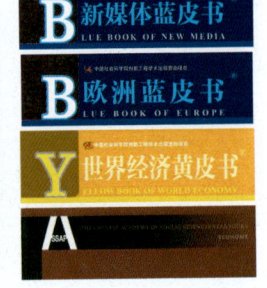

经 济 类

经济类皮书涵盖宏观经济、城市经济、大区域经济，
提供权威、前沿的分析与预测

经济蓝皮书
2014年中国经济形势分析与预测（赠阅读卡）

李 扬 / 主编　　2013年12月出版　　估价：69.00元

◆ 本书课题为"总理基金项目"，由著名经济学家李扬领衔，联合数十家科研机构、国家部委和高等院校的专家共同撰写，对2013年中国宏观及微观经济形势，特别是全球金融危机及其对中国经济的影响进行了深入分析，并且提出了2014年经济走势的预测。

世界经济黄皮书
2014年世界经济形势分析与预测（赠阅读卡）

王洛林　张宇燕 / 主编　　2014年1月出版　　估价：69.00元

◆ 2013年的世界经济仍旧行进在坎坷复苏的道路上。发达经济体经济复苏继续巩固，美国和日本经济进入低速增长通道，欧元区结束衰退并呈复苏迹象。本书展望2014年世界经济，预计全球经济增长仍将维持在中低速的水平上。

工业化蓝皮书
中国工业化进程报告（2014）（赠阅读卡）

黄群慧　吕 铁　李晓华 等 / 著　　2014年11月出版　　估价：89.00元

◆ 中国的工业化是事关中华民族复兴的伟大事业，分析跟踪研究中国的工业化进程，无疑具有重大意义。科学评价与客观认识我国的工业化水平，对于我国明确自身发展中的优势和不足，对于经济结构的升级与转型，对于制定经济发展政策，从而提升我国的现代化水平具有重要作用。

皮书系列 重点推荐 　经济类

金融蓝皮书
中国金融发展报告（2014）（赠阅读卡）

李　扬　王国刚 / 主编　2013 年 12 月出版　　定价 :69.00 元

◆　由中国社会科学院金融研究所组织编写的《中国金融发展报告（2014）》，概括和分析了 2013 年中国金融发展和运行中的各方面情况，研讨和评论了 2013 年发生的主要金融事件。本书由业内专家和青年精英联合编著，有利于读者了解掌握 2013 年中国的金融状况，把握 2014 年中国金融的走势。

城市竞争力蓝皮书
中国城市竞争力报告 No.12（赠阅读卡）

倪鹏飞 / 主编　　　 2014 年 5 月出版　　估价 :89.00 元

◆　本书由中国社会科学院城市与竞争力研究中心主任倪鹏飞主持编写，汇集了众多研究城市经济问题的专家学者关于城市竞争力研究的最新成果。本报告构建了一套科学的城市竞争力评价指标体系，采用第一手数据材料，对国内重点城市年度竞争力格局变化进行客观分析和综合比较、排名，对研究城市经济及城市竞争力极具参考价值。

中国省域竞争力蓝皮书
中国省域经济综合竞争力发展报告（2012~2013）（赠阅读卡）

李建平　李闽榕　高燕京 / 主编　　2014 年 3 月出版　估价 :188.00 元

◆　本书充分运用数理分析、空间分析、规范分析与实证分析相结合、定性分析与定量分析相结合的方法，建立起比较科学完善、符合中国国情的省域经济综合竞争力指标评价体系及数学模型，对 2011~2012 年中国内地 31 个省、市、区的经济综合竞争力进行全面、深入、科学的总体评价与比较分析。

农村经济绿皮书
中国农村经济形势分析与预测 (2013~2014)（赠阅读卡）

中国社会科学院农村发展研究所　国家统计局农村社会经济调查司 / 著
2014 年 4 月出版　　估价 :59.00 元

◆　本书对 2013 年中国农业和农村经济运行情况进行了系统的分析和评价，对 2014 年中国农业和农村经济发展趋势进行了预测，并提出相应的政策建议，专题部分将围绕某个重大的理论和现实问题进行多维、深入、细致的分析和探讨。

经济类　皮书系列 重点推荐

西部蓝皮书

中国西部经济发展报告（2014）（赠阅读卡）

姚慧琴　徐璋勇/主编　2014年7月出版　估价:69.00元

◆ 本书由西北大学中国西部经济发展研究中心主编，汇集了源自西部本土以及国内研究西部问题的权威专家的第一手资料，对国家实施西部大开发战略进行年度动态跟踪，并对2014年西部经济、社会发展态势进行预测和展望。

气候变化绿皮书

应对气候变化报告（2014）（赠阅读卡）

王伟光　郑国光/主编　2014年11月出版　估价:79.00元

◆ 本书由社科院城环所和国家气候中心共同组织编写，各篇报告的作者长期从事气候变化科学问题、社会经济影响，以及国际气候制度等领域的研究工作，密切跟踪国际谈判的进程，参与国家应对气候变化相关政策的咨询，有丰富的理论与实践经验。

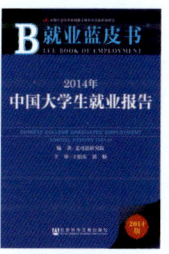

就业蓝皮书

2014年中国大学生就业报告（赠阅读卡）

麦可思研究院/编著　王伯庆　郭娇/主审
2014年6月出版　估价:98.00元

◆ 本书是迄今为止关于中国应届大学毕业生就业、大学毕业生中期职业发展及高等教育人口流动情况的视野最为宽广、资料最为翔实、分类最为精细的实证调查和定量研究；为我国教育主管部门的教育决策提供了极有价值的参考。

企业社会责任蓝皮书

中国企业社会责任研究报告（2014）（赠阅读卡）

黄群慧　彭华岗　钟宏武　张蒽/编著
2014年11月出版　估价:69.00元

◆ 本书系中国社会科学院经济学部企业社会责任研究中心组织编写的《企业社会责任蓝皮书》2014年分册。该书在对企业社会责任进行宏观总体研究的基础上，根据2013年企业社会责任及相关背景进行了创新研究，在全国企业中观层面对企业健全社会责任管理体系提供了弥足珍贵的丰富信息。

皮书系列
重点推荐

社会政法类

社会政法类

社会政法类皮书聚焦社会发展领域的热点、难点问题，提供权威、原创的资讯与视点

社会蓝皮书
2014年中国社会形势分析与预测（赠阅读卡）

李培林　陈光金　张　翼/主编　2013年12月出版　估价:69.00元

◆　本报告是中国社会科学院"社会形势分析与预测"课题组2014年度分析报告，由中国社会科学院社会学研究所组织研究机构专家、高校学者和政府研究人员撰写。对2013年中国社会发展的各个方面内容进行了权威解读，同时对2014年社会形势发展趋势进行了预测。

法治蓝皮书
中国法治发展报告No.12（2014）（赠阅读卡）

李　林　田　禾/主编　　2014年2月出版　　估价:98.00元

◆　本年度法治蓝皮书一如既往秉承关注中国法治发展进程中的焦点问题的特点，回顾总结了2013年度中国法治发展取得的成就和存在的不足，并对2014年中国法治发展形势进行了预测和展望。

民间组织蓝皮书
中国民间组织报告（2014）（赠阅读卡）

黄晓勇/主编　　2014年8月出版　　估价:69.00元

◆　本报告是中国社会科学院"民间组织与公共治理研究"课题组推出的第五本民间组织蓝皮书。基于国家权威统计数据、实地调研和广泛搜集的资料，本报告对2012年以来我国民间组织的发展现状、热点专题、改革趋势等问题进行了深入研究，并提出了相应的政策建议。

社会政法类　　皮书系列 重点推荐

社会保障绿皮书
中国社会保障发展报告（2014）No.6（赠阅读卡）
王延中 / 主编　　2014年9月出版　　估价:69.00元

◆ 社会保障是调节收入分配的重要工具，随着社会保障制度的不断建立健全、社会保障覆盖面的不断扩大和社会保障资金的不断增加，社会保障在调节收入分配中的重要性不断提高。本书全面评述了2013年以来社会保障制度各个主要领域的发展情况。

环境绿皮书
中国环境发展报告（2014）（赠阅读卡）
刘鉴强 / 主编　　2014年4月出版　　估价:69.00元

◆ 本书由民间环保组织"自然之友"组织编写，由特别关注、生态保护、宜居城市、可持续消费以及政策与治理等版块构成，以公共利益的视角记录、审视和思考中国环境状况，呈现2013年中国环境与可持续发展领域的全局态势，用深刻的思考、科学的数据分析2013年的环境热点事件。

教育蓝皮书
中国教育发展报告（2014）（赠阅读卡）
杨东平 / 主编　　2014年3月出版　　估价:69.00元

◆ 本书站在教育前沿，突出教育中的问题，特别是对当前教育改革中出现的教育公平、高校教育结构调整、义务教育均衡发展等问题进行了深入分析，从教育的内在发展谈教育，又从外部条件来谈教育，具有重要的现实意义，对我国的教育体制的改革与发展具有一定的学术价值和参考意义。

反腐倡廉蓝皮书
中国反腐倡廉建设报告No.3（赠阅读卡）
中国社会科学院中国廉政研究中心 / 主编
2013年12月出版　　估价:79.00元

◆ 本书抓住了若干社会热点和焦点问题，全面反映了新时期新阶段中国反腐倡廉面对的严峻局面，以及中国共产党反腐倡廉建设的新实践新成果。根据实地调研、问卷调查和舆情分析，梳理了当下社会普遍关注的与反腐败密切相关的热点问题。

行业报告类

行业报告类皮书立足重点行业、新兴行业领域，提供及时、前瞻的数据与信息

房地产蓝皮书
中国房地产发展报告No.11（赠阅读卡）

魏后凯 李景国/主编　　2014年4月出版　　估价:79.00元

◆ 本书由中国社会科学院城市发展与环境研究所组织编写，秉承客观公正、科学中立的原则，深度解析2013年中国房地产发展的形势和存在的主要矛盾，并预测2014年及未来10年或更长时间的房地产发展大势。观点精辟，数据翔实，对关注房地产市场的各阶层人士极具参考价值。

旅游绿皮书
2013~2014年中国旅游发展分析与预测（赠阅读卡）

宋　瑞/主编　　2013年12月出版　　定价:69.00元

◆ 如何从全球的视野理性审视中国旅游，如何在世界旅游版图上客观定位中国，如何积极有效地推进中国旅游的世界化，如何制定中国实现世界旅游强国梦想的线路图？本年度开始，《旅游绿皮书》将围绕"世界与中国"这一主题进行系列研究，以期为推进中国旅游的长远发展提供科学参考和智力支持。

信息化蓝皮书
中国信息化形势分析与预测（2014）（赠阅读卡）

周宏仁/主编　　2014年7月出版　　估价:98.00元

◆ 本书在以中国信息化发展的分析和预测为重点的同时，反映了过去一年间中国信息化关注的重点和热点，视野宽阔，观点新颖，内容丰富，数据翔实，对中国信息化的发展有很强的指导性，可读性很强。

行业报告类　皮书系列重点推荐

企业蓝皮书

中国企业竞争力报告（2014）（赠阅读卡）

金 碚/主编　　2014年11月出版　　估价：89.00元

◆ 中国经济正处于新一轮的经济波动中，如何保持稳健的经营心态和经营方式并进一步求发展，对于企业保持并提升核心竞争力至关重要。本书利用上市公司的财务数据，研究上市公司竞争力变化的最新趋势，探索进一步提升中国企业国际竞争力的有效途径，这无论对实践工作者还是理论研究者都具有重大意义。

食品药品蓝皮书

食品药品安全与监管政策研究报告（2014）（赠阅读卡）

唐民皓/主编　　2014年7月出版　　估价：69.00元

◆ 食品药品安全是当下社会关注的焦点问题之一，如何破解食品药品安全监管重点难点问题是需要以社会合力才能解决的系统工程。本书围绕安全热点问题、监管重点问题和政策焦点问题，注重于对食品药品公共政策和行政监管体制的探索和研究。

流通蓝皮书

中国商业发展报告（2013~2014）（赠阅读卡）

荆林波/主编　　2014年5月出版　　估价：89.00元

◆ 《中国商业发展报告》是中国社会科学院财经战略研究院与香港利丰研究中心合作的成果，并且在2010年开始以中英文版同步在全球发行。蓝皮书从关注中国宏观经济出发，突出中国流通业的宏观背景反映了本年度中国流通业发展的状况。

住房绿皮书

中国住房发展报告（2013~2014）（赠阅读卡）

倪鹏飞/主编　　2013年12月出版　　估价：79.00元

◆ 本报告从宏观背景、市场主体、市场体系、公共政策和年度主题五个方面，对中国住宅市场体系做了全面系统的分析、预测与评价，并给出了相关政策建议，并在评述2012~2013年住房及相关市场走势的基础上，预测了2013~2014年住房及相关市场的发展变化。

国别与地区类

国别与地区类皮书关注全球重点国家与地区，提供全面、独特的解读与研究

亚太蓝皮书

亚太地区发展报告（2014）（赠阅读卡）

李向阳 / 主编　　2013 年 12 月出版　　定价 :69.00 元

◆ 本书是由中国社会科学院亚太与全球战略研究院精心打造的又一品牌皮书，关注时下亚太地区局势发展动向里隐藏的中长趋势，剖析亚太地区政治与安全格局下的区域形势最新动向以及地区关系发展的热点问题，并对 2014 年亚太地区重大动态作出前瞻性的分析与预测。

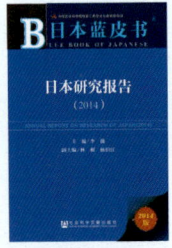

日本蓝皮书

日本研究报告（2014）（赠阅读卡）

李　薇 / 主编　　2014 年 2 月出版　　估价 :69.00 元

◆ 本书由中华日本学会、中国社会科学院日本研究所合作推出，是以中国社会科学院日本研究所的研究人员为主完成的研究成果。对 2013 年日本的政治、外交、经济、社会文化作了回顾、分析与展望，并收录了该年度日本大事记。

欧洲蓝皮书

欧洲发展报告（2013~2014）（赠阅读卡）

周　弘 / 主编　　2014 年 3 月出版　　估价 :89.00 元

◆ 本年度的欧洲发展报告，对欧洲经济、政治、社会、外交等面的形式进行了跟踪介绍与分析。力求反映作为一个整体的欧盟及 30 多个欧洲国家在 2013 年出现的各种变化。

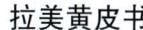

皮书系列
重点推荐

拉美黄皮书

拉丁美洲和加勒比发展报告（2013~2014）（赠阅读卡）

吴白乙 / 主编　2014年4月出版　估价：89.00元

◆　本书是中国社会科学院拉丁美洲研究所的第13份关于拉丁美洲和加勒比地区发展形势状况的年度报告。本书对2013年拉丁美洲和加勒比地区诸国的政治、经济、社会、外交等方面的发展情况做了系统介绍，对该地区相关国家的热点及焦点问题进行了总结和分析，并在此基础上对该地区各国2014年的发展前景做出预测。

澳门蓝皮书

澳门经济社会发展报告（2013~2014）（赠阅读卡）

吴志良　郝雨凡 / 主编　2014年3月出版　估价：79.00元

◆　本书集中反映2013年本澳各个领域的发展动态，总结评价近年澳门政治、经济、社会的总体变化，同时对2014年社会经济情况作初步预测。

日本经济蓝皮书

日本经济与中日经贸关系研究报告（2014）（赠阅读卡）

王洛林　张季风 / 主编　2014年5月出版　估价：79.00元

◆　本书对当前日本经济以及中日经济合作的发展动态进行了多角度、全景式的深度分析。本报告回顾并展望了2013~2014年度日本宏观经济的运行状况。此外，本报告还收录了大量来自于日本政府权威机构的数据图表，具有极高的参考价值。

美国蓝皮书

美国问题研究报告（2014）（赠阅读卡）

黄平　倪峰 / 主编　2014年6月出版　估价：89.00元

◆　本书是由中国社会科学院美国所主持完成的研究成果，它回顾了美国2013年的经济、政治形势与外交战略，对2013年以来美国内政外交发生的重大事件以及重要政策进行了较为全面的回顾和梳理。

皮书系列
重点推荐

地方发展类

地方发展类

地方发展类皮书关注大陆各省份、经济区域，提供科学、多元的预判与咨政信息

社会建设蓝皮书
2014年北京社会建设分析报告（赠阅读卡）

宋贵伦/主编　2014年4月出版　估价:69.00元

◆ 本书依据社会学理论框架和分析方法，对北京市的人口、就业、分配、社会阶层以及城乡关系等社会学基本问题进行了广泛调研与分析，对广受社会关注的住房、教育、医疗、养老、交通等社会热点问题做了深刻了解与剖析，对日益显现的征地搬迁、外籍人口管理、群体性心理障碍等进行了有益探讨。

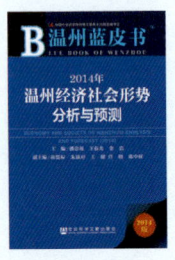

温州蓝皮书
2014年温州经济社会形势分析与预测（赠阅读卡）

潘忠强　王春光　金　浩/主编　2014年4月出版　估价：69.00元

◆ 本书是由中共温州市委党校与中国社会科学院社会学研究所合作推出的第七本"温州经济社会形势分析与预测"年度报告，深入全面分析了2013年温州经济、社会、政治、文化发展的主要特点、经验、成效与不足，提出了相应的政策建议。

上海蓝皮书
上海资源环境发展报告（2014）（赠阅读卡）

周冯琦　汤庆合　王利民/著　2014年1月出版　估价：59.00元

◆ 本书在上海所面临资源环境风险的来源、程度、成因、对策等方面作了些有益的探索，希望能对有关部门完善上海的资源环境风险防控工作提供一些有价值的参考，也让普通民众更全面地了解上海资源环境风险及其防控的图景。

地方发展类

皮书系列
重点推荐

广州蓝皮书

2014年中国广州社会形势分析与预测（赠阅读卡）

易佐永 杨 秦 顾涧清/主编　2014年5月出版　估价:65.00元

◆ 本书由广州大学与广州市委宣传部、广州市人力资源和社会保障局联合主编，汇集了广州科研团体、高等院校和政府部门诸多社会问题研究专家、学者和实际部门工作者的最新研究成果，是关于广州社会运行情况和相关专题分析与预测的重要参考资料。

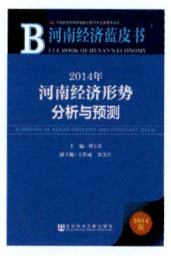

河南经济蓝皮书

2014年河南经济形势分析与预测（赠阅读卡）

胡五岳/主编　2014年4月出版　估价:59.00元

◆ 本书由河南省统计局主持编纂。该分析与展望以2013年最新年度统计数据为基础，科学研判河南经济发展的脉络轨迹、分析年度运行态势；以客观翔实、权威资料为特征，突出科学性、前瞻性和可操作性，服务于科学决策和科学发展。

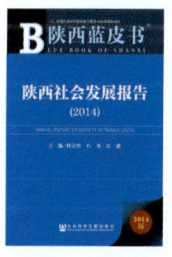

陕西蓝皮书

陕西社会发展报告（2014）（赠阅读卡）

任宗哲 石 英 江 波/主编　2014年1月出版　估价:65.00元

◆ 本书系统而全面地描述了陕西省2013年社会发展各个领域所取得的成就、存在的问题、面临的挑战及其应对思路，为更好地思考2014年陕西发展前景、政策指向和工作策略等方面提供了一个较为简洁清晰的参考蓝本。

上海蓝皮书

上海经济发展报告（2014）（赠阅读卡）

沈开艳/主编　2014年1月出版　估价:69.00元

◆ 本书系上海社会科学院系列之一，报告对2014年上海经济增长与发展趋势的进行了预测，把握了上海经济发展的脉搏和学术研究的前沿。

皮书系列 重点推荐

地方发展类·文化传媒类

广州蓝皮书
广州经济发展报告（2014）（赠阅读卡）

李江涛 刘江华/主编　2014年6月出版　估价:65.00元

◆ 本书是由广州市社会科学院主持编写的"广州蓝皮书"系列之一，本报告对广州2013年宏观经济运行情况作了深入分析，对2014年宏观经济走势进行了合理预测，并在此基础上提出了相应的政策建议。

 # 文化传媒类

文化传媒类皮书透视文化领域、文化产业，
探索文化大繁荣、大发展的路径

新媒体蓝皮书
中国新媒体发展报告No.4(2013)（赠阅读卡）

唐绪军/主编　2014年6月出版　估价:69.00元

◆ 本书由中国社会科学院新闻与传播研究所和上海大学合作编写，在构建新媒体发展研究基本框架的基础上，全面梳理2013年中国新媒体发展现状，发表最前沿的网络媒体深度调查数据和研究成果，并对新媒体发展的未来趋势做出预测。

舆情蓝皮书
中国社会舆情与危机管理报告（2014）（赠阅读卡）

谢耘耕/主编　2014年8月出版　估价:85.00元

◆ 本书由上海交通大学舆情研究实验室和危机管理研究中心主编，已被列入教育部人文社会科学研究报告培育项目。本书以新媒体环境下的中国社会为立足点，对2013年中国社会舆情、分类舆情等进行了深入系统的研究,并预测了2014年社会舆情走势。

经济类

产业蓝皮书
中国产业竞争力报告（2014）No.4
著(编)者：张其仔　2014年5月出版 / 估价:79.00元

长三角蓝皮书
2014年率先基本实现现代化的长三角
著(编)者：刘志彪　2014年6月出版 / 估价:120.00元

城市竞争力蓝皮书
中国城市竞争力报告No.12
著(编)者：倪鹏飞　2014年5月出版 / 估价:89.00元

城市蓝皮书
中国城市发展报告No.7
著(编)者：潘家华 魏后凯　2014年7月出版 / 估价:69.00元

城市群蓝皮书
中国城市群发展指数报告(2014)
著(编)者：刘士林 刘新静　2014年10月出版 / 估价:59.00元

城乡统筹蓝皮书
中国城乡统筹发展报告（2014）
著(编)者：程志强、潘晨光　2014年3月出版 / 估价:59.00元

城乡一体化蓝皮书
中国城乡一体化发展报告（2014）
著(编)者：汝信 付崇兰　2014年8月出版 / 估价:59.00元

城镇化蓝皮书
中国城镇化健康发展报告（2014）
著(编)者：张占斌　2014年10月出版 / 估价:69.00元

低碳发展蓝皮书
中国低碳发展报告（2014）
著(编)者：齐晔　2014年7月出版 / 估价:69.00元

低碳经济蓝皮书
中国低碳经济发展报告（2014）
著(编)者：薛进军 赵忠秀　2014年5月出版 / 估价:79.00元

东北蓝皮书
中国东北地区发展报告（2014）
著(编)者：鲍振东 曹晓峰　2014年8月出版 / 估价:79.00元

发展和改革蓝皮书
中国经济发展和体制改革报告No.7
著(编)者：邹东涛　2014年7月出版 / 估价:79.00元

工业化蓝皮书
中国工业化进程报告（2014）
著(编)者：黄群慧 吕铁 李晓华 等
2014年11月出版 / 估价:89.00元

国际城市蓝皮书
国际城市发展报告（2014）
著(编)者：屠启宇　2014年1月出版 / 估价:69.00元

国家创新蓝皮书
国家创新发展报告（2013~2014）
著(编)者：陈劲　2014年3月出版 / 估价:69.00元

国家竞争力蓝皮书
中国国家竞争力报告No.2
著(编)者：倪鹏飞　2014年10月出版 / 估价:98.00元

宏观经济蓝皮书
中国经济增长报告（2014）
著(编)者：张平 刘霞辉　2014年10月出版 / 估价:69.00元

减贫蓝皮书
中国减贫与社会发展报告
著(编)者：黄承伟　2014年7月出版 / 估价:69.00元

金融蓝皮书
中国金融发展报告（2014）
著(编)者：李扬 王国刚　2013年12月出版 / 定价:69.00元

经济蓝皮书
2014年中国经济形势分析与预测
著(编)者：李扬　2013年12月出版 / 估价:69.00元

经济蓝皮书春季号
中国经济前景分析——2014年春季报告
著(编)者：李扬　2014年4月出版 / 估价:59.00元

经济信息绿皮书
中国与世界经济发展报告（2014）
著(编)者：王长胜　2013年12月出版 / 定价:69.00元

就业蓝皮书
2014年中国大学生就业报告
著(编)者：麦可思研究院　2014年6月出版 / 估价:98.00元

民营经济蓝皮书
中国民营经济发展报告No.10（2013~2014）
著(编)者：黄孟复　2014年9月出版 / 估价:69.00元

民营企业蓝皮书
中国民营企业竞争力报告No.7（2014）
著(编)者：刘迎秋　2014年1月出版 / 估价:79.00元

农村绿皮书
中国农村经济形势分析与预测（2014）
著(编)者：中国社会科学院农村发展研究所
　　　　国家统计局农村社会经济调查司 著
2014年4月出版 / 估价:59.00元

企业公民蓝皮书
中国企业公民报告No.4
著(编)者：邹东涛　2014年7月出版 / 估价:69.00元

企业社会责任蓝皮书
中国企业社会责任研究报告（2014）
著(编)者：黄群慧 彭华岗 钟宏武 等
2014年11月出版 / 估价:59.00元

气候变化绿皮书
应对气候变化报告（2014）
著(编)者：王伟光 郑国光　2014年11月出版 / 估价:79.00元

区域蓝皮书
中国区域经济发展报告（2014）
著(编)者：梁昊光　2014年4月出版 / 估价:69.00元

人口与劳动绿皮书
中国人口与劳动问题报告No.15
著(编)者:蔡昉　2014年6月出版 / 估价:69.00元

生态经济(建设)绿皮书
中国经济(建设)发展报告(2013~2014)
著(编)者:黄浩涛　李周　2014年10月出版 / 估价:69.00元

世界经济黄皮书
2014年世界经济形势分析与预测
著(编)者:王洛林　张宇燕　2014年1月出版 / 估价:69.00元

西北蓝皮书
中国西北发展报告(2014)
著(编)者:张进海　陈冬红　段庆林　2014年1月出版 / 定价:65.00元

西部蓝皮书
中国西部发展报告(2014)
著(编)者:姚慧琴　徐璋勇　2014年7月出版 / 估价:69.00元

新型城镇化蓝皮书
新型城镇化发展报告(2014)
著(编)者:沈体雁　李伟　宋敏　2014年3月出版 / 估价:69.00元

新兴经济体蓝皮书
金砖国家发展报告(2014)
著(编)者:林跃勤　周文　2014年3月出版 / 估价:79.00元

循环经济绿皮书
中国循环经济发展报告(2013~2014)
著(编)者:齐建国　2014年12月出版 / 估价:69.00元

中部竞争力蓝皮书
中国中部经济社会竞争力报告(2014)
著(编)者:教育部人文社会科学重点研究基地
南昌大学中国中部经济社会发展研究中心
2014年7月出版 / 估价:59.00元

中部蓝皮书
中国中部地区发展报告(2014)
著(编)者:朱有志　2014年10月出版 / 估价:59.00元

中国科技蓝皮书
中国科技发展报告(2014)
著(编)者:陈劲　2014年4月出版 / 估价:69.00元

中国省域竞争力蓝皮书
中国省域经济综合竞争力发展报告(2012~2013)
著(编)者:李建平　李闽榕　高燕京　2014年3月出版 / 估价:188.00元

中三角蓝皮书
长江中游城市群发展报告(2013~2014)
著(编)者:秦尊文　2014年6月出版 / 估价:69.00元

中小城市绿皮书
中国中小城市发展报告(2014)
著(编)者:中国城市经济学会中小城市经济发展委员会
《中国中小城市发展报告》编纂委员会
2014年10月出版 / 估价:98.00元

中原蓝皮书
中原经济区发展报告(2014)
著(编)者:刘怀廉　2014年6月出版 / 估价:68.00元

社会政法类

殡葬绿皮书
中国殡葬事业发展报告(2014)
著(编)者:朱勇　副主编 李伯森　2014年3月出版 / 估价:59.00元

城市创新蓝皮书
中国城市创新报告(2014)
著(编)者:周天勇　旷建伟　2014年7月出版 / 估价:69.00元

城市管理蓝皮书
中国城市管理报告2014
著(编)者:谭维克　刘林　2014年7月出版 / 估价:98.00元

城市生活质量蓝皮书
中国城市生活质量指数报告(2014)
著(编)者:张平　2014年7月出版 / 估价:59.00元

城市政府能力蓝皮书
中国城市政府公共服务能力评估报告(2014)
著(编)者:何艳玲　2014年7月出版 / 估价:59.00元

创新蓝皮书
创新型国家建设报告(2014)
著(编)者:詹正茂　2014年7月出版 / 估价:69.00元

慈善蓝皮书
中国慈善发展报告(2014)
著(编)者:杨团　2014年6月出版 / 估价:69.00元

法治蓝皮书
中国法治发展报告No.12(2014)
著(编)者:李林　田禾　2014年2月出版 / 估价:98.00元

反腐倡廉蓝皮书
中国反腐倡廉建设报告No.3
著(编)者:李秋芳　2013年12月出版 / 估价:79.00元

非传统安全蓝皮书
中国非传统安全研究报告(2014)
著(编)者:余潇枫　2014年5月出版 / 估价:69.00元

社会政法类 | 皮书系列 2014全品种

妇女发展蓝皮书
福建省妇女发展报告（2014）
著(编)者：刘群英　2014年10月出版 / 估价：58.00元

妇女发展蓝皮书
中国妇女发展报告No.5
著(编)者：王金玲　高小贤　2014年5月出版 / 估价：65.00元

妇女教育蓝皮书
中国妇女教育发展报告No.3
著(编)者：张李玺　2014年10月出版 / 估价：69.00元

公共服务满意度蓝皮书
中国城市公共服务评价报告（2014）
著(编)者：胡伟　2014年11月出版 / 估价：69.00元

公共服务蓝皮书
中国城市基本公共服务力评价（2014）
著(编)者：侯惠勤　辛向阳　易定宏
2014年10月出版 / 估价：55.00元

公民科学素质蓝皮书
中国公民科学素质调查报告（2013~2014）
著(编)者：李群　许佳军　2014年2月出版 / 估价：69.00元

公益蓝皮书
中国公益发展报告（2014）
著(编)者：朱健刚　2014年5月出版 / 估价：78.00元

国际人才蓝皮书
中国海归创业发展报告（2014）No.2
著(编)者：王辉耀　路江涌　2014年10月出版 / 估价：69.00元

国际人才蓝皮书
中国留学发展报告（2014）No.3
著(编)者：王辉耀　2014年9月出版 / 估价：59.00元

行政改革蓝皮书
中国行政体制改革报告（2014）No.3
著(编)者：魏礼群　2014年3月出版 / 估价：69.00元

华侨华人蓝皮书
华侨华人研究报告（2014）
著(编)者：丘进　2014年5月出版 / 估价：128.00元

环境竞争力绿皮书
中国省域环境竞争力发展报告（2014）
著(编)者：李建平　李闽榕　王金南
2014年12月出版 / 估价：148.00元

环境绿皮书
中国环境发展报告（2014）
著(编)者：刘鉴强　2014年4月出版 / 估价：69.00元

基本公共服务蓝皮书
中国省级政府基本公共服务发展报告（2014）
著(编)者：孙德超　2014年1月出版 / 估价：69.00元

基金会透明度蓝皮书
中国基金会透明度发展研究报告（2014）
著(编)者：基金会中心网　2014年7月出版 / 估价：79.00元

教师蓝皮书
中国中小学教师发展报告（2014）
著(编)者：曾晓东　2014年4月出版 / 估价：59.00元

教育蓝皮书
中国教育发展报告（2014）
著(编)者：杨东平　2014年3月出版 / 估价：69.00元

科普蓝皮书
中国科普基础设施发展报告（2014）
著(编)者：任福君　2014年6月出版 / 估价：79.00元

口腔健康蓝皮书
中国口腔健康发展报告（2014）
著(编)者：胡德渝　2014年12月出版 / 估价：59.00元

老龄蓝皮书
中国老龄事业发展报告（2014）
著(编)者：吴玉韶　2014年2月出版 / 估价：59.00元

连片特困区蓝皮书
中国连片特困区发展报告（2014）
著(编)者：丁建军　冷志明　游俊　2014年3月出版 / 估价：79.00元

民间组织蓝皮书
中国民间组织报告（2014）
著(编)者：黄晓勇　2014年8月出版 / 估价：69.00元

民族发展蓝皮书
中国民族区域自治发展报告（2014）
著(编)者：郝时远　2014年6月出版 / 估价：98.00元

女性生活蓝皮书
中国女性生活状况报告No.8（2014）
著(编)者：韩湘景　2014年3月出版 / 估价：78.00元

汽车社会蓝皮书
中国汽车社会发展报告（2014）
著(编)者：王俊秀　2014年1月出版 / 估价：59.00元

青年蓝皮书
中国青年发展报告（2014）No.2
著(编)者：廉思　2014年6月出版 / 估价：59.00元

全球环境竞争力绿皮书
全球环境竞争力发展报告（2014）
著(编)者：李建平　李闽榕　王金南　2014年11月出版 / 估价：69.00元

青少年蓝皮书
中国未成年人新媒体运用报告（2014）
著(编)者：李文革　沈杰　季为民　2014年6月出版 / 估价：69.00元

皮书系列 2014全品种
社会政法类·行业报告类

区域人才蓝皮书
中国区域人才竞争力报告No.2
著(编)者:桂昭明 王辉耀　2014年6月出版 / 估价:69.00元

人才蓝皮书
中国人才发展报告（2014）
著(编)者:潘晨光　2014年10月出版 / 估价:79.00元

人权蓝皮书
中国人权事业发展报告No.4（2014）
著(编)者:李君如　2014年7月出版 / 估价:98.00元

世界人才蓝皮书
全球人才发展报告No.1
著(编)者:孙学玉 张冠梓　2013年12月出版 / 估价:69.00元

社会保障绿皮书
中国社会保障发展报告（2014）No.6
著(编)者:王延中　2014年4月出版 / 估价:69.00元

社会工作蓝皮书
中国社会工作发展报告（2013~2014）
著(编)者:王杰秀 邹文开　2014年8月出版 / 估价:59.00元

社会管理蓝皮书
中国社会管理创新报告No.3
著(编)者:连玉明　2014年9月出版 / 估价:79.00元

社会蓝皮书
2014年中国社会形势分析与预测
著(编)者:李培林 陈光金 张翼　2013年12月出版 / 估价:69.00元

社会体制蓝皮书
中国社会体制改革报告（2014）No.2
著(编)者:龚维斌　2014年5月出版 / 估价:59.00元

社会心态蓝皮书
2014年中国社会心态研究报告
著(编)者:王俊秀 杨宜音　2014年1月出版 / 估价:59.00元

生态城市绿皮书
中国生态城市建设发展报告（2014）
著(编)者:李景源 孙伟平 刘举科　2014年6月出版 / 估价:128.00元

生态文明绿皮书
中国省域生态文明建设评价报告（ECI 2014）
著(编)者:严耕　2014年9月出版 / 估价:98.00元

世界创新竞争力黄皮书
世界创新竞争力发展报告（2014）
著(编)者:李建平 李闽榕 赵新力　2014年11月出版 / 估价:128元

水与发展蓝皮书
中国水风险评估报告（2014）
著(编)者:苏杨　2014年9月出版 / 估价:69.00元

危机管理蓝皮书
中国危机管理报告（2014）
著(编)者:文学国 范正青　2014年8月出版 / 估价:79.00元

小康蓝皮书
中国全面建设小康社会监测报告（2014）
著(编)者:潘璠　2014年11月出版 / 估价:59.00元

形象危机应对蓝皮书
形象危机应对研究报告（2014）
著(编)者:唐钧　2014年9月出版 / 估价:118.00元

政治参与蓝皮书
中国政治参与报告（2014）
著(编)者:房宁　2014年7月出版 / 估价:58.00元

政治发展蓝皮书
中国政治发展报告（2014）
著(编)者:房宁 严海蛟　2014年6月出版 / 估价:98.00元

宗教蓝皮书
中国宗教报告（2014）
著(编)者:金泽 邱永辉　2014年8月出版 / 估价:59.00元

社会组织蓝皮书
中国社会组织评估报告（2014）
著(编)者:徐家良　2014年3月出版 / 估价:69.00元

政府绩效评估蓝皮书
中国地方政府绩效评估报告（2014）
著(编)者:负杰　2014年9月出版 / 估价:69.00元

行业报告类

保健蓝皮书
中国保健服务产业发展报告No.2
著(编)者:中国保健协会 中共中央党校
2014年7月出版 / 估价:198.00元

保健蓝皮书
中国保健食品产业发展报告No.2
著(编)者:中国保健协会
　　　中国社会科学院食品药品产业发展与监管研究中心
2014年7月出版 / 估价:198.00元

保健蓝皮书
中国保健用品产业发展报告No.2
著(编)者:中国保健协会　2014年3月出版 / 估价:198.00元

保险蓝皮书
中国保险业竞争力报告（2014）
著(编)者:罗忠敏　2014年1月出版 / 估价:98.00元

 行业报告类

皮书系列 2014全品种

餐饮产业蓝皮书
中国餐饮产业发展报告（2014）
著（编）者：中国烹饪协会 中国社会科学院财经战略研究院
2014年5月出版 / 估价：59.00元

测绘地理信息蓝皮书
中国地理信息产业发展报告（2014）
著（编）者：徐德明 2014年12月出版 / 估价：98.00元

茶业蓝皮书
中国茶产业发展报告（2014）
著（编）者：李闽榕 杨江帆 2014年4月出版 / 估价：79.00元

产权市场蓝皮书
中国产权市场发展报告（2014）
著（编）者：曹和平 2014年1月出版 / 估价：69.00元

产业安全蓝皮书
中国出版与传媒安全报告（2014）
著（编）者：北京交通大学中国产业安全研究中心
2014年1月出版 / 估价：59.00元

产业安全蓝皮书
中国医疗产业安全报告（2014）
著（编）者：北京交通大学中国产业安全研究中心
2014年1月出版 / 估价：59.00元

产业安全蓝皮书
中国医疗产业安全报告（2014）
著（编）者：李孟刚 2014年7月出版 / 估价：69.00元

产业安全蓝皮书
中国文化产业安全蓝皮书(2013~2014)
著（编）者：高海涛 刘益 2014年3月出版 / 估价：69.00元

产业安全蓝皮书
中国出版传媒产业安全报告（2014）
著（编）者：孙万军 王玉海 2014年12月出版 / 估价：69.00元

典当业蓝皮书
中国典当行业发展报告（2013~2014）
著（编）者：黄育华 王力 张红地
2014年10月出版 / 估价：69.00元

电子商务蓝皮书
中国城市电子商务影响力报告（2014）
著（编）者：荆林波 2014年5月出版 / 估价：69.00元

电子政务蓝皮书
中国电子政务发展报告（2014）
著（编）者：洪毅 王长胜 2014年2月出版 / 估价：59.00元

杜仲产业绿皮书
中国杜仲橡胶资源与产业发展报告（2014）
著（编）者：杜红岩 胡文臻 俞瑞
2014年9月出版 / 估价：99.00元

房地产蓝皮书
中国房地产发展报告No.11
著（编）者：魏后凯 李景国 2014年4月出版 / 估价：79.00元

服务外包蓝皮书
中国服务外包产业发展报告（2014）
著（编）者：王晓红 李皓 2014年4月出版 / 估价：89.00元

高端消费蓝皮书
中国高端消费市场研究报告
著（编）者：依绍华 王雪峰 2013年12月出版 / 估价：69.00元

会展经济蓝皮书
中国会展经济发展报告（2014）
著（编）者：过聚荣 2014年9月出版 / 估价：65.00元

会展蓝皮书
中外会展业动态评估年度报告（2014）
著（编）者：张敏 2014年8月出版 / 估价：68.00元

基金会绿皮书
中国基金会发展独立研究报告（2014）
著（编）者：基金会中心网 2014年8月出版 / 估价：58.00元

交通运输蓝皮书
中国交通运输服务发展报告（2014）
著（编）者：林晓言 卜伟 武剑红
2014年10月出版 / 估价：69.00元

金融监管蓝皮书
中国金融监管报告（2014）
著（编）者：胡滨 2014年9月出版 / 估价：65.00元

金融蓝皮书
中国金融中心发展报告（2014）
著（编）者：中国社会科学院金融研究所
中国博士后特华科研工作站 王力 黄育华
2014年10月出版 / 估价：59.00元

金融蓝皮书
中国商业银行竞争力报告（2014）
著（编）者：王松奇 2014年5月出版 / 估价：79.00元

金融蓝皮书
中国金融发展报告（2014）
著（编）者：李扬 王国刚 2013年12月出版 / 估价：69.00元

金融蓝皮书
中国金融法治报告（2014）
著（编）者：胡滨 全先银 2014年3月出版 / 估价：65.00元

金融蓝皮书
中国金融产品与服务报告（2014）
著（编）者：殷剑峰 2014年6月出版 / 估价：59.00元

金融信息服务蓝皮书
金融信息服务业发展报告（2014）
著（编）者：鲁广锦 2014年11月出版 / 估价：69.00元

19

皮书系列 2014全品种

行业报告类

抗衰老医学蓝皮书
抗衰老医学发展报告（2014）
著(编)者：罗伯特·高德曼 罗纳德·科莱兹 尼尔·布什 朱敏 金大鹏 郭弋
2014年3月出版 / 估价：69.00元

客车蓝皮书
中国客车产业发展报告（2014）
著(编)者：姚蔚 2014年12月出版 / 估价：69.00元

科学传播蓝皮书
中国科学传播报告（2014）
著(编)者：詹正茂 2014年4月出版 / 估价：69.00元

流通蓝皮书
中国商业发展报告（2014）
著(编)者：荆林波 2014年5月出版 / 估价：89.00元

旅游安全蓝皮书
中国旅游安全报告（2014）
著(编)者：郑向敏 谢朝武 2014年6月出版 / 估价：79.00元

旅游绿皮书
2013~2014年中国旅游发展分析与预测
著(编)者：宋瑞 2013年12月出版 / 估价：69.00元

旅游城市绿皮书
世界旅游城市发展报告（2013~2014）
著(编)者：张辉 2014年1月出版 / 估价：69.00元

贸易蓝皮书
中国贸易发展报告（2014）
著(编)者：荆林波 2014年5月出版 / 估价：49.00元

民营医院蓝皮书
中国民营医院发展报告（2014）
著(编)者：朱幼棣 2014年10月出版 / 估价：69.00元

闽商蓝皮书
闽商发展报告（2014）
著(编)者：李闽榕 王日根 2014年12月出版 / 估价：69.00元

能源蓝皮书
中国能源发展报告（2014）
著(编)者：崔民选 王军生 陈义和
2014年10月出版 / 估价：59.00元

农产品流通蓝皮书
中国农产品流通产业发展报告（2014）
著(编)者：贾敬敦 王炳南 张玉玺 张鹏毅 陈丽华
2014年9月出版 / 估价：89.00元

期货蓝皮书
中国期货市场发展报告（2014）
著(编)者：荆林波 2014年6月出版 / 估价：98.00元

企业蓝皮书
中国企业竞争力报告（2014）
著(编)者：金碚 2014年11月出版 / 估价：89.00元

汽车安全蓝皮书
中国汽车安全发展报告（2014）
著(编)者：赵福全 孙小端 等 2014年1月出版 / 估价：69.00元

汽车蓝皮书
中国汽车产业发展报告（2014）
著(编)者：国务院发展研究中心产业经济研究部 中国汽车工程学会 大众汽车集团（中国）
2014年7月出版 / 估价：79.00元

清洁能源蓝皮书
国际清洁能源发展报告（2014）
著(编)者：国际清洁能源论坛（澳门）
2014年9月出版 / 估价：89.00元

人力资源蓝皮书
中国人力资源发展报告（2014）
著(编)者：吴江 2014年9月出版 / 估价：69.00元

软件和信息服务业蓝皮书
中国软件和信息服务业发展报告（2014）
著(编)者：洪京一 工业和信息化部电子科学技术情报研究所
2014年6月出版 / 估价：98.00元

商会蓝皮书
中国商会发展报告No.4（2014）
著(编)者：黄孟复 2014年4月出版 / 估价：59.00元

商品市场蓝皮书
中国商品市场发展报告（2014）
著(编)者：荆林波 2014年7月出版 / 估价：59.00元

上市公司蓝皮书
中国上市公司非财务信息披露报告（2014）
著(编)者：钟宏武 张旺 张蒽 等
2014年12月出版 / 估价：59.00元

食品药品蓝皮书
食品药品安全与监管政策研究报告（2014）
著(编)者：唐民皓 2014年7月出版 / 估价：69.00元

世界能源蓝皮书
世界能源发展报告（2014）
著(编)者：黄晓勇 2014年9月出版 / 估价：99.00元

私募市场蓝皮书
中国私募股权市场发展报告（2014）
著(编)者：曹和平 2014年4月出版 / 估价：69.00元

体育蓝皮书
中国体育产业发展报告（2014）
著(编)者：阮伟 钟秉枢 2013年2月出版 / 估价：69.00元

皮书系列 2014全品种

行业报告类

体育蓝皮书·公共体育服务
中国公共体育服务发展报告（2014）
著(编)者：戴健　2014年12月出版／估价：69.00元

投资蓝皮书
中国投资发展报告（2014）
著(编)者：杨庆蔚　2014年4月出版／估价：79.00元

投资蓝皮书
中国企业海外投资发展报告（2013~2014）
著(编)者：陈文晖　薛誉华　2013年12月出版／估价：69.00元

物联网蓝皮书
中国物联网发展报告（2014）
著(编)者：龚六堂　2014年1月出版／估价：59.00元

西部工业蓝皮书
中国西部工业发展报告（2014）
著(编)者：方行明　刘方** 姜凌 等
2014年9月出版／估价：69.00元

西部金融蓝皮书
中国西部金融发展报告（2014）
著(编)者：李忠民　2014年10月出版／估价：69.00元

新能源汽车蓝皮书
中国新能源汽车产业发展报告（2014）
著(编)者：中国汽车技术研究中心
　　　　　日产（中国）投资有限公司
　　　　　东风汽车有限公司
2014年9月出版／估价：69.00元

信托蓝皮书
中国信托业研究报告（2014）
著(编)者：中建投信托研究中心　中国建设建投研究院
2014年9月出版／估价：59.00元

信托蓝皮书
中国信托投资报告（2014）
著(编)者：杨金龙　刘屹　2014年7月出版／估价：69.00元

信息化蓝皮书
中国信息化形势分析与预测（2014）
著(编)者：周宏仁　2014年7月出版／估价：98.00元

信用蓝皮书
中国信用发展报告（2014）
著(编)者：章政　田侃　2014年4月出版／估价：69.00元

休闲绿皮书
2014年中国休闲发展报告
著(编)者：刘德谦　唐兵　宋瑞
2014年6月出版／估价：59.00元

养老产业蓝皮书
中国养老产业发展报告（2013~2014年）
著(编)者：张车伟　2014年1月出版／估价：69.00元

移动互联网蓝皮书
中国移动互联网发展报告（2014）
著(编)者：官建文　2014年5月出版／估价：79.00元

医药蓝皮书
中国药品市场报告（2014）
著(编)者：程锦锥　朱恒鹏　2014年12月出版／估价：79.00元

中国林业竞争力蓝皮书
中国省域林业竞争力发展报告No.2（2014）（上下册）
著(编)者：郑传芳　李闽榕　张春霞　张会儒
2014年8月出版／估价：139.00元

中国农业竞争力蓝皮书
中国省域农业竞争力发展报告No.2（2014）
著(编)者：郑传芳　宋洪远　李闽榕　张春霞
2014年7月出版／估价：128.00元

中国信托市场蓝皮书
中国信托市场报告（2013~2014）
著(编)者：李旸　2014年10月出版／估价：69.00元

中国总部经济蓝皮书
中国总部经济发展报告（2014）
著(编)者：赵弘　2014年9月出版／估价：69.00元

珠三角流通蓝皮书
珠三角商圈发展研究报告（2014）
著(编)者：王先庆　林至颖　2014年8月出版／估价：69.00元

住房绿皮书
中国住房发展报告（2013~2014）
著(编)者：倪鹏飞　2013年12月出版／估价：79.00元

资本市场蓝皮书
中国场外交易市场发展报告（2014）
著(编)者：高峦　2014年3月出版／估价：79.00元

资产管理蓝皮书
中国信托业发展报告（2014）
著(编)者：智信资产管理研究院　2014年7月出版／估价：69.00元

支付清算蓝皮书
中国支付清算发展报告（2014）
著(编)者：杨涛　2014年4月出版／估价：45.00元

皮书系列 2014全品种

文化传媒类

传媒蓝皮书
中国传媒产业发展报告（2014）
著(编)者：崔保国　2014年4月出版／估价：79.00元

传媒竞争力蓝皮书
中国传媒国际竞争力研究报告（2014）
著(编)者：李本乾　2014年9月出版／估价：69.00元

创意城市蓝皮书
武汉市文化创意产业发展报告（2014）
著(编)者：张京成　黄永林　2014年10月出版／估价：69.00元

电视蓝皮书
中国电视产业发展报告（2014）
著(编)者：卢斌　2014年4月出版／估价：79.00元

电影蓝皮书
中国电影出版发展报告（2014）
著(编)者：卢斌　2014年4月出版／估价：79.00元

动漫蓝皮书
中国动漫产业发展报告（2014）
著(编)者：卢斌　郑玉明　牛兴侦　2014年4月出版／估价：79.00元

广电蓝皮书
中国广播电影电视发展报告（2014）
著(编)者：庞井君　杨明品　李岚
2014年6月出版／估价：88.00元

广告主蓝皮书
中国广告主营销传播趋势报告N0.8
著(编)者：中国传媒大学广告主研究所
　　　　　中国广告主营销传播创新研究课题组
　　　　　黄升民　杜国清　邵华冬等
2014年5月出版／估价：98.00元

国际传播蓝皮书
中国国际传播发展报告（2014）
著(编)者：胡正荣　李继东　姬德强
2014年1月出版／估价：69.00元

纪录片蓝皮书
中国纪录片发展报告（2014）
著(编)者：何苏六　2014年10月出版／估价：89.00元

两岸文化蓝皮书
两岸文化产业合作发展报告（2014）
著(编)者：胡惠林　肖夏勇　2014年6月出版／估价：59.00元

媒介与女性蓝皮书
中国媒介与女性发展报告（2014）
著(编)者：刘利群　2014年8月出版／估价：69.00元

全球传媒蓝皮书
全球传媒产业发展报告（2014）
著(编)者：胡正荣　2014年12月出版／估价：79.00元

视听新媒体蓝皮书
中国视听新媒体发展报告（2014）
著(编)者：庞井君　2014年6月出版／估价：148.00元

文化创新蓝皮书
中国文化创新报告（2014）No.5
著(编)者：于平　傅才武　2014年7月出版／估价：79.00元

文化科技蓝皮书
文化科技融合与创意城市发展报告（2014）
著(编)者：李凤亮　于平　2014年7月出版／估价：79.00元

文化蓝皮书
2014年中国文化产业发展报告
著(编)者：张晓明　胡惠林　章建刚
2014年3月出版／估价：69.00元

文化蓝皮书
中国文化产业供需协调增长测评报（2013）
著(编)者：高书生　王亚楠　2014年5月出版／估价：79.00元

文化蓝皮书
中国城镇文化消费需求景气评价报告（2014）
著(编)者：王亚南　张晓明　祁述裕
2014年5月出版／估价：79.00元

文化蓝皮书
中国公共文化服务发展报告（2014）
著(编)者：于群　李国新　2014年10月出版／估价：98.00元

文化蓝皮书
中国文化消费需求景气评价报告（2014）
著(编)者：王亚南　2014年5月出版／估价：79.00元

文化蓝皮书
中国乡村文化消费需求景气评价报告（2014）
著(编)者：王亚南　2014年5月出版／估价：79.00元

文化蓝皮书
中国中心城市文化消费需求景气评价报告（201
著(编)者：王亚南　2014年5月出版／估价：79.00元

文化蓝皮书
中国少数民族文化发展报告（2014）
著(编)者：武翠英　张晓明　张学进
2014年3月出版／估价：69.00元

文化传媒类·地方发展类

皮书系列 2014全品种

文化建设蓝皮书
中国文化建设发展报告（2014）
著（编）者：江畅　孙伟平　　2014年3月出版　/　估价:69.00元

文化品牌蓝皮书
中国文化品牌发展报告（2014）
著（编）者：欧阳友权　2014年5月出版　/　估价:75.00元

文化软实力蓝皮书
中国文化软实力研究报告（2014）
著（编）者：张国祚　2014年7月出版　/　估价:79.00元

文化遗产蓝皮书
中国文化遗产事业发展报告（2014）
著（编）者：刘世锦　2014年3月出版　/　估价:79.00元

文学蓝皮书
中国文情报告（2014）
著（编）者：白烨　2014年5月出版　/　估价:59.00元

新媒体蓝皮书
中国新媒体发展报告No.5（2014）
著（编）者：唐绪军　2014年6月出版　/　估价:69.00元

移动互联网蓝皮书
中国移动互联网发展报告（2014）
著（编）者：官建文　2014年4月出版　/　估价:79.00元

游戏蓝皮书
中国游戏产业发展报告（2014）
著（编）者：卢斌　2014年4月出版　/　估价:79.00元

舆情蓝皮书
中国社会舆情与危机管理报告（2014）
著（编）者：谢耘耕　2014年8月出版　/　估价:85.00元

粤港澳台文化蓝皮书
粤港澳台文化创意产业发展报告（2014）
著（编）者：丁未　2014年4月出版　/　估价:69.00元

地方发展类

安徽蓝皮书
安徽社会发展报告（2014）
著（编）者：程桦　2014年4月出版　/　估价:79.00元

安徽社会建设蓝皮书
安徽社会建设分析报告（2014）
著（编）者：黄家海　王开玉　蔡宪　2014年4月出版　/　估价:69.00元

北京蓝皮书
北京城乡发展报告（2014）
著（编）者：黄序　2014年4月出版　/　估价:59.00元

北京蓝皮书
北京公共服务发展报告（2014）
著（编）者：张耘　2014年3月出版　/　估价:65.00元

北京蓝皮书
北京经济发展报告（2014）
著（编）者：赵弘　2014年4月出版　/　估价:59.00元

北京蓝皮书
北京社会发展报告（2014）
著（编）者：缪青　2014年10月出版　/　估价:59.00元

北京蓝皮书
北京文化发展报告（2014）
著（编）者：李建盛　2014年5月出版　/　估价:69.00元

北京蓝皮书
中国社区发展报告（2014）
著（编）者：于燕燕　2014年8月出版　/　估价:59.00元

北京蓝皮书
北京公共服务发展报告（2014）
著（编）者：施昌奎　2014年8月出版　/　估价:59.00元

北京旅游绿皮书
北京旅游发展报告（2014）
著（编）者：鲁勇　2014年7月出版　/　估价:98.00元

北京律师蓝皮书
北京律师发展报告No.2（2014）
著（编）者：王隽　周塞军　2014年9月出版　/　估价:79.00元

北京人才蓝皮书
北京人才发展报告（2014）
著（编）者：于淼　2014年10月出版　/　估价:89.00元

城乡一体化蓝皮书
中国城乡一体化发展报告·北京卷（2014）
著（编）者：张宝秀　黄序　2014年6月出版　/　估价:59.00元

创意城市蓝皮书
北京文化创意产业发展报告（2014）
著（编）者：张京成　王国华　2014年10月出版　/　估价:69.00元

创意城市蓝皮书
青岛文化创意产业发展报告（2014）
著（编）者：马达　2014年5月出版　/　估价:69.00元

创意城市蓝皮书
无锡文化创意产业发展报告（2014）
著（编）者：庄若江　张鸣年　2014年8月出版　/　估价:75.00元

皮书系列 2014全品种 — 地方发展类

服务业蓝皮书
广东现代服务业发展报告（2014）
著(编)者:祁明 程晓　2014年1月出版 / 估价:69.00元

甘肃蓝皮书
甘肃舆情分析与预测（2014）
著(编)者:陈双梅 郝树声　2014年1月出版 / 估价:69.00元

甘肃蓝皮书
甘肃县域社会发展评价报告（2014）
著(编)者:魏胜文　2014年1月出版 / 估价:69.00元

甘肃蓝皮书
甘肃经济发展分析与预测（2014）
著(编)者:魏胜文　2014年1月出版 / 估价:69.00元

甘肃蓝皮书
甘肃社会发展分析与预测（2014）
著(编)者:安文华　2014年1月出版 / 估价:69.00元

甘肃蓝皮书
甘肃文化发展分析与预测（2014）
著(编)者:周小华　2014年1月出版 / 估价:69.00元

广东蓝皮书
广东省电子商务发展报告（2014）
著(编)者:黄建明 祁明　2014年11月出版 / 估价:69.00元

广东蓝皮书
广东社会工作发展报告（2014）
著(编)者:罗观翠　2013年12月出版 / 估价:69.00元

广东外经贸蓝皮书
广东对外经济贸易发展研究报告（2014）
著(编)者:陈万灵　2014年3月出版 / 估价:65.00元

广西北部湾经济区蓝皮书
广西北部湾经济区开放开发报告（2014）
著(编)者:广西北部湾经济区规划建设管理委员会办公室
　　　　广西社会科学院 广西北部湾发展研究院
2014年7月出版 / 估价:69.00元

广州蓝皮书
2014年中国广州经济形势分析与预测
著(编)者:庾建设 郭志勇 沈奎　2014年6月出版 / 估价:69.00元

广州蓝皮书
2014年中国广州社会形势分析与预测
著(编)者:易佐永 杨秦 顾涧清　2014年5月出版 / 估价:65.00元

广州蓝皮书
广州城市国际化发展报告（2014）
著(编)者:朱名宏　2014年9月出版 / 估价:59.00元

广州蓝皮书
广州创新型城市发展报告（2014）
著(编)者:李江涛　2014年8月出版 / 估价:59.00元

广州蓝皮书
广州经济发展报告（2014）
著(编)者:李江涛 刘江华　2014年6月出版 / 估价:65.00元

广州蓝皮书
广州农村发展报告（2014）
著(编)者:李江涛 汤锦华　2014年8月出版 / 估价:59.00元

广州蓝皮书
广州青年发展报告（2014）
著(编)者:魏国华 张强　2014年9月出版 / 估价:65.00元

广州蓝皮书
广州汽车产业发展报告（2014）
著(编)者:李江涛 杨再高　2014年10月出版 / 估价:69.00元

广州蓝皮书
广州商贸业发展报告（2014）
著(编)者:陈家成 王旭东 荀振英
2014年7月出版 / 估价:69.00元

广州蓝皮书
广州文化创意产业发展报告（2014）
著(编)者:甘新　2014年10月出版 / 估价:59.00元

广州蓝皮书
中国广州城市建设发展报告（2014）
著(编)者:董皞 冼伟雄 李俊夫
2014年8月出版 / 估价:69.00元

广州蓝皮书
中国广州科技与信息化发展报告（2014）
著(编)者:庾建设 谢学宁　2014年8月出版 / 估价:59.00元

广州蓝皮书
中国广州文化创意产业发展报告（2014）
著(编)者:甘新　2014年10月出版 / 估价:59.00元

广州蓝皮书
中国广州文化发展报告（2014）
著(编)者:徐俊忠 汤应武 陆志强
2014年8月出版 / 估价:69.00元

贵州蓝皮书
贵州法治发展报告（2014）
著(编)者:吴大华　2014年3月出版 / 估价:69.00元

贵州蓝皮书
贵州社会发展报告（2014）
著(编)者:王兴骥　2014年3月出版 / 估价:59.00元

贵州蓝皮书
贵州农村扶贫开发报告（2014）
著(编)者:王朝新 宋明　2014年3月出版 / 估价:69.00元

贵州蓝皮书
贵州文化产业发展报告（2014）
著(编)者:李建国　2014年3月出版 / 估价:69.00元

地方发展类

皮书系列 2014全品种

海淀蓝皮书
海淀区文化和科技融合发展报告（2014）
著(编)者:陈名杰 孟景伟　2014年5月出版 / 估价:75.00元

海峡经济区蓝皮书
海峡经济区发展报告（2014）
著(编)者:李闽榕 王秉安 谢明辉（台湾）
2014年10月出版 / 估价:78.00元

海峡西岸蓝皮书
海峡西岸经济区发展报告（2014）
著(编)者:福建省人民政府发展研究中心
2014年9月出版 / 估价:85.00元

杭州蓝皮书
杭州市妇女发展报告（2014）
著(编)者:魏颖 揭爱花　2014年2月出版 / 估价:69.00元

河北蓝皮书
河北省经济发展报告（2014）
著(编)者:马树强 张贵　2013年12月出版 / 估价:69.00元

河北蓝皮书
河北经济社会发展报告（2014）
著(编)者:周文夫　2013年12月出版 / 估价:69.00元

河南经济蓝皮书
2014年河南经济形势分析与预测
著(编)者:胡五岳　2014年3月出版 / 估价:65.00元

河南蓝皮书
2014年河南社会形势分析与预测
著(编)者:刘道兴 牛苏林　2014年1月出版 / 估价:59.00元

河南蓝皮书
河南城市发展报告（2014）
著(编)者:林宪斋 王建国　2014年1月出版 / 估价:69.00元

河南蓝皮书
河南经济发展报告（2014）
著(编)者:喻新安　2014年1月出版 / 估价:59.00元

河南蓝皮书
河南文化发展报告（2014）
著(编)者:谷建全 卫绍生　2014年1月出版 / 估价:69.00元

河南蓝皮书
河南工业发展报告（2014）
著(编)者:龚绍东　2014年1月出版 / 估价:59.00元

黑龙江产业蓝皮书
黑龙江产业发展报告（2014）
著(编)者:于渤　2014年10月出版 / 估价:79.00元

黑龙江蓝皮书
黑龙江经济发展报告（2014）
著(编)者:曲伟　2014年1月出版 / 估价:59.00元

黑龙江蓝皮书
黑龙江社会发展报告（2014）
著(编)者:艾书琴　2014年1月出版 / 估价:69.00元

湖南城市蓝皮书
城市社会管理
著(编)者:罗海藩　2014年10月出版 / 估价:59.00元

湖南蓝皮书
2014年湖南产业发展报告
著(编)者:梁志峰　2014年5月出版 / 估价:89.00元

湖南蓝皮书
2014年湖南法治发展报告
著(编)者:梁志峰　2014年5月出版 / 估价:79.00元

湖南蓝皮书
2014年湖南经济展望
著(编)者:梁志峰　2014年5月出版 / 估价:79.00元

湖南蓝皮书
2014年湖南两型社会发展报告
著(编)者:梁志峰　2014年5月出版 / 估价:79.00元

湖南县域绿皮书
湖南县域发展报告No.2
著(编)者:朱有志 袁准 周小毛　2014年7月出版 / 估价:69.00元

沪港蓝皮书
沪港发展报告（2014）
著(编)者:尤安山　2014年9月出版 / 估价:89.00元

吉林蓝皮书
2014年吉林经济社会形势分析与预测
著(编)者:马克　2014年1月出版 / 估价:69.00元

江苏法治蓝皮书
江苏法治发展报告No.3（2014）
著(编)者:李力 龚廷泰 严海良　2014年8月出版 / 估价:88.00元

京津冀蓝皮书
京津冀区域一体化发展报告（2014）
著(编)者:文魁 祝尔娟　2014年3月出版 / 估价:89.00元

经济特区蓝皮书
中国经济特区发展报告（2014）
著(编)者:陶一桃　2014年3月出版 / 估价:89.00元

辽宁蓝皮书
2014年辽宁经济社会形势分析与预测
著(编)者:曹晓峰 张晶 张卓民　2014年1月出版 / 估价:69.00元

流通蓝皮书
湖南省商贸流通产业发展报告No.2
著(编)者:柳思维　2014年10月出版 / 估价:75.00元

皮书系列 2014全品种

地方发展类

内蒙古蓝皮书
内蒙古经济发展蓝皮书(2013~2014)
著(编)者：黄育华　2014年7月出版／估价:69.00元

内蒙古蓝皮书
内蒙古反腐倡廉建设报告No.1
著(编)者：张志华　无极　2013年12月出版／估价:69.00元

浦东新区蓝皮书
上海浦东经济发展报告（2014）
著(编)者：左学金　陆沪根　2014年1月出版／估价:59.00元

侨乡蓝皮书
中国侨乡发展报告（2014）
著(编)者：郑一省　2013年12月出版／估价:69.00元

青海蓝皮书
2014年青海经济社会形势分析与预测
著(编)者：赵宗福　2014年2月出版／估价:69.00元

人口与健康蓝皮书
深圳人口与健康发展报告（2014）
著(编)者：陆杰华　江捍平　2014年10月出版／估价:98.00元

山西蓝皮书
山西资源型经济转型发展报告（2014）
著(编)者：李志强　容和平　2014年3月出版／估价:79.00元

陕西蓝皮书
陕西经济发展报告（2014）
著(编)者：任宗哲　石英　裴成荣　2014年3月出版／估价:65.00元

陕西蓝皮书
陕西社会发展报告（2014）
著(编)者：任宗哲　石英　江波　2014年1月出版／估价:65.00元

陕西蓝皮书
陕西文化发展报告（2014）
著(编)者：任宗哲　石英　王长寿　2014年3月出版／估价:59.00元

上海蓝皮书
上海传媒发展报告（2014）
著(编)者：强荧　焦雨虹　2014年1月出版／估价:59.00元

上海蓝皮书
上海法治发展报告（2014）
著(编)者：潘世伟　叶青　2014年1月出版／估价:59.00元

上海蓝皮书
上海经济发展报告（2014）
著(编)者：沈开艳　2014年1月出版／估价:69.00元

上海蓝皮书
上海社会发展报告（2014）
著(编)者：卢汉龙　周海旺　2014年1月出版／估价:59.00元

上海蓝皮书
上海文化发展报告（2014）
著(编)者：蒯大申　2014年1月出版／估价:59.00元

上海蓝皮书
上海文学发展报告（2014）
著(编)者：陈圣来　2014年1月出版／估价:59.00元

上海蓝皮书
上海资源环境发展报告（2014）
著(编)者：周冯琦　汤庆合　王利民　2014年1月出版／估价:5

上海社会保障绿皮书
上海社会保障改革与发展报告（2013~2014）
著(编)者：汪泓　2014年1月出版／估价:65.00元

社会建设蓝皮书
2014年北京社会建设分析报告
著(编)者：宋贵伦　2014年4月出版／估价:69.00元

深圳蓝皮书
深圳经济发展报告（2014）
著(编)者：吴忠　2014年6月出版／估价:69.00元

深圳蓝皮书
深圳劳动关系发展报告（2014）
著(编)者：汤庭芬　2014年6月出版／估价:69.00元

深圳蓝皮书
深圳社会发展报告（2014）
著(编)者：吴忠　余智晟　2014年7月出版／估价:69.00元

四川蓝皮书
四川文化产业发展报告（2014）
著(编)者：向宝云　2014年1月出版／估价:69.00元

温州蓝皮书
2014年温州经济社会形势分析与预测
著(编)者：潘忠强　王春光　金浩　2014年4月出版／估价:69.

温州蓝皮书
浙江温州金融综合改革试验区发展报告（2013~
著(编)者：钱水土　王去非　李义超
2014年4月出版／估价:69.00元

扬州蓝皮书
扬州经济社会发展报告（2014）
著(编)者：张爱军　2014年1月出版／估价:78.00元

义乌蓝皮书
浙江义乌市国际贸易综合改革试验区发展报告（2013~2014）
著(编)者：马淑琴　刘文革　周松强
2014年4月出版／估价:69.00元

云南蓝皮书
中国面向西南开放重要桥头堡建设发展报告（2
著(编)者：刘绍怀　2014年12月出版／估价:69.00元

长株潭城市群蓝皮书
长株潭城市群发展报告（2014）
著(编)者：张萍　2014年10月出版／估价:69.00元

地方发展类·国别与地区类

皮书系列
2014全品种

郑州蓝皮书
2014年郑州文化发展报告
著(编)者：王哲　2014年7月出版　估价：69.00元

中国省会经济圈蓝皮书
合肥经济圈经济社会发展报告No.4(2013~2014)
著(编)者：董昭礼　2014年4月出版　估价：79.00元

国别与地区类

G20国家创新竞争力黄皮书
二十国集团(G20)国家创新竞争力发展报告(2014)
著(编)者：李建平　李闽榕　赵新力
2014年9月出版　估价：118.00元

澳门蓝皮书
澳门经济社会发展报告(2013~2014)
著(编)者：吴志良　郝雨凡　2014年3月出版　估价：79.00元

北部湾蓝皮书
泛北部湾合作发展报告(2014)
著(编)者：吕余生　2014年7月出版　估价：79.00元

大湄公河次区域蓝皮书
大湄公河次区域合作发展报告(2014)
著(编)者：刘稚　2014年8月出版　估价：79.00元

大洋洲蓝皮书
大洋洲发展报告(2014)
著(编)者：魏明海　喻常森　2014年7月出版　估价：69.00元

德国蓝皮书
德国发展报告(2014)
著(编)者：李乐曾　郑春荣等　2014年5月出版　估价：69.00元

东北亚黄皮书
东北亚地区政治与安全报告(2014)
著(编)者：黄凤志　刘雪莲　2014年6月出版　估价：69.00元

东盟黄皮书
东盟发展报告(2014)
著(编)者：黄兴球　庄国土　2014年12月出版　估价：68.00元

东南亚蓝皮书
东南亚地区发展报告(2014)
著(编)者：王勤　2014年11月出版　估价：59.00元

俄罗斯黄皮书
俄罗斯发展报告(2014)
著(编)者：李永全　2014年7月出版　估价：79.00元

非洲黄皮书
非洲发展报告No.15(2014)
著(编)者：张宏明　2014年7月出版　估价：79.00元

港澳珠三角蓝皮书
粤港澳区域合作与发展报告(2014)
著(编)者：梁庆寅　陈广汉　2014年6月出版　估价：59.00元

国际形势黄皮书
全球政治与安全报告(2014)
著(编)者：李慎明　张宇燕　2014年1月出版　估价：69.00元

韩国蓝皮书
韩国发展报告(2014)
著(编)者：牛林杰　刘宝全　2014年6月出版　估价：69.00元

加拿大蓝皮书
加拿大国情研究报告(2014)
著(编)者：仲伟合　唐小松　2013年12月出版　估价：69.00元

柬埔寨蓝皮书
柬埔寨国情报告(2014)
著(编)者：毕世鸿　2014年6月出版　估价：79.00元

拉美黄皮书
拉丁美洲和加勒比发展报告(2014)
著(编)者：吴白乙　刘维广　2014年4月出版　估价：89.00元

老挝蓝皮书
老挝国情报告(2014)
著(编)者：卢光盛　方芸　吕星　2014年6月出版　估价：79.00元

美国蓝皮书
美国问题研究报告(2014)
著(编)者：黄平　倪峰　2014年5月出版　估价：79.00元

缅甸蓝皮书
缅甸国情报告(2014)
著(编)者：李晨阳　2014年4月出版　估价：79.00元

欧亚大陆桥发展蓝皮书
欧亚大陆桥发展报告(2014)
著(编)者：李忠民　2014年10月出版　估价：59.00元

欧洲蓝皮书
欧洲发展报告(2014)
著(编)者：周弘　2014年3月出版　估价：79.00元

皮书系列 2014全品种

国别与地区类

葡语国家蓝皮书
巴西发展与中巴关系报告2014（中英文）
著(编)者：张曙光　David T. Ritchie
2014年8月出版　/ 估价：69.00元

日本经济蓝皮书
日本经济与中日经贸关系发展报告（2014）
著(编)者：王洛林　张季风　2014年5月出版 / 估价：79.00元

日本蓝皮书
日本发展报告（2014）
著(编)者：李薇　2014年2月出版 / 估价：69.00元

上海合作组织黄皮书
上海合作组织发展报告（2014）
著(编)者：李进峰　吴宏伟　李伟　2014年9月出版 / 估价：98.00元

世界创新竞争力黄皮书
世界创新竞争力发展报告（2014）
著(编)者：李建平　2014年1月出版 / 估价：148.00元

世界能源黄皮书
世界能源分析与展望（2013~2014）
著(编)者：张宇燕 等　2014年1月出版 / 估价：69.00元

世界社会主义黄皮书
世界社会主义跟踪研究报告（2014）
著(编)者：李慎明　2014年5月出版 / 估价：189.00元

泰国蓝皮书
泰国国情报告（2014）
著(编)者：邹春萌　2014年6月出版 / 估价：79.00元

亚太蓝皮书
亚太地区发展报告（2014）
著(编)者：李向阳　2013年12月出版 / 估价：69.00元

印度蓝皮书
印度国情报告（2014）
著(编)者：吕昭义　2014年1月出版 / 估价：69.00元

印度洋地区蓝皮书
印度洋地区发展报告（2014）
著(编)者：汪戎　万广华　2014年6月出版 / 估价：79.00元

越南蓝皮书
越南国情报告（2014）
著(编)者：吕余生　2014年8月出版 / 估价：65.00元

中东黄皮书
中东发展报告No.15（2014）
著(编)者：杨光　2014年10月出版 / 估价：59.00元

中欧关系蓝皮书
中国与欧洲关系发展报告（2014）
著(编)者：周弘　2013年12月出版 / 估价：69.00元

中亚黄皮书
中亚国家发展报告（2014）
著(编)者：孙力　2014年9月出版 / 估价：79.00元

中国皮书网
www.pishu.cn

栏目设置：

- □ 资讯：皮书动态、皮书观点、皮书数据、 皮书报道、皮书新书发布会、电子期刊
- □ 标准：皮书评价、皮书研究、皮书规范、皮书专家、编撰团队
- □ 服务：最新皮书、皮书书目、重点推荐、在线购书
- □ 链接：皮书数据库、皮书博客、皮书微博、出版社首页、在线书城
- □ 搜索：资讯、图书、研究动态
- □ 互动：皮书论坛

皮书大事记

☆ 2012年12月,《中国社会科学院皮书资助规定(试行)》由中国社会科学院科研局正式颁布实施。

☆ 2011年,部分重点皮书纳入院创新工程。

☆ 2011年8月,2011年皮书年会在安徽合肥举行,这是皮书年会首次由中国社会科学院主办。

☆ 2011年2月,"2011年全国皮书研讨会"在北京京西宾馆举行。王伟光院长(时任常务副院长)出席并讲话。本次会议标志着皮书及皮书研创出版从一个具体出版单位的出版产品和出版活动上升为由中国社会科学院牵头的国家哲学社会科学智库产品和创新活动。

☆ 2010年9月,"2010年中国经济社会形势报告会暨第十一次全国皮书工作研讨会"在福建福州举行,高全立副院长参加会议并做学术报告。

☆ 2010年9月,皮书学术委员会成立,由我院李扬副院长领衔,并由在各个学科领域有一定的学术影响力、了解皮书编创出版并持续关注皮书品牌的专家学者组成。皮书学术委员会的成立为进一步提高皮书这一品牌的学术质量、为学术界构建一个更大的学术出版与学术推广平台提供了专家支持。

☆ 2009年8月,"2009年中国经济社会形势分析与预测暨第十次皮书工作研讨会"在辽宁丹东举行。李扬副院长参加本次会议,本次会议颁发了首届优秀皮书奖,我院多部皮书获奖。

皮书数据库
www.pishu.com.cn

皮书数据库三期即将上线

- 皮书数据库（SSDB）是社会科学文献出版社整合现有皮书资源开发的在线数字产品，全面收录"皮书系列"的内容资源，并以此为基础整合大量相关资讯构建而成。

- 皮书数据库现有中国经济发展数据库、中国社会发展数据库、世界经济与国际政治数据库等子库，覆盖经济、社会、文化等多个行业、领域，现有报告30000多篇，总字数超过5亿字，并以每年4000多篇的速度不断更新累积。2009年7月，皮书数据库荣获"2008~2009年中国数字出版知名品牌"。

- 2011年3月，皮书数据库二期正式上线，开发了更加灵活便捷的检索系统，可以实现精确查找和模糊匹配，并与纸书发行基本同步，可为读者提供更加广泛的资讯服务。

更多信息请登录

中国皮书网
http://www.pishu.cn

皮书微博
http://weibo.com/pishu

中国皮书网的BLOG
http://blog.sina.com.cn/pishu

皮书博客
http://blog.sina.com.cn/pishu

皮书微信
皮书说

请到各地书店皮书专架/专柜购买，也可办理邮购

咨询/邮购电话：010-59367028　59367070　　　　邮　　箱：duzhe@ssap.cn
邮购地址：北京市西城区北三环中路甲29号院3号楼华龙大厦13层读者服务中心
邮　　编：100029
银行户名：社会科学文献出版社
开户银行：中国工商银行北京北太平庄支行
账　　号：0200010019200365434
网上书店：010-59367070　qq：1265056568
网　　址：www.ssap.com.cn　　　www.pishu.cn